개정2판

소매 머천다이징

이광종 | 박수홍 | 권영식 | 김경현 공저

도서출판 두남

개정2판 머리말 PREFACE

세계의 경제 환경이 급변하고 있는 지금 한국 기업들이 세계적인 기업들과 상대할 수 있는 경쟁력을 갖추기 위해 무엇을 해야 하나? 저자들은 그 해답을 유통분야에서 찾고자 한다. 지금은 시·공간을 초월한 무한경쟁시대로 기업이 변하지 않으면 생존할 수 없는 상황에 직면해 있다. 특히 소매업의 대표주자라 할 수 있는 대형유통점, 아울렛, 백화점 등이 혁신적 변화를 꾀하고 있어 소매업에 관한 이론과 현장의 생생한 사례를 통하여 세계적 소매유통 기업과 경쟁할 수 있는 머천다이징 전략과 기법이 필요하게 되었다. 또한 소매기업을 성공적으로 운영하기 위해서는 소매 머천다이징의 다이내믹한 변화에 즉각적으로 대응할 수 있는 고도의 전략이 필요하다. 소매 머천다이징 교재를 출간하고 벌써 10년이라는 시간이 흘렀다. 세월이 유수와 같다는 말을 절감하게 된다. 업계 및 학계에 종사하는 많은 분들이 소매 머천다이징의 중요성과 필요성을 많이 강조하시고 그동안 저자들은 "다양한 소매업태의 머천다이징 전략인 소매 머천다이징"을 활용하여 일반기업체 및 대학의 강의교재로 사용하면서 일련의 최근 사례를 담을 수 있는 교재 개정의 필요성을 절감하고 있었다. 저자들은 소매업에 종사하는 일반인과 유통학과 관련 학생들에게 보다 생생한 지식을 전달하기 위해 유통 현장의 사례와 이론적 내용을 중심으로 보완 수정하였다. 교재의 개정은 저자들이 심혈을 기울여 내용을 재정리하였으나 아직도 부족한 것이 많음을 절감하면서 여러분의 한량없는 이해와 양해를 부탁드린다. 본 개정판이 한국 현실에 맞는 머천다이징 학문 발전의 밑거름이 되도록 더욱 노력하겠다. 특히 본 개정2판은 소매업이 현대 고객의 다양한 요구에 부응하기 위해서는 고객만족에 초점을 두고 그들이 원하는 소매 머천다이징의 전략으로 대응해야 한다는 관점하에 개정되었다. 제1편에서는 새로운 고객의 변화에 대응하는 소매 머천다이징의 특성, 머천다이징 차별화 전략, 머천다이징 전략에 대한 내용을 담고 있고 제2편에서는 효과적인 상품분류, 상품구성, 품목구성과 가격정책 전략을 설명하고 있다. 그리고 제3편에서는 매입관리, 신규출점 머천다이징 전략, 효율적 상품개발, 상품 프로세스 계획과 글로벌 소싱을 담아 전체를 크게 세 부분으로 정리하였다. 한편 마지막 장의 글로벌 소싱은 소비구조의 양극화 시대에 경쟁하고 있는 기업이 글로벌 소싱을 통하여 국민의 생활에서 필수적인 소비재 물가를 저가지향형으로 조성할 수 있는 방안으로 소매 머천다이징의 전략적 운영이 핵심적 역할을 할 것이라는 점을 결론으로 정리하였다. 아무쪼록 본 개정판을 통해 그동안 소매 머천다이징을 활용해 주셨던 업계 및 학계의 선후배 교수님들과 수업현장에서 학문의 연구 자료를 제공해준 제자들에게 깊은 감사의 뜻을 전하며, 비록 본 개정판이 완벽하다고는 할 수 없지만 소매유통업을 연구하는 많은 학도들의 애독과 성원 · 지도 편달을 다시금 부탁드린다. 아울러 본서의 개정판을 출간할 수 있도록 그동안 물심양면 지원해 주신 도서출판 두남의 전두표 대표이사님과 이승구 상무님, 그리고 편집부 직원분들에게 지면을 통해 감사의 뜻을 전한다. 다시 한 번 여러분의 지도와 편달을 부탁드리면서 이번 계기를 통하여 미래에도 더욱 분발하여 연구와 노력을 계속할 것을 다짐한다.

2019. 02.

이광종·박수홍·권영식·김경현

차례 CONTENTS

제1장 새로운 소매 머천다이징의 변화

제2장 새로운 머천다이징 특성과 머천다이저

제3장 머천다이징 차별화

제4장 머천다이징 정책

제5장 효과적인 상품분류

제6장 효과적인 상품구성

제7장 효과적인 품목구성

제8장 가격정책과 전략

제9장 매입관리

제11장 효율적 상품개발

제1장

새로운 소매 머천다이징의 변화

개 요

소매 머천다이징은 이미 결정한 목표를 달성하기 위하여 재고구성의 계획과 통제를 실행하는 것이다. 잘 계획된 상품구성은 잠재고객의 유치와 보이지 않는 니즈와 원츠(needs and wants)의 양쪽을 조절하는 상품구성을 포함한다. 그러므로 현대의 소매 머천다이징은 새로운 변화에 대응하여 고객이 원하는 상품품질, 상품구성, 가격전략, 상품개발 등을 하지 않으면 살아남을 수 없을 것이다.

목 표

첫째, 머천다이징 정의의 명확한 설정이다. 둘째, 머천다이징 차별화와 시스템의 연구이다. 셋째, 본 과목의 중심이 되는 상품구성, 품목구성, 상품계열화 결정과 상품구성 결정을 연구하는 것이다. 넷째, 머천다이징의 가격전략, 상품개발, 글로벌 소싱을 연구하는 것이다. 다섯째, 선진 외국 소매업체들의 성공 사례를 연구하고 벤치마킹하는 것이다.

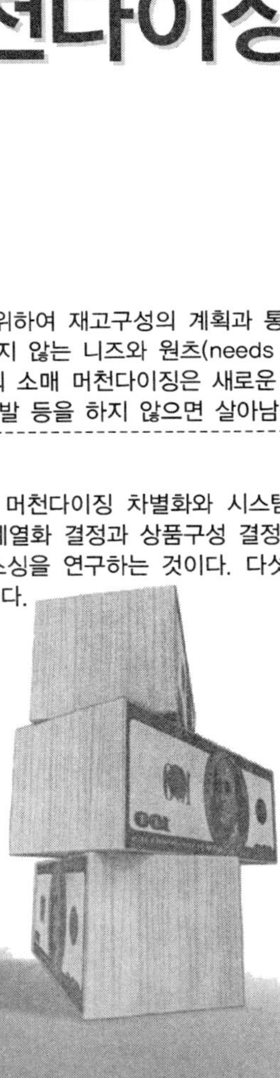

제1절 ❙ 새로운 변화 물결

1. 변화의 물결(감성, 정보화, 소량화, 무한성, 시간의 제약)

(1) 산업화 집단사회에서 소규모 집단사회로 전환

현대 사회는 대규모 집단화된 사회에서 소규모 집단사회인 개인 위주의 사회로 변화하고 있다. 조직사회에서 개인주의 특성을 강조하는 사회로 변해가고 있는 것이다. 또한 사회가 소규모 집단사회로 변할수록 이성보다는 감성위주의 사회로 변모하는 것이다. 개인의 라이프스타일은 더욱 개성화되고 자신의 고유 스타일을 강조하게 된다. 이는 정보화 촉진에 따른 인터넷 확산에 따른 영향의 가속화라 할 수 있다. 기업의 마케팅 전략도 개인의 이성적 논리와 사고의 판단에 의존하기 보다는 개인의 감성적 소구에 역점을 두게 된다. 앞으로의 사회는 그 누구도 예측할 수 없는 다양한 형태의 사회로 변해 갈 것이다. 개인의 소비성향도 대량화 보다는 소량화 소비에 맞추고 있다. 따라서 기업의 경영전략도 환경 변화에 맞춰 끊임없이 변모해야만 치열한 경쟁사회에서 살아남을 수 있는 것이다.

(2) IT 기술변화와 모바일 시대의 도래

정보통신 기술의 발달은 사회 전반에 걸쳐 영향을 미치고 있다. 고객의 상품 구매 방식이 변하고 있는 것이다. 요즘 사람들은 소매점을 찾아 가기보다는 인터넷, 홈쇼핑, 오픈마켓, 소셜커머스 등을 이용하여 상품과 서비스를 주문하고 배송상품을 기다린다. 즉, 온라인을 이용한 시간 절약과 편리함을 추구하는 고객으로 변한 것이다. 가족단위의 분화, 1인가구 및 맞벌이 가정의 증가로 더욱 가속화될 것이다. 이미 온라인과 홈쇼핑을 통한 상품 매출액이 오프라인 매출액을 위협할 정도로 급성장 하고 있다.

실제로 현대인은 정보화 시대에서 더욱 많은 일과 시간에 쫓기는 생활을 하면서 스트레스와 개인의 한정된 여유 시간 및 일상 생활과 가족과 친구와의 인간관계 시간의 부족 등 일상 업무는 더욱 더 개인의 시간을 요구하고 있다. 소득이 증가할수록 시간의 여유가 생기기보다는 오히려 한층 더 바쁜 생활을 해야 하는 시대가 된 것이다. 사람들은 이제 상품을 구매하기 위해 지갑을 여는 것이 아니라 자신이 들고 있는 스마트폰을 이용하여 구매한다. 이 또한 온라인 거래가 아닌가!!

(3) 소비의 2중적 구조

현대 사회의 소비구조가 변해가고 있다. 예전에는 볼 수 없었던 기현상이 발생하고 있는 것이다. 정보통신의 발달로 인터넷 인프라가 사회 저변으로 확대되면서 일반소비자들의 구매와 소비성향이 바뀌고 있는 것이다. 이제는 중저가라는 말을 찾아보기가 쉽지는 않다. 인터넷 및 모바일을 이용해 자신이 원하는 상품과 서비스를 실시간 검색을 통해 구매 및 소비 의사결정을 한다. 가치(Value)중심 구조로 자신의 소비를 결정하기 때문에 가격이 저렴하더라도 구매한 상품에서 가치를 얻을 수 있다면 그 상품과 서비스를 구매한다. 이에 따라 명품의 기준도 다르게 변하고 있다. 명품이란 기준 자체는 자신에게 최대한의 효용가치를 제공하는 상품과 서비스가 될 수 있다는 것이다.

(4) 변화에 대응: 다양한 상품선택과 신상품의 물결

시대적으로 정보화에 대한 급변과 발전은 인간의 모든 분야에서 변화를 주고 있다. 특히, 그 중에서 다양한 상품의 생산, 개발, 패션, 디자인, 컬러, 용도와 사용 목적 등의 변화로 다양한 상품 선택에 대한 요청과 가격에 대한 의식이 더욱 예민하게 변하고 있다.

소매업은 이에 대한 대응과 적응을 위하여 고객의 요구에 접근하는 방식으로 다양한 업태로 변화하고 있다. 가격은 일정가격을 유지 또는 보다 저가이면서 상품의 품질은 더욱 고급화되어야 한다. 기업의 경영효율성을 높이기 위해서는 생산, 유통과 물류, 정보화, 공급과 서비스의 비용절감과 생산성을 높여야 한다. 하지만 소매유통 기업 간 경쟁구조는 더욱 치열해 지고 있다.

고객의 생각과 상품선택의 기준이 변하고 있다. 이제는 온라인과 오프라인 모두를 통해 상품을 선택하기 때문에 그에 따른 상품의 종류와 수는 무한대로 증가하고 있다. 상품은 다양하고 풍부하여 쇼핑의 선택이 다변화되었다. 기업에서 쏟아내는 신상품이 넘쳐 나고 있다. 오늘 구입한 자동차, TV, 컴퓨터, 휴대전화, 패션의류 및 신발, 캐주얼 디자인 제품, 가정용품 등을 구입하면서 이미 구형으로 진부화 되어 간다. 또한 다양한 매체(인터넷, 모바일, 홈쇼핑 등)를 통한 상품 정보와 광고의 홍수 속에서 고객들의 눈은 현혹당하고 있다.

2. 새로운 소매업태의 변화 물결

(1) 소매업 운영의 큰 변화와 영향

고객의 다양한 변화와 욕구, 유통체계 변화와 상품의 차별화는 소매업 운영에도 큰 변화와 영향을 주고 있다. 최근 소매업태의 다양한 변화는 머천다이징 정책이나 기술이 시장의 3C(Compnay, Competitor, Customer)에 적응할 수 있도록 변화해야 한다는 새로운 콘셉트가 대두되고 있다.

현대 머천다이징은 소매업태의 변화와 더불어 그에 적합하도록 변해야 한다는 전제이다. 왜냐하면 소매업태의 변화는 목표고객을 차별화하는 것으로 목표고객의 수준과 구매성향이 무엇인가에 따라서 상품정책과 함께 상품구성과 품질, 디자인, 패션, 컬러 등이 변해야 한다.

소매업태는 목표고객을 차별화하고 이들에게 적합하도록 상품구성을 해야 한다. 이것은 상품분류, 상품구성, 품목구성, 상품의 품질수준, 고객의 사용목적에 따라서 고객이 원하는 상품으로 구성되어야 한다는 것이다. 이러한 일련의 변화 실행과 기술은 머천다이징 차원에서 접근되어야 한다. 곧 소매업태의 변화는 머천다이징의 변화와 동시에 차별화를 나타내는 것이다.

(2) 고객이 원하는 상품구성과 머천다이징

현대는 트렌드에 따라 모든 것이 변한다. 그 원인이 정치, 문화 혹은 사회·경제적 변화이든 관계없이 전체 또는 한 지역의 소매업 운영전략도 바꾸어 놓는다. 예를 들면 인사동과 안국동은 전통적으로 고미술, 골동품 거리로 유명했지만 현재의 모습은 우리가 상상하는 고미술과 골동품 거리보다는 외국인 관광객을 위한 의류와 패션 그리고 화장품 거리로 바뀌어 있다. 결국 이것은 트렌드 변화에 따른 결과이다. 트렌드와 고객의 욕구가 변하면 고객이 원하는 상품구성과 품목구성, 가격과 상품개발을 해야 한다. 소매점은 고객이 즐겁게 쇼핑할 수 있도록 점포구성과 입지전략을 세워야한다.

고객이 즐겁고 기쁘게 쇼핑할 수 있는 점포 그리고 점내 상품구성, 품목구성, 가격구성, 연출과 디스플레이, 광고 등에 집중적인 투자와 관리가 필요하다.

(3) 웰빙 시대와 소매업 상품구성

경제의 발달은 더불어 현대인들의 건강에 관한 의식도 변화시켰다. 시대별 식단에 대한 사람들의 취향과 선택의 폭이 달라진 것이다. 현대를 살아가는 사람들은 삶의 복지, 건강 그리고 편리함을 추구한다. 자신의 복지를 향상시키는데 필요한 상품에 대한 관심이 매우 높다.

식품시장에서도 건강지향적인 식품산업이 발전하고 있다. 유기농상품, 건강보조식품 등과 함께 무기질 상품에 대한 관심 증대와 유해 화학물질의 거부와 반대가 확대되고 있다.

소매업은 이러한 고객의 욕구를 충족시킬 수 있는 상품구성과 차별화가 필요하다. 특히, 머천다이징 정책과 전략을 수립·실행하여 고객이 원하는 상품과 서비스를 제공할 수 있어야 한다.

소매 머천다이징의 핵심은 사회·경제·문화 트렌드의 변화와 더불어 고객이 원하는 방식으로 상품과 서비스를 제공하는 것이다.

3. 고객중심 새로운 머천다이징의 변화

(1) 소매업자의 역할 : 머천다이징 역할

현대 고객의 다양한 변화는 소매업의 역할 변화를 요구하고 있다. 즉, 머천다이징의 역할 변화를 욕구하고 있는 것이다. 소매점 머천다이징의 역할은 고객을 즐겁게 하고 고객이 원하는 가치를 제공할 수 있어야 한다. 만약 고객이 없으면 소매점도 존재할 수 없을 것이다.

현대 소매업은 고객이 원하는 방향으로 점포 디자인, 레이아웃, 설비와 장식, 고객 서비스 등의 머천다이징 활동을 하지 않으면 고객은 점포를 외면하게 된다. 최근의 소매업 경영의 흐름은 고객이 원하는 머천다이징과 점포구성을 어떻게 해야 하는 것이다.

그리고 고객중심으로 머천다이징 정책 지향을 하지 않으면 고객은 상품을 구입하지 않고 점포에도 오지 않고 떠날 것이며, 점포는 존재 가치를 잃게 될 것이다. 이러한 의미에서 본다면 고객중심의 새로운 머천다이징의 변화는 두말할 나위가 없을 것이다.

(2) 고객중심의 새로운 머천다이징의 변화

고객중심의 새로운 머천다이징의 변화는 고객이 원하는 상품, 품질, 디자인, 패션, 식품, 잡화, 농산물, 수산물, 육류 등은 무엇인가 하는 것을 머천다이저와 바이어들은 깊이 생각을 하고 이에 대한 연구가 요구되는 것이다.

머천다이징 변화는 상품선택, 상품구성, 품목구성, 가격전략, 상품개발 등을 고려하여 고객이 원하는 상품을 선정하고 구매해야 하며, 고객이 구매하기를 원할 때 매장에 진열해 놓을 수 있는 머천다이징 전략 변화를 의미하는 것이다.

(3) 머천다이징의 새로운 과제

소매업 트렌드 변화는 머천다이징 역할 변화를 요구하고 있다. 머천다이징의 새로운 과제는 소매업태, 점포운영, 디자인, 상품진열, 가격정책, 고객 서비스, 프로모션과 광고 등 전반적인 점포경영의 변화를 요구하고 있는 것이다. 소매업의 핵심은 머천다이징의 구성요건에 있다. 머천다이징은 점포의 수익과 직결되는 매우 중요한 역할을 한다. 상품구성이나 상품성향, 품질과 가격 등은 목표고객 지향적으로 결정되어야 한다.

바이어는 불특정 다수의 고객보다는 판매상품의 목표고객을 선정하고, 목표고객을 어떻게 차별화하여 상품을 판매할 것인가를 결정하는 것이다.

바이어와 머천다이저는 기업이 목표로 하는 이익을 창출해야 하는 책임이 있는 것이다. 유능한 바이어는 고객에게 원하는 가치와 행복을 서비스하면서 기업의 이익을 극대화하는 것이다.

미국의 체인스토어는 유능한 인재를 바이어와 머천다이저로 육성하고 책임을 위임하고 있다. 우리나라도 새로운 소매업태가 등장하면서 바이어와 머천다이저의 역할이 강조되고 있다. 특히, 매장이 대형화되면서 고객중심의 전문화된 바이어와 머천다이저의 머천다이징 역할이 요구되고 있다. 최고경영자도 이에 대한 집중적인 관심이 요구되며, 새로운 의미의 머천다이징은 현대 소매업태에 매우 중요한 경영활동의 핵심과제인 것이다.

사/례/연/구

최근 고객들은 최신 유행 상품에 대한 합리적인 가격, 고품질, 혁신성, 개성을 찾고 있다. 이러한 고객들의 욕구변화를 충족시킨 SPA(Specialty store retailer of Private label Apparel) 브랜드들이 대중적 인기를 높여가고 있다. SPA 브랜드는 빠른 주기에 신제품을 출시하고 저렴한 가격 대비 좋은 품질의 상품을 제공하기 위해 머천다이징을 적극 활용하고 있다. 매장 윈도우, 진열뿐만 아니라 고객이 직접 상품정보를 알 수 있도록 돕는 POP, 고객동선, 상품의 재고 등을 고려하는 VMD(Visual merchandising)의 역할이 매우 중요하게 되었다.

대표적인 SPA 브랜드인 UNIQLO는 창고형 상품 전개로 단품 위주의 스톡형 VMD를 지향한다. 상품에 시선이 집중될 수 있는 심플한 공간 연출을 하며, 상품에 따라 이동과 조립이 쉬운 집기를 사용하여 연출적인 MD가 아닌 상품의 특성, 재고, 기획, 브랜드 아이덴티티에 맞는 VMD를 활용하여 고객의 구매 욕구를 극대화 시키고 SPA 브랜드의 대표기업으로 부상했다.

일반 매장에서는 한 두 벌의 상품을 디스플레이 해놓고 고객이 구매를 결정하면 창고에서 고객의 사이즈에 맞는 새 제품을 꺼내 판매하지만, UNIQLO는 한 스타일당 여러 사이즈와 컬러의 제품을 디스플레이 해놓고 셀프 판매하는 전략을 추구하기 때문에 여러 벌의 상품을 꺼내 놓고 판매한다. 그렇기 때문에 일반 매장보다 상품공급 프로세스와 재고를 파악하는 능력이 요구되며 판매촉진을 위한 MD을 추구했다. 또한 빠른 상품 회전율과 재고에 따라 집기의 설치나 이동이 쉽고, 고객과 매장의 직원 모두가 상품을 빠르고 쉽게 파악하기 위한 상품진열로 MD을 전략적으로 실행하고 있다. 뿐만 아니라 UNIQLO는 규모가 큰 대형 매장을 갖추어 고객이 스스로 상품을 찾아 돌아다니고 구매를 결정하는 것을 수월하게 만들고 일반 브랜드에 비해 더 고객동선을 중요하게 생각한 공간 연출로 차별화된 머천다이징을 실시했다.

빅테이블(UNIQLO)	전신 마네킹을 설치한 빅테이블(UNIQLO)	큰 가격 포스터로 시선을 집중시키는 진열(UNIQLO)	각선미 팬츠 마네킹(UNIQLO)

제2절 ▎머천다이징이란?

1. 머천다이징의 의미

(1) 머천다이징의 의미

머천다이징은 소매업에서 매우 중요한 핵심과제이다. 소매업은 자금관리, 인사관리, 점포관리, 상품관리와 물류관리 등을 철저하게 관리하지 않으면 기업에 큰 타격을 주게 될 정도로 아주 중요한 것이다.

이 장에서 머천다이징에 대한 이론과 실무를 다루는 것은 이것이 현장에서 바이어와 머천다이저가 경험하게 되는 중요한 업무이기 때문이다. 특히 바이어나 점장이 되어 상품을 매입하거나 점포에서 상품관리를 하게 되면 이러한 업무를 합리적으로 철저히 하지 않으면 어려운 상황에 봉착하게 될 것이다.

〈그림 1-1〉 머천다이징의 정의

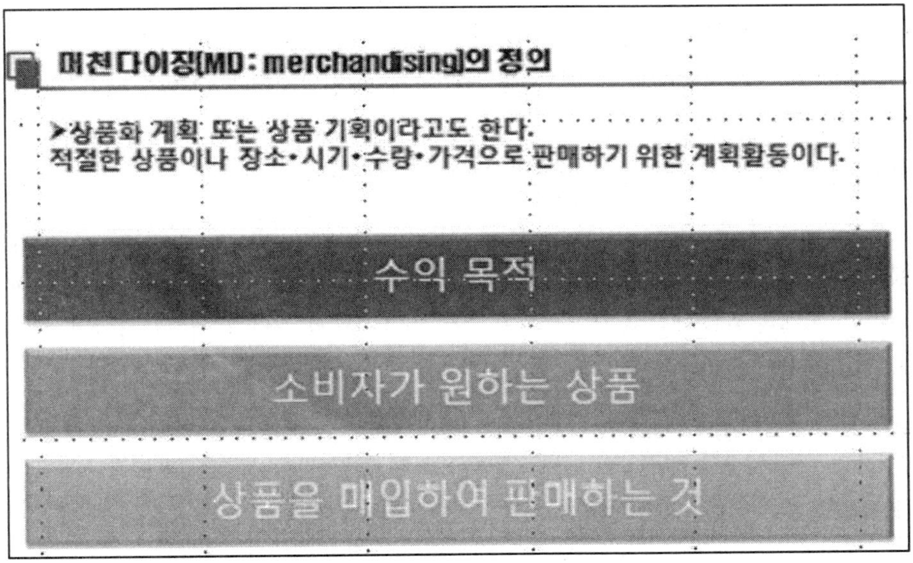

윙게이트(John W. Wingate)는 소매업 머천다이징이란 "상품구성의 계획과 관리의 관계조건을 잘 연계해야 하는 것"이라고 했다. 미국마케팅협회(AMA)의 정의는 "소매업 머천다이징의 계획과 감독은 장소, 시간, 가격, 품질을 기업의 마케팅 목표를 실행할 수 있도록 마케팅, 상품 및 서비스에 관여하는 것" 이라고 정의하고 있다.

소매 머천다이징은 이미 결정한 목표를 달성하기 위하여 재고구성의 계획과 통제를 실행하는 것이다. 잘 계획된 상품구성은 잠재고객의 유치와 보이지 않는 욕구를 충족시킬 수 있는 상품구성을 포함하는 것이다.

(2) 5R 원칙

고객의 관점에서 상품구성은 5R의 원칙이 포함되어야 한다. 여기서 R은 영어의 Right를 의미하며 'Right time', 'Right price', 'Right quality and quantity', 'Right place', 'Right goods'이다.

머천다이징의 의미는 시간, 가격, 품질, 예상 수요, 판매장소 그리고 상품의 수요와 공급을 조절하는 것이다. 즉, 고객이 원하는 상품을 원하는 가격에 원하는 만큼 고객이 구매할 수 있도록 하는 것이다.

지금까지 여러 학자들의 정의를 종합해 보면, 머천다이징은 고객이 원할 때 즉시 공급하고, 고객이 구입할 수 있는 점포에 정확한 시간, 품질, 적절한 가격으로 서비스를 제공할 수 있도록 상품구성을 적합하게 하는 것이다.

바이어와 머천다이저가 수행하게 되는 머천다이징은 단순한 상품판매를 위한 업무수행이 아니라 고객의 욕구를 충족시키고 기업 이윤을 창출시키는 매우 과학적이고 체계적 시스템으로 이루어지는 과정이다. 본 장에서는 머천다이징의 의미와 그 범위를 연구하는 것이다.

한편 코넬대학교 진 저멘 교수(Gene A, German)는 식품 머천다이징의 정의를 "식품과 가공식품과 관련 서비스를 제공하고 매입, 가격을 통한 고객만족 및 가치를 최대화하는 것"이라고 했다.

〈그림 1-2〉 머천다이징의 적정기준

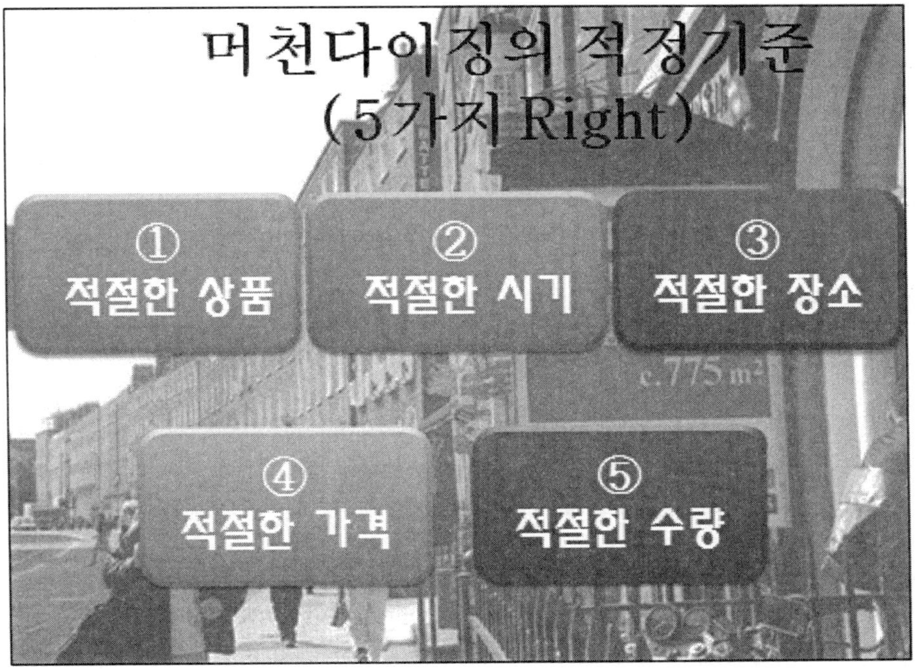

(3) 체인스토어 2가지 중요한 관리체제

체인스토어 경영은 두 가지의 중요한 관리체제가 있다. 그 하나는 점포관리(store management)이며, 다른 하나는 상품관리(merchandise management)이다. 머천다이징은 머천다이징 전략을 비롯하여 상품분류, 상품구성, 품목구성, 매입기술, 가격관리, 가격정책, 재고관리, 상품개발, POS 머천다이징 등을 중심으로 상품의 전반적인 관리기술을 필요로 한다.

지금 세계적 소매기업은 새로운 소매 테크놀로지(retail technology)의 개발과 발전으로 기존의 정보 테크노(information technology)보다 더욱 더 진화된 첨단 기법을 도입하고 있다.

(4) 머천다이징의 정의

지금까지 논의한 것을 종합하면 머천다이징의 진정한 의미는 쉽게 결론을 낼 수 없는 것이다.

그러나 우리는 머천다이징을 연구하고 실천하는 입장에서 머천다이징의 정의를 분명하고 명확하게 하여 머천다이징 활동과 연구에 도움을 줄 수 있도록 머천다이징의 정의를 다음과 같이 요약할 수 있다.

머천다이징의 정의는 "고객의 입장에서 고객이 만족할 수 있는 상품과 서비스를 창조하고 제공하고 공급하여 고객이 즐거운 마음으로 그것을 구매하고 구매한 상품과 서비스를 이용한 후에 그 가치에 대하여 만족하며, 다시 재구매하도록 하는 것"이다.

그러므로 머천다이징은 5가지의 중요한 핵심과제가 필요하다.

첫째, 고객을 중심으로 연구하고 실행해야 한다.

둘째, 고객이 만족하는 상품과 서비스를 창조해야 한다.

셋째, 고객이 원할 때, 즉시 제공하고 공급할 수 있는 방식에 대한 연구, 즉, 물류유통시스템에 대한 연구와 이용이 필요하다.

넷째, 고객이 선호하는 브랜드를 개발하여 브랜드 로열티를 획득할 수 있는 브랜드 상품을 개발해야 한다.

다섯째, 고객의 입장에서 즉시에 상품과 서비스를 제공하고 고객이 원하는 점포운영 방식이 필요하다.

머천다이징은 미래에도 더욱 더 연구되어야 할 핵심과제들이 남아 있으며, 이에 대한 많은 연구와 노력이 필요한 것이다.

2. 소매 머천다이징

(1) 상품구성과 재고관리

만약 어떤 고객이 매장에 와서 "나는 셔츠를 사려고 합니다. 색깔이 블루, 사이즈는 16과 소매 길이는 33인 셔츠가 있습니까?"하고 고객이 요청할 때 "예, 있습니다"라고 대답한다면 판매는 이루어지는 것이다. 그러나 "없습니다"라고 대답하면 판매할 기회를 놓치게 된다.

고객을 상실하면 점포는 상품, 광고, 교육훈련, 인사관리, 물류센터와 고객 서비스 등에 투자한 막대한 자본을 잃어버리게 된다. 이는 매우 간단한 사례이지만 판매에 성공하지 못한다는 것은 기업에 막대한 손실을 초래하게 되는 것이다.

(2) 고객이 원하는 사이즈 비치

셔츠에 대하여 예를 들면 고객이 원하는 상품구성을 해야 한다는 것이다.

① 차별화 소재(면이나 합성섬유 등)
② 차별화 직조(옥스포드와 보로드식 천)
③ 차별화 컬러(color) (백색, 블루, 검은색, 기타)
④ 다양한 컬러(color)와 스타일(신세대, 버튼다운, 기타)
⑤ 최소 두 개의 커프 스타일(프랜치와 바렐)

두 개 이상의 브랜드, 6가지의 목 사이즈, 최소 3가지의 긴 소매와 짧은 소매를 구성하고 있어야 고객이 원하는 것을 서비스할 수 있다. 사실 평균적으로 점포에는 고객이 원하는 사이즈가 항상 비치되어 있어야 한다.

이상의 사례는 고객의 모든 요구에 필요한 셔츠를 재고로 둔다면 자금이 더욱 많이 소요될 것이다. 그러나 고객을 차별화하여 목표고객이 요구하는 것을 진열한다면 효율적으로 투자할 수 있고 이익도 적정하게 얻을 수 있을 것이다.

(3) 소매 머천다이징은 고객 차별화

소매업 머천다이징은 고객을 차별화하는 것이며, 곧 상품구성을 차별화하는 것이다. 즉 색채, 소매길이, 목 사이즈, 소재, 스타일 등을 차별화하여 많은 고객이 구매할 수 있도록 상품을 구성하는 것이다.

상품화계획 프로세스는 소매 머천다이징 기능의 중요한 부분이다. 소매 머천다이징은 경쟁에서 살아남기 위해 바이어와 머천다이저가 해야 할 중요한 과제이다. 이는 대형마트, 편의점, SSM 등이 치열한 경쟁 속에서 살아남기 위해 수행해야 할 전략적 요소이다.

〈그림 1-3〉 소매 머천다이징의 구조

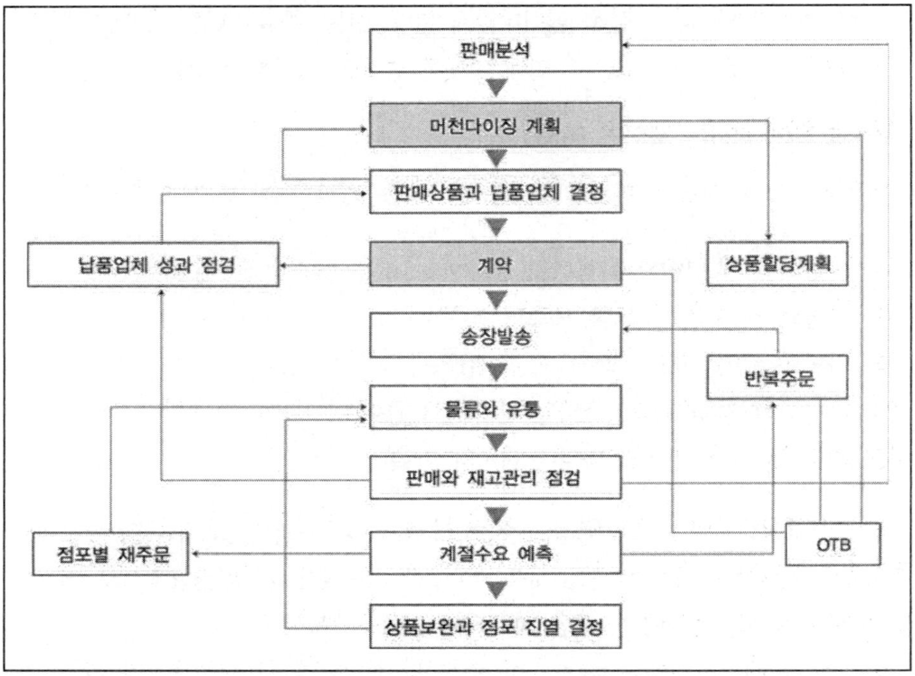

3. 머천다이징 원칙과 목적

(1) 생존경쟁에서 살아남기 위하여

오늘날 소매업이 살아남기 위해서는 경영자의 의무와 책임 역할, 새로운 입지, 새로운 상품라인, 새로운 서비스, 경영개발 프로그램 등을 빅데이터를 활용하여 기업이 달성하고자 하는 목적을 기반으로 재구성하여 전략을 결정하여야 한다.

새로운 사업개발, 기술선진화, 새로운 소매업태의 출현 등 소매업의 드라마틱한 변화의 물결이 급속하게 밀려오고 있다. 소매경영은 치열한 경쟁에서 기업의 선도적 위치를 선점하고 고객이 원하는 상품과 서비스를 계획하고 판매하는 것이다.

소매업의 생존을 위한 머천다이징 원칙과 목적은 매우 중요한 과제이며, 기업을 성공적으로 운영하기 위한 것이다. 경영목표는 일반 고객층이 요구하는 상품을 공급하는 것이며, 이를 고객이 원하는 가격으로 서비스하는 것이다.

(2) 고객만족 서비스

소매업의 경영원칙은 충성고객 내지는 단골고객에게 소구하는 것이며, 고객이 만족하도록 고객 서비스, 점포의 매력적인 부분, 다양한 입지, 경쟁력 있는 가격정책 등에 관한 것이다.

상품과 서비스의 구성은 고객이 원하는 상품라인, 상품구성의 깊이와 넓이, 프로모션 상품, 신상품의 소개와 강화 등이다.

기업이 가지는 특별한 목적에는 판매계획, 목표이익, 목표 재고회전율, 차별화 목표, 생산성 목표, 경제상황에 적응, 경쟁능력, 새로운 점포 출점과 시설의 근대화 등 매우 복잡한 요인들이 많이 있지만 궁극적으로 머천다이징 전략은 고객이 원하는 상품과 서비스를 원하는 시간과 장소에서 제공할 수 있도록 하는 것이다. 즉, 고객만족 서비스를 제공하는 것이다.

(3) 최고경영자의 머천다이징 원칙과 목표

특히, 기업의 최고경영자는 머천다이징의 원칙과 목표를 제시해야 하며, 머천다이징 전략적 측면의 상품구성과 정책, 가격정책과 전략을 명확하게 제시해야 한다.

즉, 최고경영자의 체인스토어 경영원칙과 철학은 고객 서비스를 통하여 기업이 생존 경쟁에서 살아남을 수 있는 전략이기도 한 것이다.

체인스토어의 머천다이징 원칙과 목표는 기업의 미래를 향한 목적을 설정하는 것으로 이는 최고경영자의 결정사항인 것이다.

4. 이익의 요인

(1) 기업의 이익이란

이익은 기업이 발전하고 유지하며, 성장 발전하기 위해서 매우 중요한 요인이다. 이익이 없는 기업은 생존할 수 없으며, 미래의 장기적인 유지와 존속이 불가능하다. 또한 기업경영은 판매와 영업 행위를 통하여 영업이익을 얻는 것이며, 발생한 영업이익은 기업목표를 달성하기 위해 여러 가지 활동비용으로 사용되는 것이다.

기업은 판매상품의 구입원가를 지불하고 얻은 이윤을 총이익이라 한다. 기업은 총이익을 가지고 영업비용인 인건비, 임대료, 광고비, 수도광열비 등의 영업비용을 지불하게 되고, 이익을 남겨야 영업 실적이 양호하다는 평가를 받게 된다.

기업이 경기침체, 불황, 경쟁 소매업의 성장 등에 의해 상품판매 실적이 부진하여 영업이익이 마이너스로 나타나면 기업은 적자인 것이다. 기업은 이익이 생겨야 원활하게 운영을 할 수 있고 영업에 필요한 비용을 지불할 능력이 있는 것이다.

영업이익은 영업외 이익(기업의 수입 이자나 영업외 수익을 가산함)을 추가하며, 여기에 영업외 비용(지불이자, 잡손실 등)을 지불하고 순수하게 남은 이익을 순이익이라고 한다.

(2) 순이익의 5가지 기본구성

순이익은 5가지 단계로 구성된다.

① 총매출액

② 총매출액에서 상품매출원가(상품구입원가)를 지불하면 매출총이익이 발생

③ 총이익에서 영업비용을 지불하면 영업이익이 발생

④ 영업이익에서 영업외 이익과 비용을 가감하면 법인세 차감전 이익이 발생

⑤ 법인세를 차감하면 순이익이 발생

여기에서 기업의 손익계산서를 설명할 수 없지만 상품구성의 머천다이징을 총괄하는 머천다이저는 손익계산서도 검토하고 연구해야 하는 것이다. 왜냐하면 머천다이징 활동의 궁극적인 목표는 기업의 이익을 창출하기 위한 활동이기 때문이다. 소매 머천다이징 전략은 정성적 관리가 아닌 정량적 관리기법에 대한 지속적 연구와 관심이 필요한 부분이다.

총매출액에서 일반관리비를 나누면 비용의 비율이 나온다.

예를 들면 매출액 1000만원/비용 300만원 =영업비용 비율은 30%가 된다. 즉, 매출액에서 비용이 30%가 나가는 것이 된다. 기업은 항상 총매출액에서 총이익이 발생하고 총이익에서 영업비용을 차감하면 영업이익 또는 영업손실이 발생한다. 기타 영업외 이익을 가산하고 영업외 비용을 차감하면 영업순이익이 발생한다.

〈그림 1-4〉 손익계산서 구성

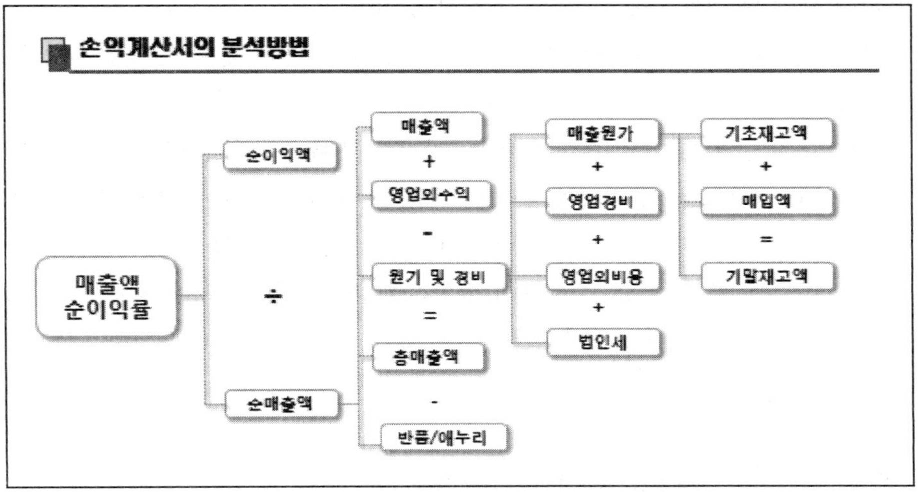

일련의 영업관리는 곧 어떻게 구입원가를 절감하고 매출액을 증가시켜서 총매출이익을 확보하여 영업비용을 차감한 후 영업이익을 창출하는가 하는 것이 과제인 것이다.

머천다이징과 점포운영은 체인스토어 경영에서 매우 중요한 두 개의 레일처럼 영업운영에서 분리할 수 없는 요인이다. 두 개의 요인 중 이익을 창출시키는 요인은 머천다이징이며, 이는 체인스토어 운영의 핵심 역할을 하기 때문이다.

바이어와 머천다이저는 기업의 이익에 대한 계량적 요소를 평소에 관심을 가지고 연구하여 우리 기업은 '어느 정도의 총이익이 필요하며 적정한가?'를 생각해야 한다.

치열한 경쟁 속에서 가격은 경쟁에 직접적인 영향을 미치기 때문이다. 바이어와 머천다이저는 체계적인 시장조사 계획을 수립하고 조사된 자료를 바탕으로 경쟁사 대비 유리한 판매가격을 산출할 수 있다면 매우 유능한 바이어와 머천다이저라고 할 수 있을 것이다.

바이어와 머천다이저는 하루아침에 성장하는 것이 아니고 끊임없는 연구와 현장 경험을 통하여 성장하는 것이다. 고객의 성향을 잘 알고 기회를 파악하여 기업의 이익을 창출하는 바이어와 머천다이저가 체인스토어에 필요한 것이다.

즉, 머천다이징의 중요한 포인트는 매입원가를 절감하는 것이다. 어떻게 하면 매입원가를 낮출 것인가 하는 것이 관건인 것이다.

현재 우리나라도 머천다이저 제도가 활성화 되고 있으며, 또한 그 중요성이 높아지고 있다.

머천다이저는 소매업 마케팅의 꽃이며, 곧 기업의 이익을 창출하는 책임을 가지고 있는 전문가인 것이다. 따라서 유능한 머천다이저들이 육성되고 양성되어 이들의 지식과 경험을 통한 소매 머천다이징의 진정한 발전을 기대한다.

머천다이징 기술은 그러한 의미에서 체인스토어에 종사하는 사람이라면 반드시 공부하고 연구해야 할 과제이다.

제3절 ▌머천다이징의 역할

1. 머천다이징은 예술 혹은 과학

(1) 식품 머천다이징의 기술적 과제

식품 머천다이징은 식품 간 특성을 조합하는 예술인가? 아니면 인과관계의 체계적 논리구조를 기반으로 하는 과학인가?

대다수 소매전문가는 식품 머천다이징을 "상품구성의 머천다이징 전략의 결과를 예측하는 것을 가능하게 하는 지식 체계에 기반을 둔 과학이다" 라고 주장한다.

우리는 특별히 고객의 행동과 동기에 관련되어 나타나는 식품 머천다이징과의 연관성에 대하여 잘 모르고 있다는 것을 깨달아야 한다. 식품 머천다이징은 과거 경험을 토대로 한 시행착오, 직관, 기술 조작(skillful manipulation) 등에 의한 특징을 가진 것이다.

이렇게 식품 머천다이징을 과학으로서 분류할 수 없다면 이를 과학적이라고 하기에도 무리가 따른다고 할 수 있다.

반대로 우리는 지식을 체계적으로 조직화하고 확대하여 얻을 수 있는 것과 고객행동을 예측하는 전략과 기법을 학습함으로써 과학적으로 접근할 수가 있는 것이다. 식품 머천다이징에 관한 체계적 지식과 시스템을 개발하기 위해서는 논리적이고 과학적인 방식을 필요로 한다.

또한 문제의 인식과 계통적 공식화, 관찰과 실험을 통해서 식품 머천다이징을 할 수 있는 빅데이터의 시스템적 수집이 중요하다. 즉, 가정은 이에 대한 공식화와 시험(testing)을 포함하는 것이다.

과학적 방식은 단순한 인식이나 추측보다도 정확한 결정을 얻을 수 있도록 머천다이징 관점에서 접근하는 것이 체인스토어 경영에 도움이 될 것이다.

(2) 창조적 식품 머천다이징

다양한 기법과 창조적 관점이 식품 머천다이징의 중요 부분이라는 것 보다는 식품 머천다이징에 흥미를 줄 수 있다는 것이다. 인간의 직관력을 이용하여 미개척 분야를 연구하는 사람들은 수많은 시행착오를 거듭한 끝에 연구결과를 얻어 내는 사람들이다.

그러나 과학적 방식의 이용은 빅데이터의 객관적 진단과 분석에 초점을 맞추어 의사결정의 결과를 도출한다. 식품 머천다이징은 순수한 과학이 아닐 지라도 연구조사를 과학적으로 실행하여 얻은 지식의 응용을 통해서 과학적이라는 결론을 얻을 수 있다. 인간의 창조적 직관력과 경험 그리고 인과관계의 인식론적 방법론은 머천다이징 연구에 있어서 고려해야 하는 매우 중요한 요소이다.

결국 머처다이징은 경험을 통한 기술과 인식에서 얻어지는 지식도 중요하지만 어디까지나 과학적 접근을 통하여 수많은 실험을 거쳐서 얻어지는 기술과 결과를 응용할 수 있도록 하는 것이다.

(3) 과학적 실험결과 분석

과학적 인과관계 분석의 연구결과는 수많은 아이디어와 경험 그리고 지식을 축적하여 실험결과를 얻을 수 있는 것이다. 아직도 현업에서는 경험적 사고로 업무처리를 하며, 주먹구구식 방식을 답습하고 있다. 관습과 관행적으로 머천다이징을 실행하고 있다면 참으로 곤란한 것이다.

치열한 경쟁환경 속에서 살아남기 위해서는 과학적 접근방식과 경영기법을 필요로 한다. 합리적인 경영체제로 머천다이징을 이행해야 하는 매우 중요한 시기인 것이다.

2. 머천다이징의 기능

(1) 머천다이징의 새로운 이해와 연구

머천다이징을 이해하고 연구하는 것은 기업의 당면한 상황을 정확하게 파악하는 데도 매우 중요하다. 현상을 이해하고 연구하는 것은 기업의 이윤 창출과 직결되는 요소라 할 수 있다. 유통분야에 진출하고자 하는 사람들은 머천다이징 분야에 지속적인 관심을 가지고 연구를 해야 한다. 본 장에서 다루고 있는 머천다이징의 의미는 가정에서 소비하는 식품 종류를 포함한다. 하지만 일반식당, 호텔 및 기타 식당(드라이브 인 식당 포함)에서 소비하는 음식 및 스낵은 포함하지 않는다.

판매기능은 가격과 상품연출을 포함한 머천다이징을 실행하는 것이다. 그리고 상품연출은 포장, 진열, 매장면적 할당과 광고와 판매촉진과 같은 활동을 포함한다. 기능적 콘셉트는 고객에게 식품을 연출하고 매입하며, 또한 가격을 교섭하는 마케팅 프로세스의 한 부분이다.

〈그림 1-5〉 머천다이징의 역할

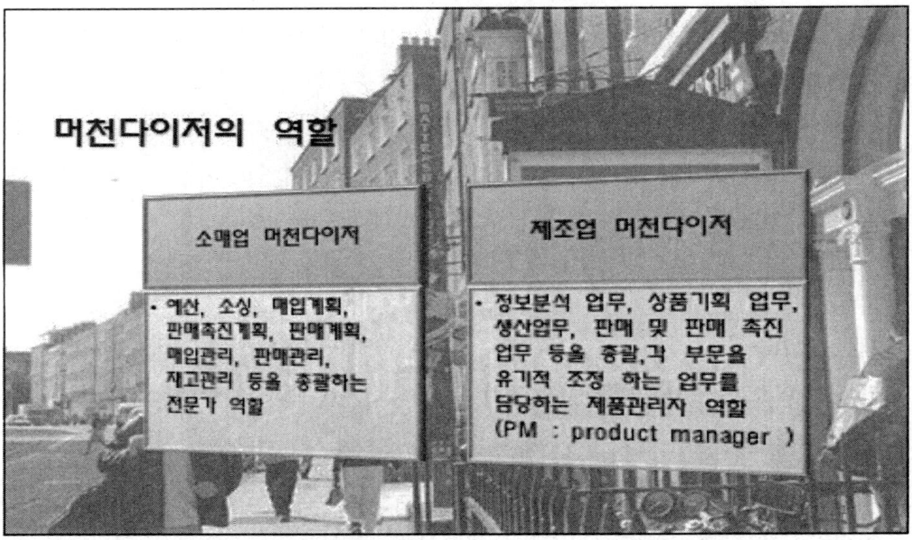

〈그림 1-6〉 머천다이징의 기능

(2) 머천다이징 3가지 콘셉트

머천다이징은 식품 혹은 기타 상품에 관한 것으로써 여러 가지 형태로 이해가 가능하다. 머천다이징은 다음과 같이 3가지 콘셉트로 나눌 수 있다.

첫째, 조직차원이다. 이는 제조자, 도매공급업자, 중개인, 슈퍼마켓, 대형할인점, 편의점, 식품 소매점포의 유형을 포함하는 조직적 접근방식이다. 조직접근 방식은 셀프 서비스, 사전포장, 광고와 판매촉진, 브랜드 상품과 PB 상품을 포함하며, 이를 식품 머천다이징이라 한다.

둘째, 기능적 차원이다. 이는 머천다이징을 실행과 관련된 활동의 범위를 규정한다. 기능적 차원은 광의의 관점에서 머천다이징의 위치를 설명한다. 마케팅 측면에서 소비 혹은 상품의 이동과 취급에 관한 모든 활동을 설명한다. 협의의 관점에서는 마케팅 프로세스로서 표준화와 등급화, 수송, 매입, 위험부담, 조립, 금융, 판매, 보관 등이다.

셋째, 머천다이징 접근은 고객만족이나 가치 콘셉트를 조건으로 한다. 이는 마케팅 프로세스를 기반으로 고객의 성향을 조사하고 고객욕구를 만들어 내는 과정이다. 고객욕구를 창조하고 만족시키는 토털 마케팅 프로세스의 한 부분으로 머천다이징을 설명하는 것이다.

3. 마케팅과 머천다이징의 차이

(1) 마케팅의 차이

마케팅은 제품, 가격, 유통, 홍보 및 촉진에 국한되어 정의되는 것은 아니다. 마케팅은 고객이 원하는 제품을 적절한 시기에 적절한 가격으로 판매하는 것이다. 마케팅은 고객의 욕구를 조사하여 만족시킴으로써 교환의 효율성을 극대화시키는 것이다. 고객과 효율적인 거래를 할 수 있도록 하는 교섭의 토털 프로세스인 것이다. 토털 마케팅 콘셉트는 조직이나 기능보다 고객에게 초점을 맞추는 것이다.

이런 전반적 마케팅 프로세스는 머천다이징을 포함하여 고객니즈의 차별화로 출발하는 것이다. 또한 상품과 서비스의 유통은 고객니즈를 만족시켜야 하는 궁극적 목적을 달성하기 위한 것을 의미한다. 마케팅은 제품, 프로세스 혹은 서비스가 아닌 고객 그 자체를 강화하는 것이다.

(2) 머천다이징의 차이

머천다이징은 마케팅 프로세스의 한 부분이며, 이는 제품과 서비스의 개발, 공급, 가격과 연출을 통해 고객만족과 가치를 제공하는 것이다. 머천다이징의 정의는 마케팅 콘셉트에 의한 고객만족이나 가치를 주요 기준으로 하는 것이다. 그리고 머천다이징은 매입, 가격과 상품 및 기타 서비스의 연출을 통해 고객만족이나 이익의 가치를 최대화하는 것이다.

머천다이징은 일정한 투입요소(Input factor: 자금, 원재료, 기술, 설비, 기계, 노동력 등)을 효율적으로 조합하여 최대의 산출물(Output factor: 고객만족, 매출증대, 이익향상 등)을 만들어내는 것이다. 제품계획(product planning) 혹은 상품화활동(merchandising)은 상품의 시장성(상품력)을 향상시킬 수 있는 계획활동이다.

머천다이징은 투입물 대비 산출물의 가치를 극대화시키는 가치창조의 과정이다.

〈그림 1-7〉 마케팅과 머천다이징의 차이

마케팅과 머천다이징의 차이

마케팅	머천다이징
• 소비자시장을 대상 • 제품계획, 시장조사, 가격, 광고와 유통 등의 기능에 집합만이 아니라 고객 니즈를 연구하고 창조하며 만족하게 하는 것	• 제품을 관리하는 활동 • 마케팅 프로세스의 한 부분, 제품과 서비스의 개발, 공급, 가격과 연출을 통한 고객 만족이나 가치를 제공 • 마케팅 컨셉에 의한 고객만족이나 가치를 제공하는 것.

제4절 ❙ 체인스토어 상품정책

1. 상업의 원칙

인간이 생활하는데 있어서 필요한 물건을 필요한 때, 필요한 사람에게, 최고로 편리한 수단으로 제공하기 위한 활동이 상업의 원칙이다. 상업에는 제조업의 원재료나 설비, 소모품을 구입하는 활동에서부터 금융, 보험, 운반·보관까지 광범위하게 포함된다. 그 중심이 되는 영업활동은 소매업과 식품서비스업(food service)이다.

소매업은 그 중심이 되는 영업활동이 국민생활에 직접적인 영향력을 가지고 있다. 그리고 그것을 누구에게, 언제, 어떤 방법으로, 상품을 고객에게 제공할 것인가의 태도와 양식에 의하여 그 국가와 사회의 경제와 문화 등의 현재 수준을 구체적으로 평가한다.

(1) 상업의 현대화

우리나라의 상업이 어느 때부터 성립 발달되었는가에 대한 것은 문헌상 명확하지 않다. 그러나 역사의 발달 과정을 보면 인류가 사회생활을 시작한 후 물물교환이 일찍부터 행하여졌으며, 그 물물교환이 이루어지는 장소에 상업이 발생하였던 것이다.

이와 같이 태동한 상업은 화폐가 생성된 이후 가속적으로 활성화 되었다. 이러한 사실에 입각하여 문정창(文定昌)의 저서 '조선의 시장'에 의하면 '시장선 화폐후설(市場先 貨幣後說)'을 주장하고 있다. 이 설에 따르면 우리나라의 시장형성 기원은 화폐가 사용되기 이전의 물물교환을 하던 자연경제시대로 거슬러 올라갈 수 있는 것이다.

상고시대(上古時代)에 있어서 화폐 발행은 고조선시대이다. 즉, 기자조선(箕子朝鮮) 6년(B.C. 1128년) 문성왕(文聖王)때에는 곡폐(穀幣)와 피폐(皮幣)가 사용되었다. 기자조선 제9대왕 흥평왕(興平王)(B.C. 975)시대에는 곡폐와 피폐 그리고 자모전(子母錢)이라는 주화(鑄貨)가 사용되었다고 한다. 이 화폐생성발달설에 의해 고찰한다면 한국에 있어서 상업은 이미 고조선시대부터 상당히 발달하고 있었다고 볼 수 있다.

우리나라는 1천6백년 전 삼국시대부터 이미 화폐가 출현하여 상업의 역사가 시작되었다. 신라의 수도는 관허(官許) 상설시로서 일명 시전(市廛)이라고도 한다. 백제의 수도는 일찍부터 시전을 설립하여 도시부(都市部)라는 관서가 시장의 질서유지, 징세, 도량형관리, 관용물자를 조달 등에 관한 업무를 수행하였다.

고려 성종 15년(996년)에 처음으로 철전(鐵錢)을 주조하여 발행하였다. 이 철전은 오늘날의 동전이라고 생각된다. 조선시대에는 행상과 보부상(褓負商)이 널리 보급되었다. 또한 행상인조합을 조직하여 이를 보부상단이라 불렀으며, 전국에 보급하였다. 조선 전기에 서울과 개성, 평양 등 큰 도시에는 상설점포가 있었으나 서울의 시전이 대표적 상설시장으로서 규모가 가장 컸다.

이때부터 상업의 근대화 역사가 시작되었다. 여기서 근대화라는 것은 자연발생적인 물건의 조달, 유통을 장기적이거나 일시적인 측면에 의한 계획으로 통제하는 노하우와 판단, 행동의 원칙이 확립되었다는 것이다.

이러한 행동의 원칙을 시장에서 통용될 수 있도록 실행하여 제품개발이나 운반, 보관, 판매의 수단으로 활용하였다. 이는 현대의 원칙과 비교하여도 상당한 기술이었다. 이때의 상업은 그 현상과 규모는 작지만 생활을 영위하는데 있어서 그 시대로서 상당한 수준의 경제활동을 영위했던 것으로 볼 수 있다.

우리는 여기서도 중요한 교훈을 얻을 수 있는데 그것은 "상인은 사람의 생활을 유지하고 육성한다"고 하는 사명감이다. 이것은 구미에서 19세기 후반부터 20세기 후반에 이르러 완성한 체인스토어 경영시스템의 경영이념과도 일치한다.

(2) 현상부정으로 전환

현대는 매스컴을 이용하여 왕성한 상혼(商魂)이란 표현을 쓰고 있으나 이는 결코 상매인(商賣人)이라기보다 황금만능주의를 의미하는 것이 아닌가 싶다. 본래 상인이란 말은 많은 사람의 생활을 좋게 하기 위하여 노력을 하는 것이 상인의 진정한 정신인 것이다. 혹은 그 사업의 성공과 그의 사회적 존재가치는 열심히 일하는 조건이며, 더욱이 그 속에서 생산적인 일을 추구하는 것이 상업의 세계였다.

왜냐하면 그 대상이 일반대중이며, 이들은 풍부하고 윤택하게 살 수 있어야 하기 때문이다. 그러므로 지금은 상업 특히, 소매업이나 음식업의 영업방법에 있어서 체인스토어 경영시스템이 최고의 기법으로 인식되고 있다. 체인스토어 경영시스템은 현대의 기술수준에서 품목구성을 상업 활동의 중요한 요소로 삼고 있다. 상업 활동의 본질은 열심히 일하며, 많은 사람의 생활을 풍부하고 윤택하게 하기 위한 생활의 제안을 조직화하는 사업이다. 즉, 상업의 원천은 현재의 불편함과 경제적 빈곤을 인식하는 것이다.

우리는 고객인 일반대중의 생활을 더욱 풍부하고 소비의 성숙한 단계로 발전시켜야 할 사명이 있다. 즉, 상품구성은 우리의 사명을 완성하는 것이며, 체인스토어 경영시스템은 이러한 사명을 달성하기 위한 도구인 것이다. 특히, 4차산업이 광속으로 현실화 되고 있는 상황을 정확히 인식하여 장기적 프로젝트를 세우고 이를 실현함으로써 일반대중에게 필요한 것을 제공하고 이와 더불어 보다 더 적극적이고 미래지향적으로 전환할 수가 있는 것이다.

2. 마케팅과 머천다이징

우선 마케팅(Marketing)이란 용어는 "상업하는 방법"을 총칭하는 말이다. 우리나라는 사람들은 대부분 마케팅을 물건 파는 "노하우"라고 인식하고 있다. 실은 미국에서도 그런 경향이 있기 때문에 체인스토어 산업에서는 그 말에 대항하는 용어로써 머천다이징(Merchandising)으로 표현한다.

(1) 파는 입장, 만드는 입장에서의 가정

이 말은 생산자(제조자) 측의 입장에서는 제품을 만들고 고객에게 제공하는 활동의 모든 것을 총칭한다. 이 경우 마케팅은 '파는 입장', '만드는 입장'에서 보는 활동이다.

물론, 파는 입장, 만드는 입장에서 보면 잘 팔기 위해서 매입하고 사용하는 것을 이해하여야 하며, 만드는 것뿐만 아니라 어떻게 판매할 것인가를 알기 위한 노하우도 이해해야 한다. 이것은 매입을 잘해야 판매를 잘 할 수 있다는 것을 의미한다.

머천다이징(merchandising)이라는 발상은 만들고 매입하고 하기 이전에 어떤 상품을 고객이 요구하는 것인가, 또한 고객에게 필요한 것인가도 충분히 검토해야 한다. 여기서 고객을 사용자라고 말을 바꾸는 것이 정확하다는 의견도 있다.

위에서 검토한 바에 의해 제일 문제가 되는 것은 판매가와 품질이다. 매입자와 사용자의 입장이 되면 당연히 절대조건이라 말할 수 있다. 따라서 머천다이징 활동은 바로 소매매가를 결정하고 그 다음은 그것에 어느 정도의 품질을 부가할 것인가를 고려한다. 이것이 활동의 출발점이다. 바로 이것에 부합되는 상품을 발견할 때까지 탐구하는 것이 매입이며(buying), 그것을 발견하지 못한다면 생산자에게 만들도록 맡길 수밖에 없을 것이다. 마케팅은 재료나 가공방법을 활용하여 제품을 생산한 후 이익을 추가하여 소매원가를 정하는 것이다.

(2) 매스 머천다이징 시스템

체인스토어 산업의 기술체계를 매스 머천다이징 시스템(Mass Merchandising System)이라 부른다. 여기서 매스라는 뜻은 양이 단순히 대량이란 것만을 의미하는 것이 아니다. 표준화된 다수점포(200점포 이상)가 제공 가능한 특별한 이익(효능, 가치)을 의미한다. 매스 머천다이징에서 취급하는 상품을 대중품(popular item)이라 하고 최종 소매가를 대중가격(popular price)이라 한다. 따라서 체인스토어 경영에서 매스 머천다이징 시스템의 중심은 대중품, 대중가격의 실현이다.

체인스토어 경영을 목표로 한다면 취급상품에 대한 절대원리를 확인하지 않으면 안 된다. 대중상품(everybody goods), 일배상품(everyday goods)은 예전부터 현실적으로 대중품, 실용품으로 표현하였으며, 이것이 체인스토어 경영의 품목구성에 기초가 되어 왔다.

그 이유는 간단하다. 대중의 '생활'을 문제로 삼고 있기 때문이다. 생활이라는 개념은 항상 일반대중이며, 모든 사람(all most people)을 향한 대중상품(everybody goods)을 상징하는 것이다. 그 중심에는 매가 및 품질(기능)이 시대와 생산기술 그리고 생활수준에 있어서 각기 다른 내용을 담고 있기 때문이다.

3. 체인스토어의 상품구성정책

매스 머천다이징 시스템 기술의 체계는 제2차 세계대전 후에 미국에서 확립된 것이며, 이것은 세계 속의 상업의 경험 법칙을 집대성한 것이다. 다시 말하면 상업에 관한 문명유산(文明遺産)의 집약이다. 21세기 후반의 정보화 사회에 있어서 새로운 정보화 문명의 변화 물결이 오고 있다.

우리나라도 체인스토어 산업화의 일익을 담당하고 국민의 생활을 풍부하게 하기 위해 이러한 철학과 기술을 체득하고 실현하도록 해야 할 것이다.

(1) 경제민주주의와 생활민주주의

그러면 이것을 목표하는 세계는 어떤가? 일부 특권계급만이 향유하는 풍요한 생활을 일반대중의 것으로 만드는 것, 곧 이것을 환원하면 생활민주주의의 실현이다. 그러나 민주주의의 실현을 위해서는 생산의 구조나 관습이 변하지 않으면 안 된다. 유통의 구조나 관습을 일부 수정하는 것은 불가능한 것이다.

현재의 마케팅을 머천다이징으로 바꾸는 영역은 생산분야까지 확대하지 않으면 안 된다. 하지만 원료나 재료 및 생산 혹은 생산재 영역에 대하여 어떻게 해야 한다는 기준이 없다. 따라서 작지만 소비재 생산 혹은 제조가공 단계와 소비생활에 인접한 소매업과 음식서비스업 등에서는 접근해야 한다는 것이다.

이것은 유통업자와 생산업자의 공동노력인 것이다. 만약 생산자가 우월적 지위에서 지위가 약한 유통업자에게 물건을 유통한다는 것은 과도하게 종속체제를 강제하는 것이다. 양자가 대등하게 서로 여러 가지 기술과 정보를 제공하고 합의하여 풍부한 국민생활을 구축하는 것이 우리나라 경제의 현실적인 과제이다.

더욱이 경제구조가 변하고 있으며, 구체적으로는 제품생산의 단계가 생산자의 일방적인 목표의 생산체제에서 수요중심의 수주 생산체제로 변화하고 있는 것이다. 당연히 제품생산자측은 이렇게 하는 것이 위험요소가 적고 생산기술의 발전에 전념할 수 있다.

이러한 상태를 경제민주주의의 실현이라 한다. 체인스토어 경영이 목표하는 이념은 생활민주주의를 극복하고 경제구조가 대다수 국민생활의 향상이 경제민주주의의 실현인 것이다.

과거와 다르게 현재는 제조자에 대한 체인스토어의 발언권이 경제와 정보 및 기술의 발전 등으로 인하여 점점 더 커지고 있는 상황이다.

국내외적으로 유통업계의 큰 변화가 일어나고 있다. 상품공급이 단순히 국내에서만 이루어지는 시대는 이미 지나간 과거의 사례일 뿐이다. 따라서 고객만족을 위하여 고객의 요구에 부응하는 가격과 품질에 상응하는 상품과 서비스를 제공해야 한다.

(2) 3S주의의 실현

체인스토어 경영의 시스템은 전문화의 슬로건으로 3S주의가 있다. 3S는 다음의 3가지의 영어의 머리글자를 따서 말한다.

1) 전문화(Specialization)

전문화, 개성화로 표현할 수 있다. 이제는 소매업이나 음식서비스업도 차별화하지 않으면 안 된다. 따라서 경쟁사와 모든 면에서 차별화 전략을 세워야 하며 그 차별화 전략은 새로운 형태의 점포리뉴얼도 일부분 포함되며, 특히, 중요한 것은 상품의 차별화이다.

품목구성의 차이가 고객에게 확실하게 소구될 수 있는 상황을 만들어야 한다.

어떤 진기한 품목구성을 통해서만 영업실적이 올라갈 수 없다. 많은 고객의 지지를 받고 고객이 점포에 매력을 가지지 않을 수 없는 품목구성이어야 한다.

2) 단순화(Simplification)

단순화, 간소화 등으로 표현할 수 있다. 명령체계, 보고체계, 행동원칙과 규정과 규칙, 작업구조 등의 단순반복 과정을 거치도록 모든 과정의 단순화를 의미한다. 현장 작업은 아르바이트나 파트타이머가 대부분을 담당해도 될 정도의 흐름은 회사운영의 주된 방침이 될 것이다. 단순명쾌하지 않다는 것은 기안자, 명령자, 보고자 자신만이 업무의 본질을 알 기 때문이다. 따라서 누구나 간단하게 알 수 있고 일할 수 있어야 하는 것이 체인스토어 경영시스템에 부합되는 것이다.

3) 표준화(Standardization)

표준화는 관찰과 분석으로 규정과 규칙을 가정하여 실험하며, 규격을 만들고 이에 대한 교육을 실행한다. 인류의 경험법칙으로 확립된 원칙이 표준화이다. 이러한 표준화가 단계적으로 진전되면서 전문화가 실현되는 것이다.

(3) 매출액을 좌우하는 요소

소매업이나 음식서비스업에서 매출액을 좌우하는 본질적인 요소는 무엇인가? 일반적으로 말하는 것은 기업의 연간 매출규모는 경영전략이 좌우하며, 순이익은 경영기술의 높고 낮음의 차이에서 비롯된다고 할 수 있다. 총매출규모는 최고경영자의 책임이며, 순이익은 중견간부와 일선 종업원의 업무에서 이루어진다. 경영전략의 주요 내용은 ① 업종·업태의 선택 ② 투자의 방식이며, 항상 상품에 대한 근본대책을 결정하는 사안이다. 다시 말해서 경영전략은 품목구성의 기본방침이다.

순이익의 문제도 품목구성을 둘러싼 작업방식에 관한 것이며, 명확하게 품목구성 방식의 일부분이다. 매출액과 순이익도 결국 품목구성 방식에서 결정되기 때문이다.

이것을 경영기술의 측면에서 본다면 ① 상품의 매가 ② 상품의 품질 ③ 상품의 수량 ④ 상품의 연출 ⑤ 상품의 분류 ⑥ 매장의 면적(건물구조) ⑦ 점포의 위치(우리와 타점과의 비교)와의 관계로 분석할 수 있다.

매출액이 신장되지 않을 경우에는 왜 매출액 신장이 되지 않는지 고민하고, 반대로 매출액이 감소할 경우 그 점에 관하여 원인을 분석하고 반성하는 기업이 많지 않다. 대개의 경우 판매촉진이나 광고, 특매와 접객대응을 강화하는 것만이 원인분석에 대한 대책일 뿐이다.

이는 결국 경영기술의 일부만을 수정하고 관찰이나 분석을 활용하지 않는 다는 것이다. 그것은 원칙이나 원리가 공염불로 끝난다는 것을 보여주며 정확하게 신뢰를 하지 못하고 있기 때문에 생기는 현상이다. 따라서 그것을 신뢰하고 실행하여 잘 확립된 원칙을 여기에서 명확하게 정립하고자 한다. 잘되지 않을 때, 새로운 무엇인가를 할 때 혹은 품목구성 방식에 있어서의 제반 기준이 가능한 것을 정확하게 착실히 배워야한다.

경영상 문제발생 시에 문제해결 방법에는 위의 요소의 모든 것을 개선내지 개혁이 필요하며, 또한 그것은 원리, 원칙에 입각하여 실행해야 한다. 먼저 그 전에 해야 할 것은 원리, 원칙에서 벗어나거나 혹은 역행한 것을 반성해야 할 것이다.

개선과 개혁은 현상을 긍정해서는 생기지 않는다. 현상부정에서 개선과 개혁을 위한 수순을 거쳐야 한다. 그러나 그 현상부정은 보다 더 근본적인 각도에서 검토되어야 한다. 극단적으로 말한다면 개선이나 개혁에 유익하지 않은 것은 원리도 아니고 원칙도 아니다. 결과로서 효율적인 숫자를 통해 보다 나은 성과로 나타나지 않으면 경험법칙으로써의 이론이라 할 수 없다.

세상에는 경험법칙이 아닌 이치가 횡행하는 것도 사실이다. 특히 이러한 기업들의 상황에서는 개인의 생각이나 특수한 사례가 과장되어 일반화되기 쉽다. 따라서 유효한 품목구성의 경험법칙을 본서에서 제시하고자 한다.

특히 21세기 정보화 시대에서 머천다이징 시스템은 컴퓨터 시스템에 의하여 정확한 수량관리가 가능하게 되었다. 또한 사람이 계산하여 오류가 발생하기 쉬운 안전관리에서 IT기술의 마이크로 칩을 상품에 부착하여 RFID 리더기를 통하여 직접 컴퓨터로 입력되는 시스템이 도입되고 있다. 이러한 IT의 발달로 인한 소매정보화(retail information system)를 통하여 비로소 머천다이징의 과학화가 가능하게 된 것이다.

제2장

새로운 머천다이징 특성과 머천다이저

개 요

머천다이징은 다점포를 지향하거나 체인스토어 운영시스템을 경영할 때 필요한 것이다. 체인스토어 운영에서 머천다이징은 필수적인 상품개발, 상품구성, 가격전략의 운영시스템인 것이다. 머천다이징을 운영하기 위하여 전문요원인 머천다이저와 바이어는 머천다이징 운영에서 매우 중요한 활동 주체가 된다.

목 표

머천다이징 특성은 다점포화 경영과 체인스토어 경영을 어떻게 효율적으로 운영· 적용할 수 있는 구체적 사례를 들어 설명하고 있다. 특히, 체인스토어 경영은 중앙본부의 집중 매입제도를 통해 경영효율성을 극대화할 수 있다. 머천다이저의 역할은 머천다이징의 중요한 제도이며, 머천다이징 전문인력(바이어)의 육성은 매우 시급한 과제이다. 머천다이징 운영에 중요한 과제가 무엇이고 어떻게 할 것인가를 설명한다.

제1절 ▌체인스토어 경영 머천다이징

1. 다점포화 경영과 체인스토어 경영

(1) 다점포화 경영

다점포화 경영은 단일 자본으로 여러 개의 지점을 설치하여 동일한 운영절차로 소매점포를 운영하는 것을 의미하며, 시대에 따라 경제구조, 생활수준, 유통규모를 고려하여 몇 개점 이상이 다점포인가 하는 가에 따라 정의가 달라진다. 체인스토어 경영은 집중적 관리와 소유에 있어서 중앙본부에서 조달하여 동일한 상품을 다점포에서 판매하는 경영을 의미한다. 따라서 다점포경영을 하더라도 각 점포가 개별적으로 상품구성과 조달을 하고 있다면 체인스토어 시스템이라 할 수 없다. 체인경영은 점포, 인사관리, 광고, 판매촉진 등에서 동질성이 필요하며, 단품 대량판매를 기본으로 한다. 또한 집중매입과 분산판매 원칙의 특징을 갖고 있다. 체인경영에서 중앙집중매입의 유형은 3가지가 있다. 믈류센터매입, 개별점포매입, 가격통일 물류센터 매입 방식이 있다.

이런 관점에서 다점포경영은 기업 내의 상품흐름의 측면에서 대개 3가지 형태가 있을 수 있다. 예를 들면 첫째, 매입과 판매가 점포에서 각각 독립해서 실행되는 다점포화 경영이다. 둘째, 일부의 상품계열 혹은 상품계열 내의 일부의 상품품목(merchandise items)을 중앙본부에서 일괄구매하는 다점포화 경영이다. 셋째, 일체의 상품을 중앙본부에서 집중매입하고 각 소매점은 단순 판매하는 다점포화 경영이다.

(2) 체인스토어 경영원칙

엄밀한 의미에서의 체인스토어 경영은 Barker, Anderson 그리고 Butterworth의 소매원리(Principles of Retailing, McGrow-Hill, 1959, p.74)에 의하면, “체인스토어는 중앙본부가 소매점포의 소유와 관리를 통해서 상품을 조달하고 동일한 상품을 다점포에서 판매하는 경영”이라고 정의하고 있다.

결국 체인스토어 경영은 일정 점포수 이상과 중앙집중매입 그리고 다점포 분산판매의 원칙이 적용되는 경영방식이다. 아무리 다점포경영을 하더라도, 각 점포가 개별적으로 상품을 조달하고 판매를 한다면 체인스토어 경영이라 할 수 없다. 체인스토어 경영방식은 중앙집중매입의 비율과 편리성이 포함되어 있는 것이다.

또한 분산방식으로 점포를 가지고 있을 경우, 지역적인 수요 격차나 지역의 경쟁조건의 차이, 지역의 중앙 지점의 입지조건의 특성을 동일하게 취급하는 것 보다는 고객이 요구하는 상품의 이질성을 최소화 시키고 분산된 점포가 취급하는 모든 상품을 중앙본부가 일괄구매하는 것은 불가능하다. 그러나 체인스토어는 중앙본부에서 집중매입하는 체제를 원칙으로 한다.

(3) 체인경영: 집중매입, 분산판매원칙

체인경영이라고 하는 것은 대량소매점 형태의 소매업의 체인경영을 개념적으로 체인스토어라고 부른다.

체인경영에 있어서 지점설치는 고객수요의 유형과 라이프스타일을 고려하여 규모 및 설비조건을 동일하게 점포를 유지하는 것이 바람직하다. 중앙본부 매입집중률은 체인경영에 있어서 중요한 관리원칙이다.

체인경영이란 집중매입, 분산판매의 원칙에 입각한 다점포화 경영을 이행해야 한다는 것이다. 이 원칙을 준수하는 한 소매업의 경영형태는 일반적인 소매점 형태를 취해도 가능하다. 체인스토어 경영은 다점포화 경영을 통한 규모의 이익(Scale merit/economic scale merit)을 창출하는 것이다.

오늘날 체인스토어 경영은 그 범위가 다양하여 소매업태는 물론 호텔, 모텔의 숙박서비스업, 식당, 레스토랑을 비롯한 음식서비스업, 은행, 보험회사, 증권회사, 여행사, 기타 금융, 대행업, 정보서비스업 등에서 체인스토어 경영방식을 찾아 볼 수 있다.

결국 체인스토어 경영에는 가격소구, 대규모 점포운영, 저원가 설비, 저원가 운영, 서비스의 한정 등이 기본적으로 요구된다는 것이다.

2. 체인경영의 시장세분화

(1) 동질성

이미 앞에서 설명한 바와 같이 체인경영의 본부는 고객수요가 동질적인 (homogeneous) 지역에 가능한 동일 조건을 갖춘 점포를 설립·관리하는 것이 바람직하다.

비록 체인경영이 규모의 경제실현, 이익창출 등의 많은 장점을 가지고 있지만 다각적인 상품조달, 비품매입, 인사관리, 광고와 판매촉진, 점포스타일과 레이아웃 등이 통일되어야 한다.

동질성은 동일함에 대한 효과 측면과 다각적 측면의 지식을 필요로 하며, 그 핵심은 상품조달에 있어서 규모의 경제를 실현하는 것이다.

대량판매는 총매출액을 증가시킨다는 의미가 아니다. 대량판매란 각 점포에서 소량으로 판매하더라도 다점포화 체인스토어 경영에서는 총량의 합이 대량판매가 된다는 것이다. 각 소매점포에서 A상품을 10개, B상품을 15개, C상품 20개와 같이 소량 판매액의 연간 총액의 합계액이다.

(2) 단품 대량판매의 실현

실지로 대량판매는 단품으로 많이 판매되어야 하는 것이다. 대형점포라 하더라도 한 장소에서 대량의 상품을 판매하는 것은 불가능하다. 따라서 가능한 한 다수의 지역에서 동일품목을 동시에 일제히 같은 방식으로 분산판매 해야 하는 것이다. 그러므로 체인스토어 중앙본부에서 정한 일정 기간 동안 상품품목을 정하여 모든 점포의 영업조건을 통일시키는 것이 필요하다.

(3) 시장세분화(Market segmentation) 의미

만약 1백개 점포를 가진 체인이면 1백개 점포 전부가 지역의 상권이 유사하고 동일형태, 동일계층, 동일한 고객집단을 흡수하는 통일된 점포구성, 점포 레이아웃, 접객응대, 설비기준과 함께 동일수준, 동일경향의 품목 내지 품목구성을 하는 것이 매우 중요한 것이다. 여기에서 시장세분화(Market segmentation)의 문제가 대두된다.

일반적으로 시장세분화는 인구통계학적 기준을 사용하여 전체 시장을 몇 개의 동질적인 시장으로 구분하는 것이다. 즉, 시장세분화의 주요 목적은 고객집단을 몇 개의 동질적인 집단으로 세분화하여 특정 고객집단을 목표고객으로 설정하는 것이다.

시장세분화는 기업의 특성과 보유자원의 효율적 사용을 위해 특정 목표고객을 설정하고 기업의 모든 역량을 집중하기 위한 하나의 마케팅 전략이기도 하다.

3. 중앙집중매입의 3가지 유형

(1) 중앙본부 일괄매입 3가지 유형

중앙집중매입(central buying)방식은 중앙본부에서 일괄 매입하는 방식을 말한다. 중앙집중매입 방식에는 3가지 형태가 있다. 즉, 완전 중앙집중매입방식(complete central buying), 개별점포 요구 중앙집중매입방식, 가격통일 중앙집중매입방식 등이다.

제1형식은 완전 중앙집중매입방식이다(참조 <그림 2-1>). 이는 단품으로 판매되는 재고정보가 각 점에서 중앙본부(central office)로 전송되면 중앙본부는 이를 집계·정리하여 중앙본부에서 일괄해서 공급자에게 발주 또는 재발주하는 방식이다.

각 점포에서는 직접 공급자에게 발주 또는 재발주를 할 수 없다. 공급자가 각 점포에 상품을 직접 배송할 수 있으며, 중앙본부가 지역별 물류센터를 경유하여 배송할 수도 있다. 이는 어떤 방법이 더욱 효과적인가를 고려하여 결정해야 한다.

물류센터에는 검품(inspection), 가격표시(marking), 각 점포 배송(shipment) 등의 설비나 요원이 배치되어야 한다. <그림 2-1>은 중앙본부가 완전 중앙본부매방식을 개념적으로 나타낸 것이다.

제2형식은 개별점포 요구 중앙집중매입방식이다(참조 <그림 2-2>). 이는 각 점에 배송은 중앙본부에 속한 물류센터에서 각 개별점포 점장의 요청으로 이루어진다. 중앙본부에서는 각 개별점포의 판매상황 및 재고상황에 관한 정보를 직접 관리할 수 없기 때문에 개별점포의 점장의 주문에 의해서 상품을 배송한다.

공급자에게 발주하는 것은 반드시 중앙본부에서 집약할 필요는 없다. 발주에 필요한 정보는 물류센터에서 각 개별점포에 출하하고 상품은 물류센터에서 취급하고 관리한다. 상품의 발주와 납품은 개별점포에서 관리하는 것 보다는 물류센터에서 발주와 납품을 관리하는 것이 원칙이다.

〈그림 2-1〉 완전 중앙집중매입방식

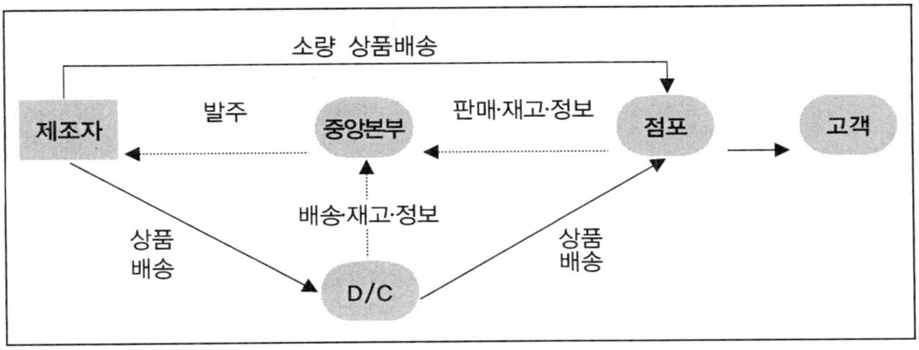

북미와 유럽에서는 ECR시스템을 도입하여 점포직송시스템(DSD, direct store delivery)을 활용하고 있다. ECR시스템은 물류비 절감을 위해 매우 필요한 시스템이다. 상품의 성질에 따라 다르지만 거시적인 측면에서 물류비 절감을 위해 점포직송시스템을 활용하는 것이 효과적이다.

Vendor가 각 개별점포에 배송할 상품패키지를 중앙본부 배송센터에 배달하여 단순히 배송코스별 차량에 혼재하여 배송하는 크로스 도킹(cross docking) 시스템을 활용할 수 있다.

제3형식은 가격통일 중앙집중매입방식 방식이다(참조 <그림 2-3>). 중앙본부는 각 개별점포의 판매와 재고상황에 관한 정보 일체를 수집하여 모든 발주에 관한 업무를 수행한다. 즉, 각 개별점포의 발주를 수집하고 중앙본부에서 일괄접수하여 공급자에게 발주한다.

납품은 중앙본부를 경유하지 않고 공급자로부터 각 개별점포에 직접 배송한다. 따라서 물류센터와 중앙배송지점(central distribution points)의 허브시스템은 설치하지 않을 수도 있다. 또한 공급자로부터 각 개별점포에 출하하는 단위는 로트(lot)로 하는 것이 원칙이다.

〈그림 2-2〉 개별점포 요구 중앙집중매입방식

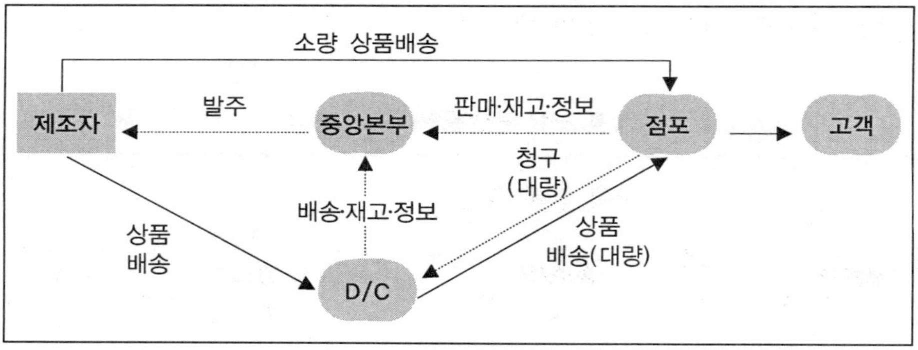

〈그림 2-3〉 제3형 가격통일 중앙집중매입방식

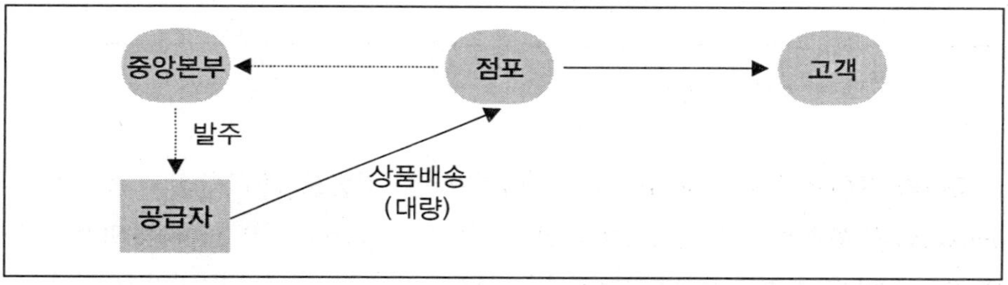

이상으로 완전 중앙집중매입방식(complete central buying), 개별점포 요구 중앙집중매입방식, 가격통일 중앙집중매입방식 등 중앙본부집중 물류에 대한 특징을 설명했다. 개별상품의 판매가격의 설정은 각 개별점포에서 결정할 수는 없다. 이는 가격통일의 원칙을 유지하기 위한 전략이다. 각 개별점포에서 직접 공급자에게 발주하지 않는 것도 중앙본부 일괄처리시스템에 의한 공통 원칙을 실현하기 위한 것이다.

(2) 볼런터리 체인과 조합식 체인의 공동구매 원칙

그 외에도 볼런터리 체인이나 조합형 체인에서 공동구매, 공동발주, 공동배송으로 구매력을 집중하여 구입원가를 인하할 수 있다. 그러나 과거의 한국에서는 문제점이 많았다.

이 유형의 체인은 체인본부에서 본부 매입상품과 점별 매입상품을 병행하여 운영되고 있다. 하지만 이와 같은 메커니즘은 매우 복잡한 문제들을 안고 있다.

결국 이러한 체인이 발전하지 못하고 있는 이유는 공급자들이 직접 가맹점에게 발주를 받고 이에 대한 상품 물류시스템의 복잡성과 전반적인 물류시스템이 낙후된 환경에서는 더욱 문제가 많이 있기 때문이다.

그러나 기업형 체인은 단일자본의 다점포경영 체인이므로 본부매입 시스템이나 점포별 매입에 대한 양측의 효율성을 적절하게 적용하여 상품매입 정책을 결정하고 있다.

제2절 ▎머천다이징 특징과 머천다이저 자격

1. 머천다이징의 특징과 과제

체인경영의 머천다이징은 집중매입과 상품 혹은 정보의 흐름 등에 대한 계획과 통제가 주요 특징이다. 이러한 과정은 컴퓨터와 정보기술의 발달로 세부적인 체인경영의 시스템 구동과 원활한 쌍방향 정보교류가 가능하게 되었다. 오늘날 소매업은 상품판매뿐만 아니라 서비스 판매에 대한 관심이 증가하면서 서비스 시장의 규모가 확장되어 가고 있다. 이러한 머천다이징 업무를 수행하기 위해서는 바이어와 머천다이저의 능력과 자격요건이 필요하다. 머천다이저는 상품과 고객에 대한 책임을 지며, 고객의 재구매를 유도할 수 있는 능력을 갖추어야 한다. 상품분리, 상품계획, 상품구성 계획을 수립하는 능력이 필요하다. 바이어는 상품단위 별로 자금계획을 수립하고 실행하는 역할을 한다.

(1) 집중매입의 효과

넓은 의미에서 머천다이징 개념은 앞에서 설명하였던 중앙본부매입 상품과 점포매입 상품으로 분류하고 다양한 공급자의 상품은 중앙본부 관리 하의 물류센터에서 이루어진다. 그리고 각 개별점포의 상품 혹은 정보의 흐름과 계획이나 통제 등의 사항은 체인경영의 머천다이징에 속하는 중요한 문제의 하나라고 할 수 있다.

매입과 판매유형을 인적(바이어), 시간적, 공간적으로 분리하는 것은 점포 한 개를 가지고 단독경영하는 점포는 물론 볼런터리 체인 등을 경영하는 경우에도 머천다이징의 역할은 매우 중요한 것이다.

상품이나 정보관리는 단독점포 운영방식보다는 체인점 다점포화 경영방식의 경우에는 더욱 복잡하다.

체인경영의 기본적인 특징과 과제에서 중앙본부와 지점의 기능적 분리는 상품과 정보관리의 약점을 보완하고 재결합의 시너지 효과를 얻을 수 있기 때문이다.

(2) 정보교류관리의 기본

중앙본부와 각 지점의 점장들의 관계는 원활한 쌍방향 의사소통과 정보교류와 상호협조 정신이 필요하다. 이는 적당주의에 의한 타협이 아닌 책임의식을 바탕으로 한 협조정신이 있어야 한다는 것이다.

정보교류 관리의 기본은 무엇보다도 컴퓨터 시스템을 활용하는 것이다. 상품계열(merchandise lines) 수가 증가하고 이에 따라 상품품목(merchandise items)이 증가하게 된다. 또한 개별점포 수가 증가하여 기업의 전체 매출액도 증가하게 된다. 따라서 대량의 정보가 수집되고 이를 요약·집계할 수 있어야 하며, 판매 가능 추정량과 이를 처리할 능력이 요구된다.

(3) 소매기술의 발달

오늘날 컴퓨터가 체인스토어에 도입되어 새로운 시스템이 개발되었다. 즉, POS 시스템, 바코드, 카테고리 매니지먼트, EOS, DPP, VAN, RFID 등 많은 정보시스템 기술(Information Technology)가 발달되어 이제는 소매기술(Retail Technology)이 하나의 독립 시스템으로 개발되고 있다.

정보기술의 변화는 체인경영의 머천다이징 특징인 매입의 집중, 판매의 분산방식을 여러 가지 유형으로 변화시키고 있다. 머천다이징의 기능은 협의의 머천다이징으로 확대되면서 대량집중매입에 의한 제조단계의 형식으로 독과점 유형으로 변화되고 있다.

유통의 영역이 확대되어 생산단위(Lot)의 흡수와 PB화, 소위 상품계획 기능의 완성이라는 새로운 역동적 혁신과 함께 일련의 유통전략적 문제가 제기되고 있다.

미래의 체인스토어는 이러한 변화의 주역으로서 소비시장뿐만 아니라 생산과 물류에 이르기까지 그 영역이 확대되어 갈 것이다. 체인경영의 머천다이징의 특징과 과제가 우리에게 놓여 있는 것이다. 이는 우리가 지속적으로 연구해야 할 과제이기도 한 것이다.

2. 머천다이징 서비스

(1) 서비스 판매의 증대

오늘날 소매업은 상품판매뿐만 아니라 서비스 판매에 관심이 증대하고 있다. 이는 경제가 발달하고 생활수준의 향상은 서비스 상품에 대한 고객들의 관심이 증가하기 때문이다.

소매업자가 판매하는 서비스는 공구, 장비 등과 자동차 및 특수한 상황의 의류를 포함한 리스를 통하여 이익을 창출하며, 미용관리, 가구와 가전 수리, 요리, 페인팅과 카드놀이, 산악자전거 훈련코스 등 의 레저, 보험, 여행과 유흥업체의 입장권 대리점 등의 서비스를 제공한다.

현대는 글로벌 금융산업의 발달로 새로운 서비스 산업으로 확장되고 있으며, 더욱 더 머천다이징 서비스 부문이 확대 발전하고 있다.

(2) 서비스 머천다이징 연구

현대시장에서는 서비스 시장의 규모가 확대되어 가고 있으며, 이에 따라 그 판매액도 지속적으로 증대하고 있다. 어떤 면에서 현대와 미래에는 더욱 더 다양한 종류의 서비스 산업이 발전하게 될 것이다.

바로 이러한 시대적 요구에 따라 서비스 머천다이징에 대한 연구가 활발하게 이루어져야 할 것이다. 서비스는 곧 돈이라는 현대적 사고가 중요하다.

3. 머천다이저의 자격요건

(1) 머천다이저의 자격

머천다이징 업무를 원활하게 수행하기 위한 바이어와 머천다이저 등의 능력과 자격요건이 중요시 되고 있다.

특히 소매업에 있어서는 이 분야에서 종사하는 사람들이 얼마나 전문가들인가 하는 것은 그 기업에게 매우 중요한 미래 발전과도 연관이 된다고 믿고 있다. 많은 체인스토어 기업들은 바로 유능한 바이어와 머천다이저들을 확보하고 있어야 한다.

죤 윙게이트(John W. Wingate) 교수는 그의 저서 소매상품관리(Retail Merchandise Management)에서 머천다이저와 바이어에 대한 역할을 설명하고 있다. 그는 "머천다이징 관리자와 머천다이저는 그 책임부서의 예상 매출과 적절한 마크업(Mark-up)으로 판매를 지원하고 재고계획을 수립하는 것을 책임지게 된다. 이들은 계획을 달성하기 위하여 바이어와 점장의 감독과 여러 부서의 전체적인 계획을 세분화하여 실행한다."고 정의했다.

머천다이저는 상품은 물론 종업원 및 소비자에 대한 책임을 진다. 머천다이저는 고객이 상품을 구입하여 사용한 후 아무런 불편이나 이상이 없을 뿐 아니라 만족해야 한다는 것이다.

음식을 구매한 고객이 식사를 한 후에 식중독 등 어떤 부작용 없이 만족하여 다시 점포를 찾아와서 재구입을 해야 하는 것이다.

즉, 그 책임은 종료되는 것이 아니라 계속적으로 이루어진다는 것을 인식하고 있어야 한다. 그래서 머천다이저는 바로 기업의 실력이라고 한다. 한편 미국의 경우 바이어는 매입에 대한 일부의 책임을 진다.

(2) 바이어의 자격

바이어와 머천다이저는 상품단위별로 자금계획을 세우며, 이를 부서별로 분리하여 상품계획을 수립하고 그의 팀원들과 같이 조율한다. 바이어와 머천다이저는 자기부서의 판매와 상품구성 계획을 수립하여 각 머천다이징 매니저들의 계획을 체크하고 계량화하여 계획에 반영한다. 바이어와 머천다이저의 자격요건은 등급에 따라 다르다.

예를 들면 머천다이징 매니저는 매입과 판매에 대한 적극적 판단능력과 열의가 있어야 한다. 특히, 금액으로 표시하는 머천다이징 수치를 분석하는 능력이 있어 한다. 그리고 바이어와 머천다이저는 고객의 수요 변화에 민감하게 대처할 수 있어야 하며, 시장의 변화에 대해서 능동적으로 대응을 할 수 있어야 한다.

바이어와 머천다이저는 취급하는 상품에 대한 점포별 상품구성 계획을 균형있게 개발할 수 있어야 하며, 시장에서 요구하는 많은 품목에 대한 품질과 고객수요에 대처할 수 있어야 한다. 항상 이익을 얻을 수 있는 가격 기회의 이점을 가지도록 준비해야 한다.

가령 패션 바이어와 머천다이저라면 이들은 새롭고 잠재된 판매액을 예상하고 달성할 수 있는 것이 무엇인지에 대한 적절한 상품구성 계획을 융통성 있게 조절할 수 있어야 한다. 그리고 바이어와 머천다이저는 특별히 영업상황에 맞는 적절한 색채, 상품 및 디자인에 대한 예민한 판단력이 있어야 한다. 고객이 요구하는 새로운 상품구성을 개발하고 인식할 수 있는 창조적 아이디어가 있어야 한다.

만약 생필품 바이어와 머천다이저라면 이들도 경쟁자에 의해 공급되는 상품의 서비스와 가치를 판단할 수 있는 능력이 있어야 하며, 매장 내에서 취급하는 상품진열과 공간배치를 가장 적절하게 활용해야 한다.

〈그림 2-4〉 머천다이저의 자격

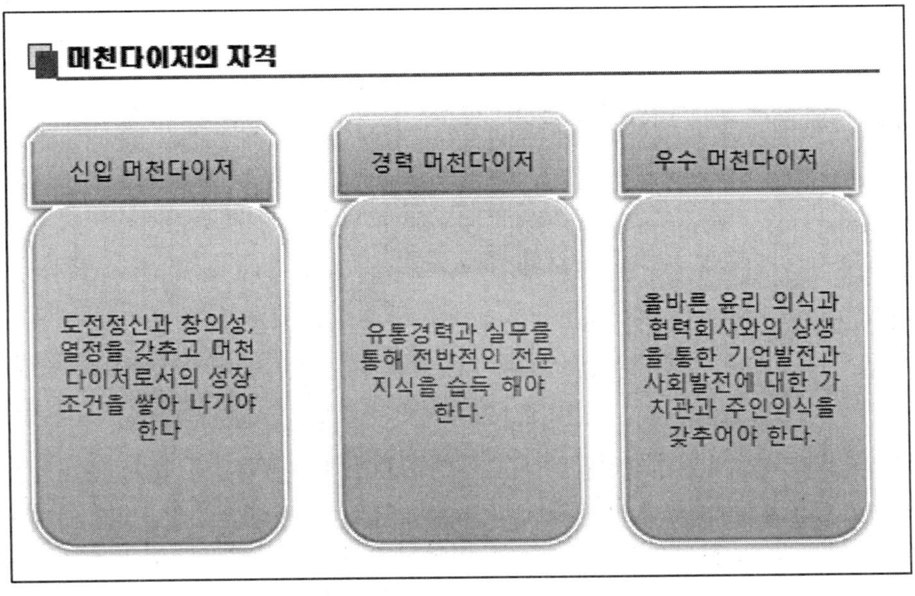

바이어와 머천다이저는 발주량을 계산하고 공급자를 물색하며, 거래협약을 채결한다. 그리고 품절이 발생하지 않도록 하기 위하여 지속적인 보충이 가능하도록 조치한다. 상품구성과 가격결정, 진열량과 진열의 형태, 판매기술, 광고판촉, 고객응대기술, 매장분위기 조성, 검수방법, 패이싱의 결정 등을 실행한다.

바이어와 머천다이저는 상품을 매입하여 상품의 번호화 코드를 부여하여 컴퓨터 입력이 가능할 뿐 아니라 재고관리를 시스템화 할 수 있도록 한다. 바이어와 머천다이저는 상품지식에 있어서 초급, 중급, 고급지식을 가지고 연구를 지속적으로 강구해야 한다.

(3) 머천다이징 전문인재 양성 시급

결국 체인경영의 성패는 머천다이징의 기술과 활동인 것이다. 하지만 머천다이징의 성공적 활동도 사람이 하는 것이다. 따라서 이러한 전문인재는 곧 체인경영에서 승리할 수 있는 중요한 자산이다.

우리나라의 체인경영에서 최후의 승리는 유능한 바이어와 머천다이저의 확보에 있다고 할 수 있을 것이다.

제3절 ❙ 머천다이징의 필요성

머천다이징의 필요성으로 소매형태가 대형할인점과 다점포화, 단일점포 대형화 방식에 따른 매장판매의 효율성, 매장면적, 점포수 증대 등에 한계점을 느끼고 체인스토어 방식으로 바뀌게 되면서 경쟁에서 살아남기 위해 머천다이징의 필요성이 증가되고 있다. 머천다이징은 첫째, 매장판매효율 향상 둘째, 대형할인점 셋째, 점포수 증대의 형태로 넓은 의미에서 판매촉진의 방법으로 발전해 왔다. 또한 머천다이징은 매출액을 증대하는 것이 그 목적이기 때문에 매출액 증대, 총이익률 향상의 방법을 토대로 발전해 왔다. 마지막으로 마케팅 시대와 머천다이징 시대를 비교하였는데 마케팅 시대에는 매장판매효율과 매출액을 기준으로 잡았고 머천다이징시대는 자본수익률, 총이익률을 주요 기준으로 선정하였다.

1. 머천다이징에 대한 오해

(1) 오해의 명확화: 고객지향적 머천다이징

머천다이징은 그 의미와 같이 상품 만들기이며, 마케팅이 시장에서 판매하는 방법과는 차이가 있다.

고객의 요구를 상품화로 실현하는 것이다. 즉, 고객지향적 머천다이징을 해야 한다. 첫째는 고객의 사용목적과 사용동기를 고려한다. 둘째는 고객에 대한 상품의 콘셉트를 고려한다. 셋째는 합당한 제조방식과 가공기술 및 소재를 선택한다. 체인스토어의 경영시스템이 머천다이징의 담당자에게 적합하다고 생각하는 것은 바로 여기에 있는 것이다.

그러나 객관적으로 머천다이징이 필요하여 그 담당자로서 체인스토어가 합당하다는 것만으로 또는 정의감이나 이상론만으로는 머천다이징이 가능한 것은 아니다. 체인스토어 각 기업에 경제적으로 가장 부합하는 머천다이징이 필요하다.

(2) 소매환경의 역사적 고찰

우리나라의 체인스토어는 어떤가, 머천다이징의 필요성이 실제로 있는가? 이것을 알기 위해서는 소매업의 역사를 약간 생각할 필요가 있다.

우리는 일제 강점과 한국전쟁, 경제개발이라는 역사를 훑어본다면 상점은 대부분 개인경영의 소매점이었다. 소매점은 매장면적이 매우 작은 점포였다. 지금은 많은 경제적 여건의 변화와 치열한 경쟁에 살아남기 위하여 체인경영에서 머천다이징은 매우 중요한 과제가 되고 있다.

(3) 한계점의 탈피

소매점의 기본 테마는 점원에 의한 접객, 진열기술, 점포구성, 판매촉진의 아이디어, 입지 등의 5가지이다. 위의 5가지 기본 주제로 매장면적 3.3m²당 매출을 증대하는 것이었다.

그러나 이런 방법은 두 가지의 한계점이 있다. 객수와 매장면적의 한계이다. 객수 1천명을 1천3백명으로 증대할 수 있는가? 4천명으로 증대할 수 있는가?

가령 매장면적 3.3m²당 연간 매출액도 3.3m²당 1천만원까지는 가능하더라도 5

천만원은 무리일 것이다. 그리고 3.3m²당 얼마의 매출을 증대하더라도 매장면적 33m²에 3억원까지는 어려울 것이다. 물론 어떤 점포도 그렇게 되지 않을 것이다.

결국 위의 5가지 노력을 하더라도 매출에는 한계가 있는 것이다. 당연히 총이익에도 한계가 있다.

2. 매출액 증대를 위한 방법

(1) 제1의 방식(거점식): 대형점

대형할인점은 매장면적 3,000m² 이상의 규모로 많은 고객을 동시에 유치하기 위하여 취급하는 상품을 확대하고 보다 저렴한 가격에 상품을 제공함으로 고객의 점포 선택에 매력을 주고 있다.

물론 대형할인점을 운영하며, 저가격을 제공하기 위해서는 경영진에서부터 점포 판매원에 이르기까지 하나의 경영시스템에 의해 단순 계수관리 방식이 아닌 재무관리 차원의 경영기법이 필요하다. 대형점의 경영관리시스템의 성공적 정착은 객수와 매장면적 기준인 3.3m²당 단위 매장면적 매출액은 기하급수적으로 증가하지는 않지만 총매출액과 총이익은 증대하게 한다.

- 3.3m²당 매출액(원)×매장면적(3.3m²)×1년 = 연간 매출액(원)
- 3.3m²당 매출액(원)×매장면적(3.3m²)×1년×확대매장면적 = 연간 매출액(억원)

이라는 비교를 해보면 명확하게 알 수 있다.

그러나 여기에도 한계는 있다. 아무리 매장면적을 대형화하여도 한 점포가 유인하는 고객의 수에는 한계가 있고 매장면적에도 그것을 무한히 확대하는 것은 불가능한 것이다. 이에 대한 방법은 한 점포당 매장면적과 고객 수는 어느 정도에서 한계점이 있는 것이다.

(2) 제2의 방식: 대형점 + 다점포

그래서 제3의 대책방법은 점포수를 확장하는 방법이 있다.

- 3.3m²당 매출액(원)×매장면적(3.3m²)×1년 = 연간 매출액(억원)

• 3.3m²당 매출액 1천만원×매장면적 9,900m²×10개 점포 = 3,000억원

이라는 계산이 나온다.

백화점은 해방과 더불어, 경제개발 이후 고도성장을 통하여 제2의 방식을 채택하였다. 이런 백화점에 체인스토어 그룹이 추가된 것은 제2의 방식이었기 때문이다. 즉, 대형할인점의 거점식 출점방식을 채택한 것이다. 그러나 미국은 제3의 방식인 체인스토어 방식을 채택한 것이다.

(3) 제3의 방식: 체인스토어

점포 수만을 증대하는 것은 매우 위험한 것이다. 그래서 제1의 방식에 의해 출점하는 기업중에서도 제2의 방식을 채택· 적용하는 것이 가능하지 않은 기업도 많이 있다. 출점방식이 대형할인점 출점은 가능하지만 체인스토어 방식은 채택하지 않는 형태이다. 물론 제3의 방식을 채택하지 못한 기업도 많이 있으며, 도중에서 중단하고 포기하는 기업도 많다.

이와 같이 제1, 제2, 제3의 관문을 통과하여 성장하는 기업은 그리 많지 않다. 일단 제1, 제2, 제3의 방식을 채택하여 성장한 기업은 그 속도가 급속하게 이루어진다. 빠르게 성장하는 기업이 가진 특징은 크게 3가지이다.

첫째는 기업 구성원 모두가 전사적 노력을 기울인다.

둘째는 성장의 형태가 다른 기업의 전략을 벤치마킹하는 것이다. 기업의 문화와 특성에 의한 성장보다는 단순히 재벌그룹의 특성과 공통점에 의한 성장을 시도한다.

셋째는 성장의 목표를 매출증대에 집중한 결과이다. 즉, 재벌그룹은 거대자본력을 투입하여 하드웨어 시설 확대를 통해 고객을 현혹하여 대량으로 유치한 후에 매출을 증대시키는 전략을 이용한 것이다. 예를 들면 롯데, 신세계, 현대, LG 등이 대도시 및 지방도시에 대형백화점을 신축하여 진출한 경우이다.

또한 고객들도 소득증대의 결과로 과도한 사치와 고가지향의 상품들을 마구잡이로 구입하는 소비성향을 보인 결과이다. 하지만 정보기술의 발달과 치열한 경쟁상황에서 소비자는 합리적 구매의사결정자로 변화되었으며, 기업이 소비자를 현혹 또는 유혹하던 과거 판매전략의 시대가 아닌 것이다.

우리의 경제발전에도 경고음이 커지고 있다. 그동안 왜곡된 소비문화가 한계점에 봉착했고 경제도 어려워지고 있다. 소득의 격차와 실업, 불황과 함께 양극화가 심화되고 있으며, 고객들도 효율적인 가성비 소비를 우선시 하게 되었다.

> ▣ 최근 체인스토어의 정의 (11개 이상의 점포로 규정하고 있음)
>
> 단일기업으로 같은 업태 유형 11개 이상 점포가 중앙본부 통제를 통해 획일화, 표준화를 달성하면서 전체로서 판매력, 노동 생산성, 시장점유율을 강화해 나가는 소매조직이다. 이같은 중앙통제는 머천다이징 정책의 통일을 추진하는 방법이지만 재무, 손익적으로 고정비를 싸게 하고 손익분기점을 낮추는 방법이기도 하다. 또한 인사정책, 재무정책, 판매촉진책, 교육·훈련, 출점정책 따위에 있어서도 중앙집권화하는 중앙본부기구를 갖춘다. 따라서 체인스토어는 '본부기능 집중과 판매기능 분산'으로 기업 독자적인 머천다이징 정책이나 관리방식을 추진하는 것이다. 경영의 특징은 표준화, 단순화, 전문화, 집중화라는 원칙이 점포정책, 점포관리, 작업관리, 물류관리, 상품정책, 상품관리에서 활성화된다고 할 수 있다. 체인스토어가 지향하는 방향은 체인스토어 산업을 이룩하여 국민생활에 획기적인 변화가 일어나도록 공헌하는 데 있다. 경제민주주의 실현을 목적으로 매스 머천다이징 시스템 구축을 수단으로 하는 경영시스템이다. 체인스토어는 제조업, 도매업, 판매업을 겸한 생활재 제공 시스템 설계 및 통제업인 것이다.

3. 총이익율의 도전

(1) 재검토

위에서 살펴본 바에 의하면 지금까지 머천다이징의 실행은 3가지 방식이었다. 첫 번째 방식은 대형점의 매장면적 확대이다. 두 번째 방식은 대형점의 점포 수를 증가시키는 것이다. 세 번째는 체인스토어 방식을 적용하는 것이다.

결국 머천다이징 방식의 실행목적은 매출액을 증대시키는 것이며, 이 3가지의 방식은 넓은 의미에서 판매촉진(sales promotion)의 방법이라고 할 수 있으며, 이러한 관점에 따라서 제1방식에서 제2방식으로, 제2방식에서 제3방식으로 매출액 증대 방법을 실행하여 왔다.

즉, 머천다이징은 매출액을 증가시키는 한편 총이익율의 향상을 추구하는 수단과 방법으로 사용하고 있다.

예를 들면 지금까지 총이익율이 18%라고 한다면 이것을 23%나 25%로 만드는 것이 현실적으로 가능하지 못했다. 게다가 40%, 50%로 하는 것이 불가능했으며, 만약 가능했다면 백화점이나 전문점에서 어떻게 이러한 총이익율이 가능했을까?

▌표 2-1 ▌ 체인스토어의 이익

방법	중점	매장 판매효율 (만원)	매장면적 (3.3m²)	점포수	매출액 (억원)	총이익률 (%)	총이익 (억원)	상품
소형점	매장판매효율	1,000	33	1	1	20	0.2	
대형할인점	매장면적	200	3,300	1	20	20	4	마케팅
다점포	점포수	200	3,300	10	200	20	40	
체인스토어	MD	200	3,300	10	200	30	60	MD

- 3.3m²당 연간 매출액 2백만원 × 매장면적 3,300m² × 1점포 × 총이익률 20% = 총이익 40억원
- 3.3m²당 연간 매출액 2백만원 × 매정면적 3,300m² × 10점포 × 총이익률 30% = 총이익 60억원 등의 방법이 실행되는 것이다.

이러한 방식을 사용하는 이유는 기존의 총이익율에 도달한 점포가 취급한 상품은 도매점과 대리점의 마케팅 상품이었기 때문에 가능한 것이었고 머천다이징한 상품을 취급하지 않았다.

따라서 머천다이징을 하지 않아도 매출액은 증가할 수 있었던 것이다. 그러나 총이익은 일정비율 이상 증대하지 않는다. 왜냐하면 머천다이징을 하기 위한 충분한 자금 및 이러한 머천다이징 상품을 공급할 점포 증대할 자금도 또한 충분한 전문인원의 확보도 가능하지 못했기 때문이다.

(2) 고객 측면으로 전환

기업은 상품판매에 있어 머천다이징을 필요로 한다. 기업 간 경쟁이 치열할수록 상품과 고객 서비스의 차별화 전략은 필수요소이다. 따라서 경쟁이 치열해지고 격

화되면 머천다이징은 필요하다.

그리고 대형할인점과 백화점, 대형슈퍼가 하나의 상권에 동시에 출점하면서 소매업 간의 본격적인 경쟁이 시작되었다. 지금까지 소매점포는 제조업자가 제공하는 상품을 거의 비슷한 가격, 품질, 기능의 상품을 판매했다.

그런데 같은 상권에 대형할인점이 개점하면서 고객들은 더욱 큰 점포, 더욱 편리한 상품을 판매하는 점포, 더욱 청결한 점포, 새로운 점포, 더욱 편한 점포, 더욱 분위기 있는 점포들을 선택하기 시작했다. 이제 소매기업들은 상품을 차별화하기 위한 머천다이징이 필요한 것이다.

(3) 머천다이징 시대

마케팅 시대에는 제조업자가 공급하는 상품을 매입하여 판매했기 때문에 총이익율은 매우 낮았다. 그러나 기업이 추구하는 목표는 총매출액을 증대시키는 것이다. 높은 매출액을 달성하지 못하면 기업은 망하게 되어 있다. 공급업자가 납품한 상품을 판매하는 소매점포들은 모두 동질적인 상품특성으로 인해 특징이나 개성이 없다. 따라서 우리 점포만의 개성을 연출하기 위한 판매기법을 필요로 한다.

이에 반해 머천다이징 시대의 상품을 판매하는 소매점포들은 자신만의 개성과 특징을 만들 수 있기 때문에 총이익율이 높게 나타난다. 따라서 무리하게 매출을 증대하고자 하는 노력을 할 필요가 없다. 상품에 개성이 있으므로 저급한 연출의 유혹에 빠질 필요가 없다. 우리만의 개성을 연출하여 고객에게 어떻게 소구하느냐가 중요하기 때문이다.

여러 점포가 독자적으로 고객의 요구에 합당한 가격, 품질, 기능이 적합한 상품을 머천다이징 하여 고객이 자기의 목적에 맞는 점포를 선택하여 구입하기 때문에 진정한 경쟁이 이루어진다. 고객은 편리하고 점포는 특성을 확실하게 할 수 있는 것이다.

머천다이징은 차별화 전략이지만 차별화가 아니다. 즉, 고객을 위한 역할, 경쟁을 위한 특징을 만들기 위한 것이다. 현대는 판매촉진(sales promotion)의 강조보다는 머천다이징의 차별화 전략이 더 요구되는 시대이다.

제조업자가 공급하는 상품을 판매하는 소매점포는 총이익율을 조정할 수는 없었지만 지금은 소매점포가 상품을 만들어 고객의 요구에 대응하는 머천다이징 시대가 되었다. 이는 곧 마케팅 시대에서 머천다이징 시대로의 이동은 모방의 시대에서 상품 창조의 시대로 전환을 의미하는 것이다.

마케팅 시대에서 머천다이징 시대로의 이동은 소매기업에게 중요한 시사점을 주며, 이에 부응하는 의식과 행동의 변화가 필요하다.

〈그림 2-5〉 머천다이징의 시대

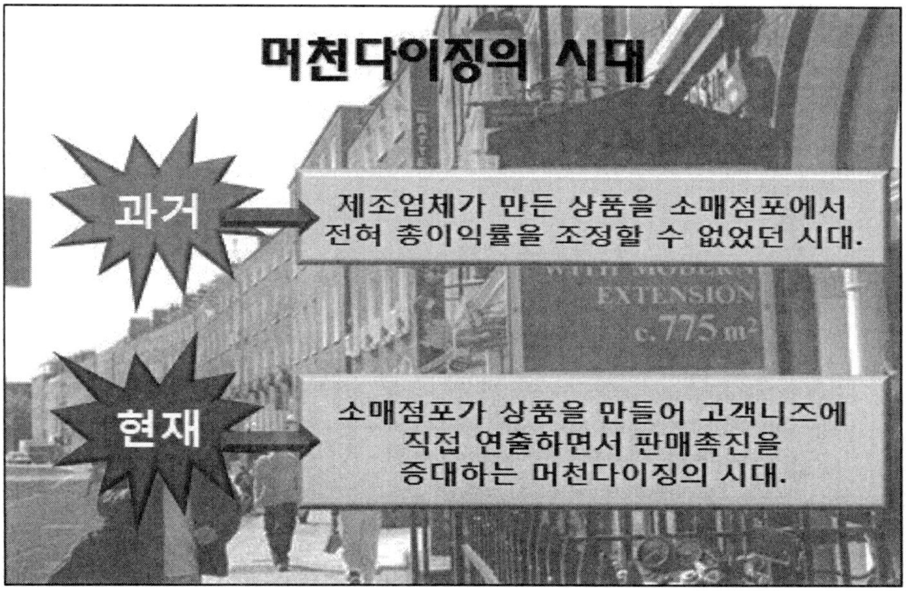

머천다이징 Power의 이전은 구체적으로 어떤 과정을 거치는가 하는 것이 연구의 목적이다. 우리의 머천다이징에 대한 인식의 전환이 전폭적으로 변해야 하는 시대가 도래한 것이다. 이러한 변화에 적극적으로 도전하는 기업과 사람만이 이익을 창출할 수 있으며, 치열한 경쟁 속에서 살아남을 수 있을 것이다.

▮ 표 2-2 ▮ 경쟁수단의 변화

		마케팅시대	머천다이징시대
기 준		• 매장판매효율, 매출액 - 매출이 없어서는 안 되는 점포	• 자본수익률, 총이익률 - 일정 매출이 가능한 점포
경쟁의 수단	상품	• 마케팅상품 -공급, 매입(총이익), 저가, 종류 다양	• 머천다이징 상품 - 머천다이징, 높은 이익폭, 상품 개성화
	점포	• 넓은 상권, 연출의 개성 + 편리	• 일정 상권, 상품 개성의 주장 + 편이
	사람	• 매장요원(점포에서 승부)	• 머천다이저(상품에서 승부)
	기술	• 판매촉진 기술	• 머천다이징 기술

사/례/연/구

이마트의 체인스토어 경영 성공 사례

체인스토어 경영은 중앙본부 혹은 본사의 집중적 관리와 동일한 상품을 다점포에서 판매하는 경영을 의미한다. 체인스토어 경영은 점포, 인사관리, 광고, 판매촉진 등에서 동질성이 필요하고 집중매입과 분산판매의 원칙을 갖고 있다. 이러한 체인스토어 경영에 대한 특징들을 전략적으로 활용해 성공한 기업의 대표적인 사례는 신세계 이마트를 들 수 있다.

신세계 이마트가 국내 최고 경쟁력을 가진 체인스토어가 될 수 있었던 것은 규모의 경제 실현, 첨단 정보시스템의 운영, 물류센터 운영으로 전국 단일 물류망 구축, 고객중심의 매장 운영 및 판매, 강력한 머천다이징 전략 등으로 분석할 수 있다. 이 중 본문의 체인스토어 경영을 연구하는 데에 있어 가장 적합한 요인인 이마트의 강력한 머천다이징 전략에 대한 구체적인 사례를 분석해보면,

1. 다점포화

이마트는 체인경영을 통해 매장판매효율을 향상시키고 대형할인점의 이점을 살리기 위해 전국의 145여개 이상의 점포를 구축함으로서 대량구매와 판매를 바탕으로 집중매입의 강점을 살려 가격 경쟁력을 확보한 머천다이징 전략을 펼치고 있다.

2. 고객중심의 매장 변화

우리나라 사람의 체형에 맞는 매장 형태와 집기를 낮춤으로써 고객들이 매장에서 쇼핑하기 편하고, 친근감이 가도록 설계함과 동시에 판매장소를 과감하게 휴게 공간화 하고, 수유실의 운영 등 편의시설을 대폭 강화함으로써 한국인이 선호하는 매장으로 변화 하였다. 또한 매장의 후방을 창고가 아닌 판매를 위한 대기장소 개념으로 설계하여 협력업체에서 납품된 상품이 신속히 진열될 수 있도록 함으로써 매장의 효율을 높였다.

3. 체인경영 운영시스템과 물류센터

체인경영 머천다이징은 상품 혹은 정보의 흐름 계획과 통제가 가장 우선시 되어야 하는데 이마트는 업계 최고의 정보시스템과 물류시스템을 바탕으로 머천다이징 전략을 펼치고 있다. 이마트는 국내 유통업계의 상품 바코드 사용을 보편화 시키는데 결정적인 역할을 담당한 것은 물론, 재고와 판매를 실시간으로 관리하는 엔진 시스템과 완전 센터럴 바이잉 중앙집중매입 전략을 활용한 자동발주 시스템을 통해 수만가지의 상품을 효율적으로 관리하고 있다.

출처 : http://blog.naver.com/neolook97?Redirect=Log&logNo=140009109785

memo

제3장 머천다이징 차별화

◎ **개 요**

① 머천다이징 차별화는 고객요구의 차별화, 소매업태의 차별화와 체인기업의 차별화에 대한 연구
② 머천다이징 차별화에 대하여 LF 마에스트로 남성정장의 사례를 연구
③ 머천다이징 차별화에 대하여 이마트의 사례를 연구

◎ **목 표**

① 머천다이징 차별화는 고객욕구를 분석하여 고객이 원하는 머천다이징의 차별화를 연구하는 목적이다.
② 고객요구는 머천다이징의 사용목적과 사용동기의 기본을 확실하게 하는 것이다.
③ 머천다이징의 차별화는 업태의 차별화를 통하여 실현할 수 있다.

제1절 ▎고객요구의 차별화

1. 사용목적과 사용동기의 구분

(1) 전문화의 의미

머천다이징을 하는 체인스토어 기업의 목적은 제조업자와 공급업자가 마케팅하는 상품을 공급받아 판매하는 것이 아니라 고객이 원하는 상품을 제공하는 것이다. 체인스토어 기업의 목적을 달성하기 위해 필요한 것이 전문화(specialization)이다.

전문화라는 것은 무엇인가? 정확한 해답은 왜 전문화가 필요한지 그 이유를 고려해 보는 것이 좋을 것이다. 전문화가 필요한 이유는 2가지가 있다.

첫째, 현실적으로 고객의 요구는 매우 다양하다. 예를 들면 식사를 할 때 아침, 점심, 저녁의 고객이 원하는 것이 무엇인가? 혹은 1년에 한번 생일을 축하할 수 있는 상품은 무엇인가? 또한 사람들이 양복을 필요로 하는 목적은 다양하다. 평상시에 입는 양복, 가정에 경사가 있을 때 입는 양복 역시 그 용도와 상황이 각기 다르다.

둘째, 고객의 요구에 단일기업이 만족시키기에는 한계가 있다. 고객이 선택할 수 있는 상품은 제조업자, 공급업자가 공급하는 상품들 중에서 선택할 수밖에 없다.

고객의 요구가 다양한데 이를 충족시키는 데에는 한계가 있는 것이다. 따라서 고객이 요구하는 다양성을 어떻게 충족시킬 것인가에 대한 머천다이징의 방침을 결정하는 것이 필요하다.

기업이 고객의 요구에 만족을 줄 수 있는 것이 전문화이다. 전문화는 목적을 한 정적으로 특수화하는 것이며, 다른 말로 표현하면 개성화하여 고객이 요구하는 것을 만들어 주는 것이다.

상품을 품종별로 분류하는 방법도 차별화하는 것이다. 여성의 스커트는 블라우스와 다른 것이며, 이는 여성 의류에 속하고 식품과 다른 분류를 하여 여성 패션으로 특수화하는 방식을 찾아야 한다.

또한 품종은 용도에 의하여 분류되어야 한다. 스커트는 여성의 하의이다. 따라서 여성의 아름다움과 우아한 디자인과 패션이 필요할 것이며, 전문화가 필요하다. 또한 블라우스는 여성의 상의이며, 보통의 여성 상의는 여성들이 매우 신경을 쓰는 부분으로 특수한 디자인이 필요하다. 이것이 바로 고객의 용도에 의한 상품의 전문화이며, 품종의 전문화이다.

동일한 상품을 특정 장소에 있는 점포에서 판매하는 것을 전제로한 것이 전문화이다. 기존의 여러 점포에서 상품을 판매하는 것은 개성적 상품을 고려하지 않는 것이다. 상품용도에 대하여 개성화하는 것은 그 상품의 사용목적과 사용동기로 구별한다.

예를 들면 세탁에 필요한 세제는 품종이며, 동일한 세제를 더러운 때와 오염된 것을 제거하기 위한 용도로 사용할 수 있다. 이것이 고객의 사용목적이며, 세제의 성분이 농도 짙은 성분인가? 아니면 부드러운 성분인가? 하는 것은 사용동기가 된다.

▌표 3-1 ▌ 상품 용도 구별과 조합

부문	품종	사용목적 전문화	사용동기 전문화	머천다이징 방법 상품
의류품	스커트	• 멋 내는 용 • 작업용	• 일상용 • 외출용	• 일상적 멋내는 용도의 스커트 • 일상적 작업용 스커트 • 외출 시 멋내는 용도의 스커트
잡화	세제	• 부담 없는 오물 제거용 • 강력한 오염 제거용		• 부담 없는 오물제거용 세제 • 강력한 오염제거용 세제
식품	육류	• 스테이크용 • 불고기용	• 일상용 • 미각용	• 일상적 스테이크용 육류 • 일상적 불고기용 육류 • 맛있는 스테이크용 육류 • 맛있는 불고기용 육류

사/례/연/구 •••

고객의 욕구가 다양해지고 고객의 요구를 단일 기업이 전부 충족시킬 수 없기 때문에 소매업은 제품과 서비스의 전문화와 차별화된 머천다이징 전략을 추구해야 한다. 서비스의 전문화와 차별화를 통해 머천다이징의 성공을 이끈 전략사례로는 SK 텔레콤의 맞춤형 서비스 머천다이징을 예로 들 수 있다.

SK텔레콤은 풍요로운 고객의 '모바일 라이프'를 위한 신개념 맞춤형 서비스 전략을 통해 고객의 실생활과 밀접한 부분에서 차별화된 가치를 제공하기 위한 새로운 요금제와 상품 개발에 박차를 가하고 있다. SK텔레콤은 미취학 아동의 안전과 편의성을 위해 전용 단말기/애플리케이션 요금제를 결합한 T키즈폰을 지난 7월 출시했다. 중소기업과 함께 개발한 'T키즈폰'은 부모가 지정해둔 30명과 버튼 클릭만으로 통화가 가능한 것은 물론, 전화 수신 또한 지정 번호에서 걸려온 것만 가능케 해 스팸전화 착신을 원천 차단했으며 위급한 상황에 SOS 버튼을 클릭하면 현재 위치와 긴급 알람이 부모에게 전송되는 기능을 갖춰 단순히 성인들만을 위한 서비스가 아닌 미취학 아동의 부모들의 욕구를 충족시키기 위한 노력으로 볼 수 있으며 업계에서 차별화된 머천다이징 사례로 큰 반향을 불러 일으키고 있다.

또한 SK텔레콤은 야외 활동이 많은 고객의 욕구에 맞춰, 스마트폰 보급 확산으로 수요가 급증하고 있는 웨어러블 디바이스를 더욱 효과적으로 이용할 수 있도록 단말/서비스/부가 혜택을 결합한 상품 등 신개념 맞춤형 서비스 3종을 출시할 예정이다. 이렇게 SK텔레콤은 다양화된 고객욕구 중 아동들의 안전문제를 해결하고 싶어하는 부모들의 욕구와 환경의 변화를 정확하게 파악하고 판매방법, 타겟고객, 서비스 품목구성 등의 서비스 머천다이징을 전략적으로 실행하여 성공을 거뒀다.

그동안 각종 할인 프로그램과 옵션형 요금제, 결합상품, 단말 및 이용 행태에 따른 전용 요금제, 계층별 요금제 등을 다양하게 선보이며 국내 통신시장의 요금상품 혁신을 이끌어 온 SK텔레콤의 차별화된 머천다이징 서비스는 통신시장을 고객의 욕구변화를 충족시키는 사례로 인정받고 있다.

출처 : http://blog.sktworld.co.kr/5276

고객이 육류를 구입할 경우, 불고기용으로 요리하기 위한 것이 사용목적이지만 부드럽고 맛이 있는 고기를 원한다면 사용동기가 미각을 추구하는 것이다. 또한 육류를 스테이크용으로 구입한다면 사용목적이 일상적인 스테이크용이지만 손님들을 초청하여 맛이 있는 스테이크를 대접하기 원한다면 사용동기가 보다 더 전문화 되는 것이다. 따라서 이러한 고객의 요구에 부응하기 위해서는 맛이 있는 스테이크를 알아야 하는 것처럼 이와 관련된 머천다이징을 전문적으로 연구해야 하는 것이다.

즉, 고객이 원하는 사용목적과 사용동기를 구분하여 차별화하고 전문화하는 것은 머천다이징 방법이며, 기술인 것이다.

(2) 업태의 결정

소매업태는 소매경영의 전략을 위하여 머천다이징 정책을 차별화하는 것이다. 소매업을 운영하고 경영하는 전략이라고 할 수 있으며, 이는 곧 머천다이징 정책과 전략인 것이다. 소매업태는 판매형식을 어떻게 하며, 누구에게 상품을 어떤 방법으로 판매할 것인가 하는 것이다. 이를 분류하여 판매형식을 결정하는 것이 영업전략이며, 경영전략인 것이다. 소매업은 머천다이징 상품구성과 품목구성에 대한 가격정책과 전략을 명확히 차별화하고 업태를 정확히 결정하는 것이다. 소매업은 영업정책 목표로 운영관리를 강화할 것인가 하는 것이 과제이다. 소매업태는 영업전략과 머천다이징 차별화 전략, 가격전략(EDLP = Everyday Low Price, EDLC = Everyday Low Cost)을 차별화하여 치열한 경쟁에 유리하도록 경영전략을 추진하는 것이다.

업태전략은 고객 차별화와 세분화가 명확해야 한다. 업태전략은 머천다이징 차별화 전략인 것이다. 현대 소매업은 다양한 업태가 등장하고 발전해 가고 있다.

미국의 소매업태는 고객의 요구와 필요에 의한 내점목적과 동기를 고려하여 매우 다양하게 전개되고 있다. 예를 들면 저가격 판매점인 디스카운트 스토어 월마트와 타깃이 전국 시장점유율을 확대하며, 적극적으로 영업차별화를 통한 업태 혁신을 꾀하고 있다.

원래 디스카운트 스토어는 비식품 디스카운트 스토어가 통상적인 업태였으나 전통적인 디스카운트 스토어의 진열매장을 변경하여 다양한 가공식품을 매장 중앙에 상품을 진열하는 새로운 업태 차별화로 고객의 인기를 얻고 있다.

창고형 디스카운트 웨어하우스 멤버십 스토어(warehouse discount member ship store)인 코스트코는 유명 상품을 대용량 상품과 번들 포장으로 가격을 대폭 할인하고 있다. 미국의 대중고객들이 가정이나 사업장에서 대량 소비가 가능하도록 대폭적인 저가격 판매를 실시하고 있다.

종합 원스톱 쇼핑점 디스카운트 스토어(Total one stop shopping discounting store)와 슈퍼스토어(super store) 업태를 결합한 슈퍼센터(super center)는 미국의 특징을 감안하여 개발한 생존형 업태와 생활 향상 및 건강과 미적인 문화생활의 요구로 개발된 업태이다.

슈퍼센터는 월마트가 기업의 주력 업태로 개발했고 전 미국을 대상으로 확대 성장하였다. 슈퍼타깃(SuperTarget)은 슈퍼센터를 지향하면서 또 다른 차별화로 전국적인 확장을 꾀하고 있다.

슈퍼케이는 케이마트(K mart)가 개발한 업태이며, 케이마트가 시어스 로벅(Sears & Roebuck)으로 인수되어 크게 성장하지는 못했지만 점포 레이아웃을 새로운 유형의 프로토 타입(proto type)으로 개발하여 대중고객을 유치하는 영업전략을 시도하였다. 슈퍼센터는 유럽의 하이퍼마켓을 벤치마킹 모델로 도입한 업태이지만 미국처럼 광대한 대륙 국가에 적합하도록 매장규모를 약간 축소하여 전국의 저지가 지방도시에 출점하여 교외지역 고객과 지방도시 고객들에게 인기를 끌고 있다. 대규모 도시에는 완전히 도시의 외곽 저지가 지역에 출점하여 도시 저소득 근로자들에게 인기를 끌고 있다.

현대 미국의 슈퍼센터는 20만제곱미터 이상인 22만제곱미터로 확대 개발되고 있으며, 초대형 디스카운트 스토어로 발전하고 있다. 미식축구장 약 3배가 넘는 면적이다.

또한 미국의 업태 특징이라 할 수 있는 카테고리 킬러(Category Killer)가 발전하고 있다. 원명은 스페셜티 디파트먼트 디스카운트 스토어(Specialty department discount store)라고 한다. 즉, 전문부문의 디스카운트 전문점으로써 머천다이징 세분화의 전개로 카테고리를 각 부문별로 전문화한 디스카운트 스토어라 할 수 있다. 이것은 머천다이징을 전문화, 차별화, 종합화한 체인스토어를 운영하여 고객의 구매목적에 맞는 카테고리 그룹의 전문화를 제공하는 것이다.

〈그림 3-1〉 머처다이징과 업태

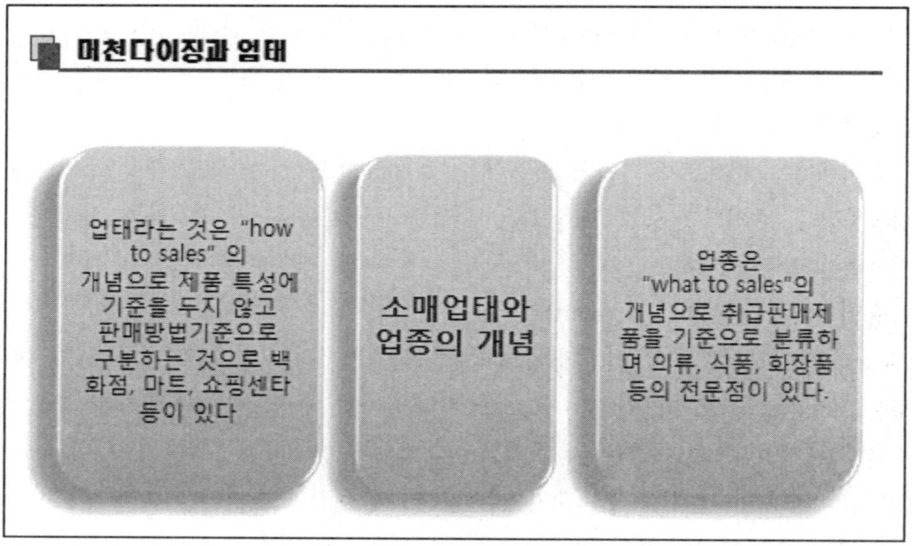

〈그림 3-2〉 업태와 종류

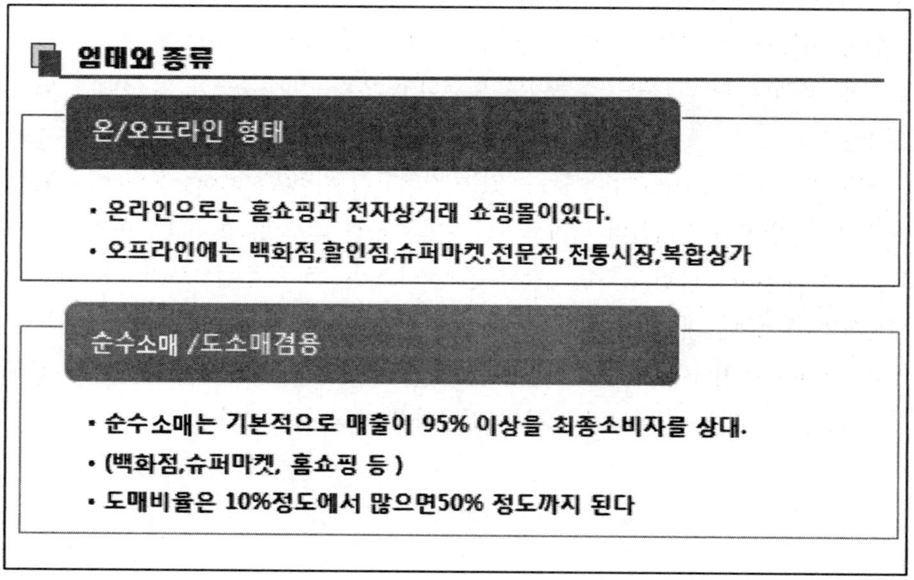

(3) 내점목적과 내점동기

고객이 점포를 방문하는 것은 구매목적에 적합한 소매점으로 내점하여 고객이 원하는 것을 구매를 하는 것이다. 따라서 내점목적은 어떤 상품구매를 위한 것이며, 많은 품목구성 중에서 상품의 선택을 하기 위하여 내점하는 것이다.

고객이 원하는 상품이 식품인 경우와 부인복 등 여성 의류를 원할 경우에는 고객이 원하는 용도에 따라 상품이 다르며, 이러한 상품을 특정화시키는 것이다. 한편 품종과 품목은 상품의 용도에 따라 전문화, 한정화하고 공급자나 제조자의 마케팅을 통하여 필요한 품목을 선정한 후 체인점에 적합하도록 전문화 혹은 개성이 있는 상품으로 구성하는 것이다.

고객이 원하는 것을 알아야 하며, 그 상품의 용도를 개성화하여야 한다. 상품의 용도에는 두 가지가 있다. 하나는 고객의 사용목적이며, 다른 하나는 고객의 사용동기로 구별한다. 즉, 고객이 요구하는 상품을 개성화하는 것이다.

내점목적은 고객의 점포 선택에 중요한 요인으로 작용한다. 고객들의 점포 선택요인을 생각하고 상품구성, 품목구성, 가격전략, 매장운영 등을 통하여 고객들의 내점목적을 만족시킬 수 있다. 즉, 사용목적에 해당하는 품목 그룹에서 품목을 선택하는 것이다. 이러한 사용목적의 충족을 위한 것이 점포의 내점목적이다.

결국 고객은 욕구를 충족시킬만한 품목구성을 한 매장을 방문하여 목적을 달성할 수 있는 품목을 선택하는 것이다.

내점동기는 고객이 어떤 특정한 상품이 필요해서 점포를 선택하는 것뿐만 아니라 단순히 상품을 사용하기 위한 목적도 있는 것이다.

예를 들면 앞에서도 언급한 바와 같이 육류는 사용목적이 불고기를 요리하기 위한 것이며, 내점목적은 식사 재료를 구매하기 위한 것 또는 맛있는 스테이크로 만들어 먹기 위한 식재료 용도로 구별할 수 있는 것이다.

2. 체인의 내점목적

(1) 내점목적의 조건

고객 내점목적의 조건은 고객이 원하는 품목구성을 설정하여 놓은 것을 보고 내점목적과 내점동기가 충족되게 하는 것이다. 항상 고객의 입장에서 내점목적과 내점동기를 생각하는 것이다. 예를 들면 가전제품점, 문구점, 완구점, 잡화점 등은 내점목적을 위해 점포를 선택할 수 있도록 상품구성을 하는 것이다.

내점목적은 가전제품점에 가서 가전제품를 구입하는 동시에 다른 목적도 만족할 수 있도록 전문화한 것이다. 다양한 브랜드를 선택할 수 있도록 다수의 메이커 상품을 구비해 두는 편의성도 요구되는 것이다.

다음의 여러 가지 조건들을 생각할 수 있다.

① 상품구성은 다양하게 정리되어 있다.
② 품목구성은 원하는 품목을 선택할 수 있게 한다.
③ 다양한 브랜드와 제조업자의 품목이 전문화되어 있다.
④ 고객이 원하는 가격수준이다.
⑤ 품질과 디자인이 원하는 것이다.
⑥ 선도가 좋은 것이다.
⑦ 패션이 신상이다.
⑧ 품목선택이 쉽게 정리되어 있다.
⑨ 고객 서비스가 최고이다.
⑩ 점포의 동선이 편리하다.
⑪ 반품, 교환, 환불 수속이 쉽다.
⑫ 매장이 매우 청결하다.

(2) 체인스토어의 내점목적

고객의 요구에 적합하게 내점목적을 전문화하면 다수의 고객이 선호하게 된다. 예를 들면 다수의 고객이 원하는 것이 캐주얼 의류라고 가정한다면 이것은 모든 고객이 선호하는 필요한 상품이다. 그러나 특별한 멋을 내는 패션의류는 곧 차별화, 개성화 및 전문화한 것이다.

체인스토어는 일반적 형태의 대중적 소매점이다. 대중화는 실용성과 생활용 상품을 강조한다. 또한 저가 지향형이다. 따라서 체인스토어는 다수의 고객이 원하는 대중적인 품목과 저가격으로서의 머천다이징 전략이 필요한 것이다.

체인스토어의 내점목적은 고객이 요구하는 목적을 차별화하는 것이다. 즉, 연령별, 직업별, 지역별, 교육수준, 생활관습, 라이프스타일, 성별 등으로 고객을 차별화하는 것이다.

고객의 체인스토어 내점목적은 다음과 같다.

① 체인기업을 신뢰할 수 있다.
② 상품품질에 대한 보장이 된다.
③ 항상 반품, 교환, 환불이 가능하다.
④ 같은 체인점의 동일 상품은 같은 가격이다.
⑤ 전 체인스토어의 가격이 저가이다.
⑥ 고객 서비스와 고객만족이다.
⑦ 품목구성이 차별화되어 있다.
⑧ 디자인이 통일되어 이미지가 좋다.
⑨ 점포 레이아웃이 동일하다.
⑩ 품목선택이 편리하다.
⑪ 매장이 매우 청결하다.
⑫ 상품구성이 편리하다.

한편, 고객들이 유명 체인점에 내점하는 목적은 상품에 대하여 더욱 다양하게 고려할 수 있고 또한 동일한 점포 여러 곳에 가는 이유도 결국 품질, 디자인, 신선도, 가격 등을 신뢰할 수 있기 때문에 고객이 원하는 목적을 만족할 수 있는 것이다.

3. 내점동기의 차별화

(1) 치열한 경쟁과 생존의 위협

현대는 매우 치열한 경쟁시대이며, 생존에 대한 위협을 지속적으로 도전 받고 있다. 특히, 소매업에는 다양한 업태의 출현과 더불어 경쟁이 더욱 치열하다. 새로운 업태는 디스카운트 스토어, 슈퍼스토어, 하이퍼마켓, 슈퍼센터, 백화점, 슈퍼마켓, 카테고리 킬러, 편의점, 드럭 스토어 등이 차별화하여 치열한 경쟁을 하고 있다. 소매업태가 다양한 것은 경쟁적으로 고객 유치와 내점을 유도하기 위한 차별화이다.

(2) 고객 내점동기 차별화

고객의 내점동기는 원하는 다양한 품목구성, 원하는 저가격 전략, 보장되는 우수한 품질관리, 친절한 고객 서비스와 고객만족, 고객이 원하는 정보를 제공하는 다양한 프로모션 등의 차별화이다.

내점동기의 차별화는 가격범위의 차별화이다. 가령 신사복은 10만원 혹은 20만원짜리도 있으며, 사용목적은 남성용 의류이다. 즉, 동일한 사용목적으로 한정된 가격범위에 대한 것을 고객은 비교하여 선택을 한다.

사/례/연/구 •••

LF 마에스트로 남성 정장

탄생 30주년을 맞은 LF 남성복 브랜드 마에스트로가 5월 감사의 달을 맞이해 내달 15일까지 셔츠와 타이 세트 구매시 3만원 금액권을 증정하는 '올 마이 셔츠' 특별 이벤트를 진행한다.

마에스트로는 남성복의 꽃이라 불리는 셔츠와 타이를 함께 구매할 경우 현장에서 즉시 쓸 수 있는 금액권을 증정해 고객들이 특별하고 알찬 선물을 준비할 수 있도록 기획했다. 특히 고객의 구매 목적에 따라 포멀 세트와 캐주얼 세트 2가지 버전으로 구성해 선택의 편리함을 높였다. 포멀 세트는 격식 있는 아이론 프리 드레스 셔츠와 포멀 타이의 조합으로 아이론 프리 셔츠는 스팀 압축 특수 공정을 통해 스무 번의 세탁 후에도 변함없는 탄력과 색감을 자랑해 별도의 다림질이 필요 없는 것이 특징이다.

바쁜 일상에 시간이 부족한 남성들에게 아이론 프리 셔츠는 다림질에 소요되는 시간과 에너지를 절약할 수 있는 유용한 아이템이다.

캐주얼 세트는 리노 컬렉션 셔츠와 캐주얼 타이의 조합으로 스타일리시한 캐주얼 룩을 선호하는 남성에게 적합하다. 마에스트로가 선보이는 리노 컬렉션 셔츠는 올 봄.여름 남성 패션 트렌드인 린넨 소재를 특수 가공해 기존의 린넨 소재와는 달리 땀이나 오염, 먼지 등으로부터 강하게 제작된 것이 특징이다. 가볍고 시원한 착용감은 물론 고급스럽고 자연스러운 컬러감으로 세련된 캐주얼룩을 연출할 수 있다.

마에스트로는 브랜드 탄생 30주년을 기념해 첫 번째로 '제로마스터' 슈트 고객 착장 이벤트를 진행중이며, 두 번째로 '올 마이 셔츠' 이벤트를 선보인다. '올 마이 셔츠' 이벤트는 전국 마에스트로 매장에서 진행되며, LF몰에서는 셔츠와 타이 세트 구매 시 특별 할인 쿠폰을 제공한다.

이렇게 가격, 품질, 디자인과 소재 등은 고객이 원하는 사용목적과 사용동기에 따라서 구입할 수 있다. 특히 내점 동기의 차별화는 다양한 머천다이징 기술로 고객이 원하는 품목구성, 다양한 선택, 저가격 전략, 원스톱 쇼핑 시스템이 확립된 차별화이다.

이벤트와 관련한 자세한 내용은 마에스트로 공식 페이스북(www.facebook.com/maestro.korea)과 인스타그램(#MAESTRO_KOREA)에서 확인할 수 있다.

제2절 ❙ 업태의 차별화

1. 업태의 차별화

(1) 업태의 원리

업태의 차별화는 내점목적의 차별화와 내점동기를 차별화하여 이를 조합하면 어떤 업태가 가능한가 혹은 그에 대한 차별화의 특징은 무엇인가 하는 것이 핵심사항이다. 업태의 원리는 다음과 같다.

첫째, 그러한 업태가 가능한가 하는 것을 연구해야 한다. 둘째, 이러한 업태가 체인스토어로 전개가 가능한가 하는 것을 고려해야 한다. 셋째, 이러한 업태의 전문화, 차별화의 특징은 무엇인가 하는 것이다.

이상의 세 가지 핵심사항을 고려하여 미국의 체인스토어는 새로운 업태를 창조하고 전국적인 체인스토어로 발전하게 되었다.

(2) 체인업태의 차별화

결과적으로 미국의 체인스토어는 업태의 특징과 차별화를 통하여 다양한 소매업태를 발전시키고 있다. 이는 문화의 발달과 함께 고객의 생활의 향상과 라이프스타일의 급변으로 다양한 업태를 요구한다. 또한 전문적인 머천다이징 기술과 전략의 개발로 더욱 발전하며 성장하고 있다.

특히, 미국의 소매 역사는 업태 발전의 역사라고 할 수 있을 정도로 시대적으로 변화하는 속도에 맞추어서 그 시대의 고객의 요구에 대한 적응을 위하여 또한 경쟁적인 생존을 위하여 업태를 차별화하여 도전해 왔다.

미국의 백화점과 슈퍼마켓의 업태 변화가 그러하며 버라이어티 스토어가 변화하여 새로운 디스카운드 스토어로 발전하였다. 최근에는 슈퍼스토어에서 하이퍼마켓으로 변화하여 미국 슈퍼센터로 발전하였고 대중고객의 적극적인 호응을 받고 있다.

또한 카테고리 킬러가 발전하면서 머천다이징의 부분화와 전문화를 통하여 차별화한 전략으로 큰 성장을 하고 있다.

소매업태의 개발과 발전은 이 모두가 다수의 고객이 원하는 것을 어떻게 머천다이징 기술로 개발하는가 하는 것이 관건인 것이다(참조: 21세기 유통업태 진전 상·하, 한수협 출판부). 체인스토어는 업태를 차별화하는 그 목적을 실현하기 위한 경영전략이 중요하다.

내점목적과 내점동기의 차별화하는 것이 체인스토어의 특징인 것이다. 소매업태의 발달은 경쟁에서 살아남기 위한 도전이다. 그 특징은 머천다이징의 차별화 기법이며, 머천다이징의 차별화 원리인 것이다.

(3) 소매기업의 경쟁

소매기업은 두 가지 경쟁관계를 다음과 같이 실행할 수 있다.

1) 이(異) 업태 타기업과의 경쟁

다른 소매업태의 다른 기업과 경쟁하는 것이다. 즉, 다른 업태 간의 경쟁은 중복되거나 경합하는 상품에 대해 고객의 대체 구매를 유도하기 위한 머천다이징 전략에 대한 다른 기업과의 경쟁이다.

2) 동(同) 업태 타기업과의 경쟁

같은 소매업태의 다른 기업과 경쟁하는 것이다. 같은 업태 중에서 동종의 상품구성, 품목구성, 가격전략과 머천다이징 차별화 전략에 대한 경쟁이다. 결국 타기업과 경쟁하는 것이다(MD의 차별화 경쟁).

2. 특수화와 총합화

(1) 내점목적과 내점동기의 특수화

내점목적과 내점동기의 특수화는 업태 상품구성을 특수화, 전문화하는 것이다. 예를 들면 대중이 필요한 식품을 식자재 또는 고객이 바로 먹을 수 있는 식품(가공식품, 야채, 과일, 해물, 육류 등)을 취급하는 전문화한 업태이다.

또한 일상 생활에서 필요한 비식품 잡화, 건강보조식품(Food supplement)을 권장하지만 의약품이 아닌 건강보조식품으로 구분한 것도 미국 특유의 머천다이징 기법이다. 즉, 의약품, 잡화와 가공식품 등을 취급하는 드럭스토어는 미국 소매업태의 특징이다.

그 외에 소매업태로 대중적인 미국의 유명한 슈퍼마켓과 슈퍼스토어, 통상적인 독립 입지의 형태인 편의점과 주유소와 결합한 편의점 등을 들 수 있다.

(2) 내점목적과 내점동기의 총합화

이에 따라 사용목적에 해당하는 상품, 상품라인을 통한 총합화이다. 총합화는 대중의 일상 생활에 필요한 상품을 총합적으로 취급하여 전문화하고 총합화한 복합업태이다.

대중의류, 생활잡화, 대중스포츠, 기능가구, 컴퓨터, 가전, 자동차용품, HBC/HBA(건강, 미용, 보조용품: 부외 건강식품, 화장품 등), OTC(Over the counter), 조제약품·부외약품, 대중가든용품(화단조성용 생화, 나무, 조성비료, 시설 등), 대중건자재 등 대중인 고객의 일상 생활에 필요한 총합화한 업태이다. 예를 들면 디스카운트 스토어, 하이퍼마켓, 슈퍼센터, 슈퍼스토어, 드럭스토어 등이다.

고객이 편리하고 필요한 일상 생활의 개선과 즐거움을 줄 수 있는 거의 모든 상품 및 품목구성으로 EDLP로 대량으로 공급하는 토털 원스톱 쇼핑 시스템의 고도(Total one stop shopping system)의 총합화한 머천다이징 기술이다.

(3) 업태 복합화

미국의 슈퍼센터는 슈퍼마켓과 디스카운트 스토어를 결합한 대형점포가 최신 소매업태로 대중고객들의 인기를 얻고 있다. 즉, 업태를 복합화한 것이다.

① 특수화에서 전문화, 총합화하여 머천다이징을 실현하는 업태를 확립하고 있다.

② 소매기업은 업태 내에서 기업의 특수화와 총합화를 실현하여 기업의 방향을 확립하고 있다.

③ 소매기업은 머천다이징의 상품을 특수화하고 총합화하는 기업으로 개성화를 실현하는 것이다. 즉, 상품의 개성화와 기업의 개성화를 실현하는 것이다. 이는 주력상품과 보조상품을 구별하는 것이다.

따라서 총합화는 주력상품과 보조상품을 확실하게 분류하여 출발해야 하는 고도의 머천다이징 기술이 필요하다.

제3절 | 기업의 차별화

1. 기업의 내점목적의 특수화

(1) 업태의 결정

상품구성의 차별화는 업태를 결정하는 것이다. 현대의 소매업은 기업과 기업 간 경쟁은 물론이고 업태와 업태 간의 경쟁이 치열한 시대이다. 또한 글로벌화로 인하여 해외에서도 경쟁이 치열하다. 이에 대한 상품구성의 차별화를 통하여 업태와 업태 간의 경쟁에서 생존할 수 있는 머천다이징 기술이 그 핵심이 될 것이다.

한편 미국의 소매업은 슈퍼센터, 디스카운트 스토어, 제너럴 머천다이즈 스토어, 슈퍼마켓, 드럭스토어, 홈센터 등의 업태에서 머천다이징을 총합화하여 고객의 사용목적과 사용동기를 만족할 수 있는 머천다이징 전략을 실현하고 있다. 소매업은 매장의 내점목적에 대한 차별화를 명확하고 분명하게 해야 한다.

(2) 기업 머천다이징의 총합전략

기업은 전문화, 총합화, 차별화와 특수화를 달성할 수 있는 머천다이징 총합전략을 실현하고 있다.

예를 들면 대중의 직접 생활에 필요한 식품을 비롯하여 내구재, 의류 등 현재의 시대를 영위하는 고객이 일상 생활에서 부족함 없이 모든 상품을 망라하고 있는 것이 머천다이징 기술이다.

또한 머천다이징은 상품의 가격, 품질, 디자인과 패션을 직접 고객이 비교·선택할 수 있도록 원스톱 머천다이징 쇼핑 시스템(One stop merchandising shopping system)을 실현하는 것이다.

(3) 기업의 특수화 방법

기업의 특수화의 방법은 다음과 같다.

① 내점목적의 차별화
② 내점동기의 차별화

③ 상품구성의 차별화
④ 상품구성을 만드는 머천다이징 정책의 중점 결정
⑤ 이러한 목적을 달성할 수 있는 머천다이징 기술의 실현

2. 기업의 내점동기의 특수화

(1) 기업 상품구성의 차별화

기업이 상품구성을 차별화하는 것은 내점동기의 차별화를 실현하는 것이다.

① 업태 내 진열량=품목수=판매량의 중점적인 가격레인지의 차별화
② 동업태 내 기업의 중점적인 가격레인지의 차별화
③ 이업태 내 기업의 중점적인 가격라인의 차별화
④ 그에 대한 중점 진열량, 품목수 및 집중 비율을 결정

(2) 차별화 결정

① 소매업태에서 가격레인지를 결정한다.
② 가격라인을 결정한다.
③ 진열량=품목수를 결정한다.
④ 가격의 집중률을 결정 한다.

(3) 미국 신소매업의 성장

미국의 소매업태는 이러한 치열한 생존경쟁에서 살아남기 위한 기업이나 업태를 동시에 종합하여 개발하고 있다. 신업태는 슈퍼센터(Wal-Mart Super center, Super Target, Super K 등)가 소매업의 주도권을 잡고 성장하고 있다. 신성장 업태로 카테고리 킬러들은 Home Depot, Best Buy, Office Depot, Sport Mart, Pet Mart, Bed Bath & Beyond, T.J.Maxx, Ross 등이 발전하고 있다. 미국의 소매업태는 다양화, 전문화, 차별화, 체인화, 저가화와 대중화를 선도하고 있다.

그리고 새로운 카테고리 킬러 업태는 지속적으로 성장하고 있으며, 기존 소매업태보다 더욱 더 전문화, 저가격화 및 대중화하여 경쟁에 대응하며 출현하고 있다.

사/례/연/구

이마트 남성정장

이마트에서 판매하는 남성 정장은 젊음을 트렌드로 캐주얼과 정장을 겸용할 수 있도록 하는 캐주얼 정장 스타일이다. 대형마트 주요 고객층인 30~40대 중년 남성들이 주로 찾는 상품이다. 대중고객에게 부담 없는 가격으로 많은 고객이 원하는 사용목적과 사용동기에 적합하도록 개발하였다. 이마트 관계자는 "광발열 섬유, 쿨 스트레치 소재 등 특수 원단에 심리스 공법 등을 사용해 품질 경쟁력을 높이고 고객들의 기호에 적합한 상품을 개발했다고 한다.

memo

머천다이징 정책

개 요

① 고객의 입장에서 머천다이징 정책을 차별화하는 것이 과제이다.
② 목표고객을 설정하고 머천다이징을 개성화한다.
③ 고객이 원하는 품질을 개발한다는 것은 고객이 지불한 대가에 적정한 품질의 상품을 제공한다는 것이다.
  - Value for Money

목 표

① 머천다이징 정책도 고객 그룹에 따라 차별화하는 목표지향적 정책을 주지한다.
② 고객을 그룹별로 차별화하여 머천다이징의 개성화를 명확하게 한다.
③ 품질니즈의 개발은 고객이 원하는 가치와 품질을 의미한다. 즉, 고객이 지불한 대가에 적합한 품질로써 실용적이고 대중적인 것을 제공하는 것이 상품품질의 개발 목표이다.

제1절 ▌머천다이징 정책 차별화

1. 머천다이징 정책의 결정

(1) 상품구성 차별화

체인스토어를 지향하는 기업은 상품구성을 차별화하는 것이다. 많은 고객의 지지를 받아서 고객의 구매와 이용의 빈도를 높여서 매출을 높이고 이익을 창출하는 것이다.

그러나 그것만으로는 안 되며, 고객이 선호하고 원하는 상품구성으로 내점빈도가 높아지도록 하는 것이다. 또한 고객이 원하는 가격 및 주간별 구매상품과 품목구성을 중심으로 운영되어야 한다. 고객들이 자주 점포를 이용하도록 머천다이징 정책을 설정하는 것이다.

다시 말하면

① 고객의 내점빈도를 높이는 것
② 고객이 원하는 저가격으로
③ 주간에 몇 번 내점하여 구매하는 상품구성·품목구성의 결정 등이다.

그리고 고객이 식품매장과 비식품 매장을 자주 이용할 수 있도록 상품 및 품목구성, 실용적인 품질과 디자인, EDLP(everyday low price)를 설정하는 머천다이징 정책과 전략이 중요한 과제인 것이다.

(2) 상품 차별화

머천다이징 정책은 체인스토어 기업의 상품구성의 차별화를 통하여 머천다이징을 실현하는 것이 무엇인가를 연구하는 것이다. 즉,

① 머천다이징 정책
② 머천다이징 시스템
③ 머천다이징 전문화 등이며, 이것은 머천다이징 정책으로부터 고려되어야 하는 것이다.

(3) 기업의 상품구성 차별화

머천다이징 정책은 간단한 것이 아니며, 기업의 상품정책을 결정하는 것이다. 즉, 상품구성의 차별화를 결정해야 한다.

① 고객이 원하는 상품
② 기업이 머천다이징한 상품의 전부
③ 특징과 개성이 있는 것이어야 한다.

이것은 상품에 대하여 제약조건이 있다는 것이며, 여기에서 전부라는 것은 한 가지뿐이 아닌 여러 가지 특징을 가지고 상품구성을 실현하는 것이다.

〈그림 4-1〉 상품구성 계획수립의 순서

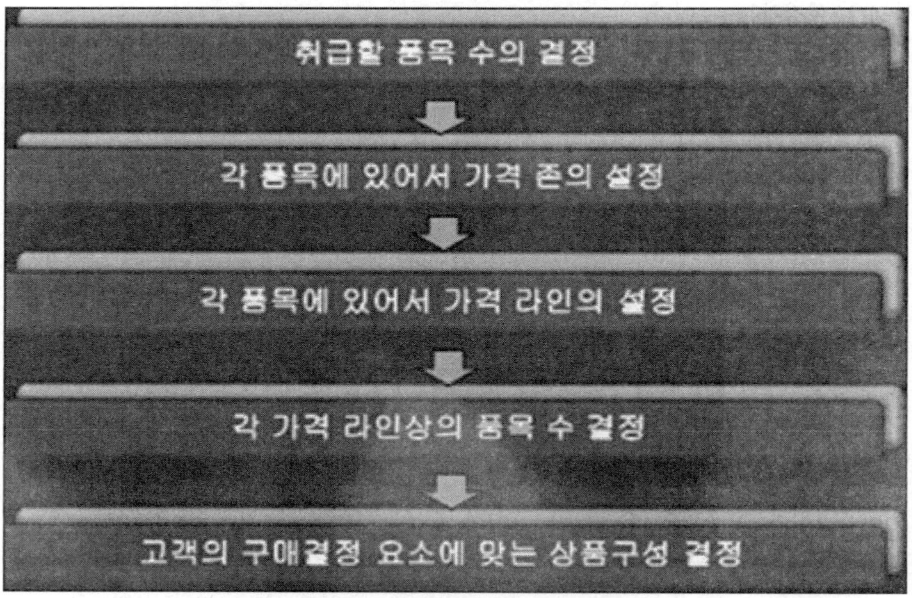

사/례/연/구 •••

머천다이징 정책 차별화 사례 – 일본 야오코 슈퍼마켓의 밀 솔루션

갈수록 치열해 지는 경쟁속에서 소매업이 살아남기 위해서는 고객 니즈를 파악한 머천다이징 정책의 전략적인 실행이 필요하다. 최근 일본의 야오코 슈퍼마켓은 상품구성 차별화를 통하여 상품의 차별화를 이뤄내고 업계에서 지속적인 매출 성장을 이뤄냈다. 그 바탕에는 고객 니즈를 파악한 머천다이징 정책 차별화 전략인 '밀 솔루션'이 있었다. 밀 솔루션이란 말 그대로 일상적인 식사에 관련된 여러 가지 문제들을 해결을 위한 솔루션으로 저렴한 가격을 강점으로 하는 것이 아닌 고객들의 기호나 차별성으로 승부하는 신선식품, 조리식품 같은 라이프스타일 상품에 충실하며 고객들의 생활 속 니즈를 충족시켜주며 다른 소매업체와 차별화를 만들어내는 정책 차별화 전략을 의미한다. 밀 솔루션의 구체적인 머천다이징 전략들은

1) 고령의 고객들에게 이미 가공되어 있는 정량의 상품을 판매하는 것이 아니라 식재료, 생선, 정육, 과일, 채소 등을 고객이 요구하는 만큼 상품을 가공하여 재포장해주는 전략을 사용하여 고객의 불필요한 구매를 줄였다. 이를 통해 패키지와 정량으로 상품을 판매하는 타 소매기업과의 차별화를 이뤄내어 경쟁우위를 차지했다.
2) 야오코의 실험 가운데 가장 인상적인 부분이 모델 점포인 사야마점부터 적용된 '쿠킹 서포트'다. 매장 일부에 쿠킹 서포트를 운영하며 신선한 제철재료를 사용한 추천 요리를 제안하는 것인데, 추천 요리는 부문장들과 협의해 주재료를 정한 뒤 선정하고, 요리를 시연한 뒤 시식 및 조리상담도 진행한다. 인근 주부고객들을 대상으로 서포터를 운영, 이들의 아이디어에서 힌트를 얻어 상품을 개발하기도 한다. 예를 들면 10년 전부터 출시되고 있는 스튜나 카레 같은 냉동식품은 서포터가 주도적으로 개발한 상품들이다. 이들 상품은 고객들에게 좋은 반응을 얻어 구색을 더욱 확대하고 있다.

이렇게 고객 니즈를 바탕으로 한 머천다이징 정책 차별화를 바탕으로 시작한 야오코 슈퍼마켓의 밀 솔루션은 현재 지속적인 성장을 하고 있다.

최근 치열한 출점 경쟁으로 소매업체의 상권규모가 축소되고 있는 상황을 극복하고 상권내 점유율을 높여 지속적인 경쟁우위를 창출하기 위해서는 야오코 슈퍼마켓의 사례처럼 고객 니즈를 바탕으로 한 적극적인 머천다이징 정책 차별화가 바탕이 되어야 할 것이다.

출처 : http://blog.naver.com/yoon6867?Redirect=Log&logNo=220113820141

예를 들면 디스카운트 스토어에서 신사복을 구입했는데 양복 안쪽 호주머니가 한쪽에만 있고 펜을 꽂는 호주머니는 없다면 이것은 선별적으로 어떤 기능을 생략한 것이다.

한편 와이셔츠에 호주머니가 없고 바느질도 매우 단순하게 이루어져 있다는 것도 상품의 기능 생략과 함께 원가를 절감하고자 하는 것이다. 왜냐하면 수공이 많이 가면 그만큼 인건비가 높아지기 때문이다. 또한 섬유 직조시에 실의 수를 줄일 수도 있으며, 더 나아가서는 재질 자체도 사전에 결정하는 것이다. 즉, 상품의 기능을 부분적으로 생략하는 것이다.

또한 체인기업의 머천다이징 정책은 상품의 제약조건을 사전에 조정하고 해당 상품에서 배제조건이 생산과정의 어떤 단계에서 필요한 가를 결정해야 한다. 배제조건은 상품의 어떤 조건을 그 많은 제약조건 중에서 허용할 수 있는 범위의 한도를 결정하는 것이다.

가능한 한 범위에서 고객이 요구하는 조건을 만족시키는 머천다이징을 실현한다. 즉, 배제조건이 머천다이징 정책에서의 반영여부는 선택조건이며, 마케팅 주류시대에는 어느 정도를 제약조건으로써 정책을 만들었지만 창조적 조건의 머천다이징 주류시대에는 제반 환경을 감안하여 적합하도록 결정하는 것이다.

2. 머천다이징 시스템

(1) 정책의 실현

머천다이징 정책의 확립은 상품을 만드는 것뿐만 아니라 그 정책을 상품에 반영하여 상품판매를 실현하기 위하여 필요한 것이다. 따라서 머천다이징 시스템은

① 머천다이징 정책에 따라
② 개성이 있는 상품을 만들고
③ 가장 적절한 수단을 선택하여
④ 이것을 최적으로 조합하는 것이다.

다시 말하면 상품정책을 결정하여 좋은 상품을 만드는 시스템을 실현하는 것이다.

(2) 원가인하→저가격 판매

머천다이징 시스템은 높은 원가를 절감하여 저가격으로 판매하도록 하는 것이다. '고객이 무엇을 원하는가?'를 통하여 고객이 원하는 상품을 제공하는 것이다. 이를 위해서는 고객이 요구하는 것을 효과적으로 구매하는 것이 선행되어야 한다. 고객이 내점하여 필요한 것을 구매할 수 있도록 시스템을 만들고 노력과 연구를 하여 머천다이징을 실현하는 것이다.

머천다이징 시스템은 머천다이징 정책을 실현하는 단계로 제조기술이나 소재를 개발하여 머천다이징 시스템을 구축하는 것이며, 그 목적을 확실하게 해야 한다.

중요한 것은

① 고객이 원하는 품질의 하한선
② 고객이 원하는 원가의 상한선
③ 판매계획 수량 = 발주 수량
④ 시설 등을 구체적으로 결정하는 것이다.

(3) 가격범위 차별화

기업의 가격범위의 차별화는 다음과 같다.

① 내점목적과 내점동기(체인기업의 가격레인지)의 차별화를 통하여 기업의 상품구성을 결정한다.
② 체인기업은 상품구성으로 차별화를 실현하기 위하여 제약조건(혹은 배제조건)에 대한 머천다이징 정책을 결정한다. 내점목적은 사용목적으로 내점동기는 사용목적(품종의 가격레인지)의 통일과 조정을 실현하는 것이다.
③ 그렇게 함으로써 각각의 품목에 대한 사용목적과 사용동기(가격라인 = 매가)를 결정한다.
④ 사용동기는 매가에서 원가를 생각하여 원가의 상한을 결정하는 것이다.
⑤ 상품구성에서 내점빈도를 결정한다. 즉, 내점빈도와 판매계획 수량을 결정한다.
⑥ 사용목적과 매가에서 매출 시기를 결정한다. 즉, 상품의 개성은 품질, 원가,

수량을 파악하고 머천다이징 시스템은 머천다이징의 개성화를 강력하게 실현하는 것이다.

3. 머천다이징의 전문가

머천다이징 시스템을 통제하고 운영하는 것에는 머천다이징 전문가가 필요하며, 전문가는 2종류가 있다. 즉, 머천다이저와 바이어이다.

(1) 머천다이저는 수치책임전문가

머천다이저는 머천다이징 시스템을 디자인하고 통제하며, 수치에 대한 책임을 지는 전문가이면서 상품지식과 생산 프로세스 지식이 풍부해야 한다. 구체적으로는 품목에 있어서 품질과 원가의 요소도 알고 있어야 한다.

상품의 유통채널을 분석하며, 가공공장의 시설과 생산공정 프로세스에서 원가까지 인지하고 숙련공과 비숙련공을 활용하는 것을 전문가의 판단으로 결정하며, 이로 인한 원가 차이는 매우 크다고 할 것이다.

또한 작업기계에서 작업순서까지의 원가와 수량의 조건과 재료에 대한 원가도 알고 있어야 한다. 그리고 하나의 품목을 형성하는 상품의 각 부분에서 완성되는 기능과 같은 품목을 만드는 데도 필요한 여러 가지 머천다이징 시스템의 가능성을 알고 있어야 한다.

머천다이저는 이러한 상품지식을 알고 있기 때문에 최선의 방법을 생각하며 시스템을 설계하게 된다. 더불어 시스템을 디자인할 뿐 아니라 시스템을 운영하고 통제하는 필요성을 알아야한다. 이러한 통제는 재료, 원료, 조립, 가공공장, 가공자, 작업방법, 작업기계, 작업순서, 시간, 원가 등을 결정한다. 또한 제품의 검사는 당연히 해야 한다.

(2) 전문가는 바이어 및 머천다이저를 보조하는 라인스텝

바이어는 구매를 전담하는 구매전문가이다. 머천다이저를 보좌하며 구매협약, 구매행위, 배송, 진열, 연출 등을 책임진다.

미국 체인스토어의 라인스텝은 머천다이저의 요구에 적합하게 업무를 진행하고 리포트를 내며, 이를 바탕으로 한 제안이나 결정은 머천다이저가 한다.

그 대표적인 라인스텝의 직책은 다음과 같다.

① 상품 디스트리뷰터(Merchandise distributor)

품목의 품절이 생기면 매출이 불가하기 때문에 언제든지 적정한 재고를 위하여 어느 점포에 어떤 품목을 배치하고 제안을 하며, 상품투자에 대한 이익을 최대한으로 만드는 사람이다.

② 패션 코디네이터(Fashion coordinator)

패션 정보를 수집하고 머천다이저에게 필요한 것을 취합, 선택하고 이해하기 쉬운 표현 형식을 통하여 고객에게 프레젠테이션을 하는 프로그램을 작성하는 사람이다. 미국의 대형체인은 패션위원회가 운영되고 있다.

③ 디스플레이 매니저(Display manager)

머천다이저가 결정한 핵심 상품의 특징을 최적의 방법으로 고객에게 프레젠테이션하는 사람이다.

④ 판매촉진 담당 이사(Sales promotion director)

머천다이저가 결정한 광고 포맷(format)에 있어서 광고와 판매촉진의 방법에 대한 안을 만드는 사람이다. 카피라이팅 내용, 상품의 특징 및 표현 형식을 고려해야 한다.

⑤ 검사관(Laboratory)

머천다이저가 결정한 품목의 품질기준을 유지할 수 있도록 검사하는 사람이다. 검사기준은 머천다이저가 결정하고 방법은 검사관이 적용한다. 현재의 체인스토어는 고객을 대신하여 상품의 품질에 대한 수준을 유지하기 위한 검사시스템이 구비되어 있다.

사/례/연/구

머천다이징 사례(여성 의류)

신세계백화점은 대중 패션상품을 개발한 여성 의류, 캐주얼 등을 전문화하여 새로운 봄으로 고객을 유치하는 차별화하여 여성 의류 신상품의 출시하였다. 고객의 사용동기를 차별화하여 전문백화점으로 머천다이징에 성공하고 있다.

제2절 ▌머천다이징 개성화

1. 고객수요의 개발

(1) 스토어 브랜드 머천다이징

스토어 브랜드(store brand)의 본질은 제조업자나 도매업자가 만든 제품 중에서 선택하여 소매업자의 브랜드를 붙여서 고객에게 판매하는 방식이다.

소매업체가 고객의 요구에 적합한 상품을 구성한 것이다.

체인스토어는 이에 대한 최선의 노력으로 매출을 증진하면서 고객에게는 싸고 좋은 상품을 공급해야 한다. 이를 위한 스토어 브랜드 머천다이징이 필요한 것이다.

스토어 브랜드는 본질적으로 제조자나 도매업자에게 원가를 인하하여 총이익률을 높이기 위한 것이지만 이 보다 더 우선하는 것은 고객이 원하는 상품을 만들기 위한 것이다.

(2) 고객의 니즈 발견

중요한 것은 고객의 요구에 적합한 상품을 만드는 것이다. 가령 패션에서 고객 니즈의 발견은 고객이 원하는 패션의 실용적인 의류를 만드는 것이다. 또한 패션을 분석, 조사하여 고객이 원하는 매스 패션을 만드는 것이다.

고객이 원하는 실용적인 의류의 품질은 뛰어나고 가격은 합리적인 것으로 구성하는 것이다. 고객니즈의 발견은 다수의 고객이 요구하는 신제품, 새로운 아이디어, 새로운 시장을 개척하는 것이다. 압도적 다수의 고객이 요구하는 상품을 개발한다.

(3) 머천다이징의 특징

머천다이징의 특징은

① 기존 상품 중에서 많은 고객이 선호할 가능성이 높은 상품을 개발한다.

② 상품을 기능, 품질, 사용목적, 가격 등을 고려하여 개발한다.
이러한 것을 비교하여 머천다이징에 적합하고 고객의 수요에 부응할 수 있는 것을 선택한다.

③ 무엇인가 가치를 창조하고 생략될 부분으로 나누어 연구하고 개선하여 부가가치를 높인다. 절대적인 기능은 두고 별로 중요하지 않은 기능은 생략하여 최대한 가격을 인하한다.

④ 상품에 대한 머천다이징을 실현하여 매출을 높일 수 있는 것을 개발한다.

⑤ 새로운 머천다이징 시스템을 적용할 수 있는 것을 개발한다.

(4) 사용목적과 사용동기의 차별화

개성적인 상품은 사용목적과 사용동기를 차별화하여 새로운 특징적인 상품을 만든다.

① 사용목적을 간단하게 개선하여 새로운 포지셔닝이 가능한 것으로 차별화한다.
② 사용동기는 쉽게 구입할 수 있는 가격으로 차별화한다.

2. 가격니즈의 개발

(1) 대중선호가격 개척

대중가격(popular price)의 개척은 모든 고객이 만족하지 않지만 대다수의 고객이 수용하는 가격이다. 구체적으로 고객이 모든 상품에 대한 현재의 가격에 만족하고 있는가? 즉, 고객이 원하는 가격을 머천다이징으로 새로운 가격을 만드는 것이 대중가격(Popular price)이며, 이것은 곧 대중이 선호하는 가격이다.

① 이는 조잡한 상품을 싼 가격으로 판매하는 것이 아니라 고객이 사용하며, 충분히 만족할 수 있는 상품이 저가격이면서 압도적인 다수의 고객이 요구하는 것이다.
② 이것은 도매상이나 제조자가 제공하는 할인가격이 아니며, 더욱이 판매촉진의 수단으로 할인하는 가격도 아니다.
③ 기존 상품에 대한 본질을 유지하면서 가격을 저가로 하는 것이며, 대다수의 고객이 요구하는 기능이나 품질을 개선하여 고객이 구입하기를 원하는 것이다.
④ 현재 판매하고 있는 가격레인지가 아니며, 현재의 가격레인지는 대부분 제조자와 도매업자가 마케팅하는 상품을 판매하는 가격레인지이다.
⑤ 물론 대중가격(popular price)은 높은 가격이 아니다.

(2) 대중가격 – 저가

대중가격은 현재 시장에서 판매되고 있는 가격보다 저가인 것이다. 예를 들면 육류를 현재 시장가격보다 저가로 판매하는 것이다.

이러한 상품의 개발은 모든 상품에 적용되는 가격은 아니다. 대중가격은 현재 있는 가격은 아니며, 고객이 필요한 모든 상품에 대해서 만족할 수 있는 가격이다. 따라서 모든 상품이 머천다이징의 대상이 된다. 즉, 대다수 고객의 수요를 만족시킬 수 있는 새로운 머천다이징이 필요하다.

가격니즈의 개척 방법은 어떤 방법으로 할 것인가? 이것은 소재와 가공방법을 변화시키기 때문에 그 방법을 생각하면 결코 단순한 기술이 아니다.

(3) 근본적 가격 니즈

근본적인 가격니즈는 다음과 같다.

① 새로운 업태로 기업의 차별화를 실현하는 것이다.

② 머천다이징에 의한 모든 상품품질의 새로운 개척이다. 가격의 니즈는 상품의 기능을 분할하여 다수의 고객이 그 기능을 추출하여 상품의 개성을 개척한다.

③ 새로운 사용목적과 사용동기의 확장으로 수량의 확대에 의한 가격니즈의 개척이다.

(4) 상품개성의 개척

상품개성의 확장은 다음과 같다.

① 단위당 가격표시(unit price)를 이용하여 스토어 브랜드의 패키지 디자인을 메이커 브랜드와 확실히 구별한다.

② 새로운 업태로 기업의 차별화 달성은 머천다이징에 의한 상품의 실현으로 품질의 새로운 확장이다.

③ 상품의 개성을 개척하여 수량으로 인한 목표 달성은 머천다이징 시스템을 새롭게 하는 것이다.

④ 영향력이 큰 것부터 확장한다. 즉, 상품구성의 차별화와 주력과 보조하는 품종 및 상품구성 그리고 주력상품에 의한 가격레인지와 가격라인의 축소와 함께 가치 있는 품목과 주력 품목의 발견 등의 순서가 필요하다.

3. 사용목적의 니즈개발

(1) 고객이 원하는 가격

사용목적의 니즈는 고객이 필요로 하거나 요구하는 것을 사용목적에 따라 개발하는 것이다. 사용목적은 고객이 가격과 품질에 적합한 상품을 개발하여 사용하고 이용하여 만족하게 하는 것을 의미한다.

예를 들면 신사복은 고객의 사이즈를 표준적으로 분류하는 것이며, 인체는 여러 가지 타입이 있다. 이러한 체형에는 마른형, 표준형, 비만형으로 분류할 수 있고 신장도 여러 가지로 나눌 수 있다. 이것을 분석하여 압도적으로 많은 고객을 집단화하여 다양한 체형으로 나눈다.

사/례/연/구 ●●●

롯데백화점의 여성 드레스

롯데백화점의 여성용 반원패턴 캡슬리스 드레스로 다양한 형태의 스타일로 제작한 의류로 소비자들이 원하는 저가형 여성용 드레스이다.

(2) 사용목적의 차별화

1) 상품구성을 차별화하는 발상에서 출발

기업이 상품구성을 하는 것은 많은 고객이 원하는 것을 개발하여 매출을 높일 수 있는 것이다. 매출을 성장시키기 위하여 많은 고객이 내점할 수 있도록 하는 상품구성을 차별화하는 것이다.

2) 상품구성의 차별화를 통하여 만족하고 원하는 필요한 주력상품을 조합하는 조건

상품구성을 차별화하여 많은 고객이 만족하고 원하는 주력상품을 개발해야 한다. 기업은 이러한 주력상품으로 다수의 고객에게 부응하는 상품군을 개발하는 것이다.

3) 객수=수량이나 빈도를 확대하는 것을 조건

대다수 고객의 니즈에서 개발하는 것이다. 체인스토어는 다수의 고객이 원하는 사용목적과 가격의 니즈를 함께 개발해야 한다. 결국 체인스토어 기업이 많은 고객을 유치할 수 있도록 하기 위해서는 고객이 원하는 상품을 개발하는 것이다. 많은 고객이 구입하기를 원하며, 구입 후에 동일한 고객이 상품을 재구매하게 될 것이다.

고객이 점포에 방문하는 횟수를 확대하는 것이 전제조건이다. 고객의 내점빈도수가 많아지면 구입할 가능성이 높을 것이며, 당연히 기업의 매출액은 증대하게 된다.

제3절 ❙ 품질니즈의 개발

1. 사용목적에 적합한 품질

(1) 상품품질 의미

사용목적에 적합한 품질은 상품의 품질을 의미하는 것이다. 사용목적에 따른 상품의 품질은 다음과 같이 중요한 요소가 있다.

1) 전문화하여 사용목적을 만족

우선 사용목적과 품질의 관계에서 고려한다면 그 중요성은 전문화한 사용목적을 만족할 수 있는 품질이며, 많은 고객이 사용목적을 만족하는 일반적인 품질이 아니다.

예를 들면 어린이의 평상복은 그 사용목적에 이용하기 위한 품질만 실현되면 되는 것이다. 다른 사용목적에 해당하는 외출할 때 격식을 차리기 위한 품질이 아닌 것이다. 어린이들은 뛰어 놀기를 좋아하고 장난이 심하여 자주 옷을 더럽히기 때문에 세탁하기 좋은 정도의 품질이면 되는 것이다.

물론 외출 목적의 품질이 아니며, 자주 세탁할 필요가 없는 것이다. 따라서 세탁하는 횟수도 적을 것이며, 그 소재와 가공방법은 평상시 입는 내구력과는 다를 것이다. 또한 평상복은 활동하기 좋고 디자인은 일반적이라도 될 것이며, 단순하고 활동하기 좋은 것을 요구할 것이다. 반면에 외출복은 디자인이 좋은 것을 요구할 것이다. 가령 여성의 패션 원피스라면 어린이의 평상복과는 다르게 디자인, 컬러, 스타일, 착용감, 소재의 소프트함 등이 요구될 것이다.

전문화한 품질은 사용목적에 적합한 품질에 해당하면서 이러한 상품을 고객이 원할 수 있는 것이면 된다.

즉, 어느 정도로 사용목적에 적합한 품질을 실현할 것인가 하는 것이다. 원가가 높고 가격도 비싸며, 고객이 실제로 특정한 사용목적에 이용하느냐 하는 것에 따라 다르지만 결과적으로 내구성이 뛰어난 품질이면 되는 것이다.

결국에는 사용목적에 따르는 품질의 상품이면 될 것이다. 최근의 트렌드를 보면 패션의류의 경우 과거에는 3년간 외출용으로 입었는데 현재는 계절별 또는 1년이면 적당하다고 생각하는 정도이다. 왜냐하면 유행이 지나면 외출할 때 입기가 주저되며, 다시 옷장에 보관할 것이다. 물론 어느 때 유행이 돌아온다면 다시 입거나 고쳐서 입을 수도 있을 것이다.

그러나 TV, 세탁기, 컴퓨터 등 가전제품은 1년에서 2년의 보증기간이 제공되지만 고객은 보통 5년에서 7년 또는 그 이상을 사용할 수 있을 것이다.

그러나 제조사가 매년 새로운 상품을 내놓기 때문에 실지로 사용하는 것에는 문제가 없지만 새로운 디자인과 기능을 선호하여 신상품을 구입할 수도 있다. 가령 현대자동차를 구입하면 3년에서 5년을 사용하거나 10년, 20년을 사용하는 경우도 있다.

그러나 한편으로는 매년 신형이 나오기 때문에 새로운 신차를 구입하는 고객도 있다. 고객에 따라서 품질보다 새로운 디자인을 보고 사는 것이다. 물론 자동차의 사용목적은 움직이기 용도이지만 어떻게 보면 고객들의 과시효과를 위하여 사용하는 경우도 있다.

2) 사용동기를 위한 가격레인지 및 가격라인과 조화

사용목적을 만족시키는 것은 품질이다. 10개의 사용목적 중 5개를 100%로 나머지 5개는 50% 품질의 상품을 만든다.

3) 고객의 입장과 실제로 사용하는 점에서 고려

10개의 사용목적을 실제로는 75%로 만족하는 품질의 상품을 만든다.

4) 머천다이징 시스템에 의한 보증

10개의 사용목적을 실제로는 각각 25%만 만족할 수 있는 상품을 만든다.

고객이 어떤 사용목적과 사용동기의 상품을 원하는 것인가에 따라 다른 품질이 필요한 것이다. 이에 따라서 가격이 고가, 저가, 아주 싼 것 등의 상품으로 구분된다.

궁극적으로 상품의 품질과 가격은 사용목적과 사용동기에 따라서 적절하게 반영되고 결정된다.

5) 고객이 요구하는 사용목적을 만족시킬 수 있는 품질로 100% 맞추는 상품

상품의 원가는 그 사용목적에 따라서 다른 것이며, 고가인가? 혹은 저가인가? 사용목적에 부합하는 상품이 필요할 것이다. 패션의 품질에 대하여 예를 들어 본다면 상품의 사용목적에 따라 가공할 것이며, 그에 적합한 품질이 요구될 것이다.

(2) 가공상품의 예

다음과 같이 방수 가공한 상품의 사례이다.

① 수분이 방지되도록 가공한다.
   등산용 텐트는 방수되어야 하며, 바람을 막을 수 있어야 한다. 겨울 등산용이라면 이에 맞는 소재와 가공방법을 이용해야 한다.

② 여름용이라면 비를 방지할 수 있는 용도이면 될 것이다.
   예를 들면 여성용 캠퍼스코트와 레인코트는 그 가공방법이 다르다. 만약 레인코트가 외출용이면 그 사용목적에 따라 컬러, 디자인이 요구된다.

③ 어린이용 레인코트라면 비를 막을 수 있고 편리하게 이용할 수 있는 것이면 적합하다.

④ 남성용이면서 태풍에 대비하는 레인코트라면 이에 적합한 소재와 기능에 따른 적절한 가공방법이 필요할 것이다.
   소재와 가공방법의 선택은 전문화에 따른 사용목적을 만족하도록 하는 품질과 소재에 따라서 부분가공과 다양한 방법 등이 선택되어야 할 것이다.

어린이 옷이면 사이즈가 적을 것이며, 허리를 조정할 수 있게 하고 몸에 맞도록 해야 한다. 또한 공부할 때 불편하지 않아야 하며, 어린이들에게 부드러운 느낌을 주어야 할 것이다.

베이비용품에서 베이비용 팩의 경우 이러한 용품들을 넣어서 들고 다니기가 좋고 방수, 방습, 보온 등을 구비한 품질을 원할 것이다. 즉, 사용목적에 따르는 품질이 필요한 것이며, 베이비 의류에는 반드시 불연성 소재를 사용해야 한다는 것도 중요한 것이다.

실지로 미국의 체인스토어에서는 이러한 부분까지 고려하여 상품을 개발하고 있다. 베이비 타올은 종이를 이용한 것도 있고 기저귀도 일회용으로 종이로 만든다. 또한 어린이용 판타롱은 세탁 가능(washable)하게 가공한다.

냉동통닭은 용도에 맞게 사용할 수 있도록 가공방법을 적용한다. 결국 상품의 사용목적에 적합한 품질을 실현해야 한다.

2. 사용동기에 적합한 품질

(1) 가격과 품질관계

가격과 품질의 관계는 사용동기가 되는 것으로 상품의 가격범위를 적절하게 만드는 것이다.

1,000원의 점심과 10,000원의 저녁식사를 하면서 동일한 품질을 기대하는 사람은 아무도 없을 것이다. 반대로 10,000원의 저녁식사가 1,000원의 패스트푸드와 동일한 품질이라면 고객은 용납하지 않을 것이다.

고객이 1,000원의 패스트푸드를 먹고 맛이 있다고 할 때, 그것은 1,000원에 대한 의미이지만 10,000원의 저녁식사는 1,000원의 패스트푸드가 아닌 10,000원에 맞는 품질을 의미하는 것이다. 맛이 있다는 10,000원의 저녁식사와 1,000원의 패스트푸드는 어느 쪽이 품질이 높을까 하는 품질의 좋고, 나쁨이 아니다.

이것은 상품의 사용목적과 사용동기가 다른 것이다. 고객의 생활 속에서 여러 가지 역할의 부과에 따라 다른 것이다. 어느 것이 더 중요한 것인가 하는 것은 사용빈도가 높고 수량이 많은 패스트푸드의 측이 더욱 사용목적에 적합한 품질의 개선이 필요한 것이다. 10,000원의 저녁식사는 생활의 일부분에 불과한 것이며, 전부는 아니라고도 할 수 있다.

(2) 체인스토어의 방향

체인스토어는 보다 빈번하게 소모되고 수량이 많은 상품을 취급하며, 고객의 수도 많은 패스트푸드에서 볼 수 있다. 물론 동일한 1,000원의 패스트푸드에도 그 가격에 비해 보다 좋은 품질이 요구된다. 여기에서 의미하는 품질은 10,000원의 저녁식사를 비교한 것이 아니며, 패스트푸드의 사용목적과 사용동기는 고객이 지불한 것에 대하여 만족을 얻는 것이다.

체인스토어 상품은 일반적으로 대중적이고 다양한 종류의 실용적인 것으로 대량판매가 가능하고 가격도 저가여야 한다.

(3) 체인의 품질정책

체인스토어의 품질정책은 다음과 같다.

① 동일한 효용(품질)에서 상품을 비교할 가치가 있다.
② 동일한 가격에서 상품을 비교하여 필요한 효용(객수)이 큰 것을 만든다.

이러한 경우 효용(품질)은 사용동기와 사용목적의 범위 내에서 고려되어야 하고 또한 가격레인지와 가격라인에서 필요한 최고의 품질의 것을 취급한다. 즉, 고객이 돈을 지불한 가치(Value for money)가 있도록 하는 것이다.

체인스토어가 표시한 가격(매가)은 고객이 지불하는 가격에 적합한 가치가 있다는 의미이며, 그 대가가 품질인 것이다.

예를 들면 체인스토어에서 판매하는 팬티스타킹은 원사이즈에 2온스 중량이며, 이것이 가격에 대한 품질인 것이다. 즉, 가격에 그 소재와 무게, 내구성 등이 포함되어 있는 것이다. 또한 투명성도 높아야 한다.

고객이 원피스를 백화점에서 30,000원에 구입하였다면 품질과 디자인이 좋아서 구입한 것이다. 반면에 체인스토어는 6,000원의 원피스를 판매한다. 고객이 체인스토어에서 원피스를 구입하는 것은 백화점의 대용품으로 구입한 것이다. 체인스토어의 6,000원 원피스는 일상적으로 즐겁게 입을 수 있는 것이다.

(4) 품질과 디자인의 비교

어디든지 일반적으로 즐길 수 있는 적절한 품질과 디자인이 좋은 것이다.

① 백화점의 30,000원 원피스는 외출할 때 즐겁게 입을 수 있는 품질과 디자인이 필요할 것이다.

② 체인스토어의 패스트푸드나 원피스는 대용품이 아니고 고객의 생활에 기본적으로 필요한 것이며, 많은 영향을 주는 실용적 상품을 제공하는 것이다.

품질개발은 어려운 것이다. 예를 들면 아크릴스웨터는 울스웨터의 대용품이 아니지만 아크릴은 편리하고 물로 세탁을 할 수 있는 반면 울스웨터는 클리닝하는 비용이 드는 것이다.

이것은 사용목적이 다른 것이다. 어떻게 보면 소매업태는 고객이 원하는 사용목적과 사용동기에 적합하도록 상품을 제공하는 머천다이징을 차별화하는 것이다.

3. 고객의 입장에서 발상

(1) 고객의 입장에서 생각·발상

상품품질은 고객의 입장에서 고려하고 생각해야 한다. 고객의 사용목적과 사용동기에서 다수가 원하는 것이면 되는 것이다. 물론 대중고객의 다수가 평상시에 사용해도 전혀 문제가 없는 것이어야 한다.

가격은 저렴하면서 소재, 디자인, 스타일, 가공방법 등이 고객이 원하는 것이면 좋은 것이다. 또한 품질은 지불가치보다 좀 더 나은 것을 고객은 원한다. 즉, 지불한 돈보다 품질이 더 좋아야 한다고 생각하는 것이다.

품질은 적당하게 좋고 가격도 싸다고 느끼게 하는 것이 상품 머천다이징이다. 즉, 자신이 고객의 입장에서 어떤 상품을 원하는가를 생각해야 한다.

(2) 머천다이징 기술

머천다이징 기술이나 전략은 백화점과 체인스토어 간 아주 많은 차이가 있는 것이다. 이것은 사용목적과 사용동기에 따라서 고객이 선택하고 결정할 것이다. 고객이 무엇을 원하는가? 고객의 소득과 지불 능력과 라이프스타일에 따라서 다르며, 사용목적과 사용동기에 적합해야 하는 것이다.

백화점의 머천다이징 기술은 고소득층 및 중상층이상의 고객들이 이용하는 패션과 디자인 등이 고급화, 전문화되어야 한다. 곧 고급화, 차별화인 것이다.

그러나 체인스토어는 소득이 적은 대중이 부담없이 실용적이고 일반적이며, 일상 생활에 전혀 손색이 없는 적절한 품질과 디자인이어야 한다. 그리고 대다수의 고객이 사용하고 통상적으로 대량이어야 한다. 그러므로 가격은 저가여야 한다.

(3) 고객의 입장에서 머천다이징 개발

고객의 입장에서 머천다이징 개발을 해야 하고 사용동기에 적합한 품질은 고객의 입장에서 고려하여 개발하는 것이다. 다음을 참조한다.

① 고객이 실제로 사용하는 입장에서 고려되어야 한다.

머천다이징 개발은 고객의 입장에서 사용목적과 사용동기에 적합하게 다수의 고객이 원하는 품질과 디자인으로 개발하여 공급하는 것이다.

② 기계설비에 대한 연구이다.

머천다이저와 바이어는 이러한 머천다이징 개발을 위하여 상품의 기계설비에 대하여 연구할 필요가 있다. 왜냐하면 고객이 원하는 상품품질, 가격, 디자인을 위하여 가공단계에서부터 원가를 계산해야 하기 때문이다.

㉠ 기계설비가 어느 정도 생산능력이 있는가?
㉡ 기계설비가 너무 낙후되어 품질을 균일하게 가동시킬 수 있는가?
㉢ 기계설비가 수동식인가 자동식인가?
㉣ 분당, 초당 생산량은 어느 정도인가?
㉤ 기업이 원하는 양과 품질을 보장할 수 있는가?

등을 연구하여 검토해야 한다. 또한 상품에 따라서 여러 가지 기계설비 대한 연구가 필요하다.

③ 가공순서에 대한 연구이다.

머천다이저와 바이어가 상품을 어떻게 가공되는지에 대한 가공순서를 모르고 원가를 인하할 수 없을 것이다. 어디에서 원가를 절감해야 하는지를 알려면 가공순서도 연구되어야 한다.

④ 품질검사에 대한 방법이다.

상품의 품질검사도 머천다이징 개발에서 매우 중요한 과정이다. 고객에게 완전한 품질을 보장하기 위하여 품질검사는 응당히 해야 하기 때문에 그 검사방법을 결정해야 할 것이다.

㉠ 의류공장이라면 재봉틀 검사, 바느질 부분, 기능, 포장(기계, 패킹 등) 특별 테스트인 봉제 테스트, 파손 테스트, 변형 테스트, 운반테스트 등을 검사하여 품질 보장이 가능한 것인가?

㉡ 공정과 프로세스에 불량이나 파손품이 생기지 않는지 프로세스에 낭비는 없는가? 이러한 것들은 모두 비용으로 부담이 된다.

㉢ 품질의 강도, 내구기간, 염색, 맛과 멋 등을 상품의 종류에 따라서 필요한 테스트를 해야 한다.

memo

효과적인 상품분류

◎ 개 요

① 상품분류는 다른 상품과 구별을 명확하게 하며 모든 상품은 체계적으로 분류하는 것이다. 그 명칭을 정확하게 분류하여 결정한다.
② 상품분류는 그 수순의 원칙이 있다. 즉, 대분류, 중분류, 소분류로 결정한다.
③ 상품분류의 계획은 잠재적 고객의 요구의 수요에 관하여 분석, 취급할 상품을 확정한다. 즉, 수요분석과 확정인 것이다.

◎ 목 표

① 상품분류의 의미를 확실하게 인식한다. 즉, 상품의 명칭과 내용을 정확하게 일치할 수 있도록 하며 정확한 상품 규정을 한다.
② 상품분류의 수순에는 중분류가 중요하다. 즉, 상품분류로 업태유형이 가능하며, 기업과 점포의 상품 전문화가 되는 것이다.
③ 상품분류의 관점에서 품목구성이나 재고구성에 관한 의사결정은 몇몇 상품 프로세스를 통해서 이루어지는 것이다.

제1절 ❙ 상품분류

1. 상품분류의 의미

(1) 상품분류란?

상품분류는 하나의 상품과 유사한 다른 상품과의 구별을 명확히 하여 일정한 명칭을 정확하게 부여하고 모든 상품을 체계적으로 분류하는 것이다. 상품의 명칭과 내용을 정확하게 일치시킬 수 있는 이것을 아이덴티피케이션(identification) 즉, 정체성을 확인하는 것이다.

하나의 상품의 명칭을 결정하기 위해서는 상품이 어느 분류에 속하는 가를 알아야 한다. 상품구성이 나쁜가 좋은가 하는 문제는 "점포에 충분한 상품구성이 되어 있는가?" 하는 것이다. 그리고 고객이 상품을 보고 정확하게 잘 알 수 있는 상태인가를 결정하는 것이다.

상품을 선택할 시점에서는 여러 가지 상품 중에서 정확하게 알 수 있고 실제로 고객의 구매행동에서는 매장분류를 보고 매장에 있는 것이 무엇인가를 구분할 수 있어야 한다. 즉, 고객이 보는 순간에 알 수 있는 매장분류이어야 한다.

전체 매장을 돌아보면서 원하는 품목을 선택할 수 있어야 한다. 매장분류는 고객의 구매행동을 좌우하게 될 정도로 매우 중요하다. 고객에게 어느 점포가 품목구성이 좋은가라고 질문하면 의외로 어떤 점포가 좋다고 쉽게 대답할 수 없다는 것이다. 이는 상품분류가 정확하게 되어 있지 않기 때문이다.

분류방식이 체계적으로 되어 있지 않으면 고객의 눈높이와 상품품목을 진열한 위치가 고객의 생각과는 다른 것이다. 상품품목의 진열은 고객의 눈높이를 고려하여 진열할 때 상품선택의 폭이 넓어지는 것이다.

예를 들면 판매자 입장에서 품목구성을 결정하게 되면 상품을 구매하는 고객의 입장은 고려되지 않는 것이다. 상품분류는 판매자의 입장이 아닌 고객의 입장에서 상품구성을 해야 한다. 즉, 작업하는 입장에서 상품분류를 해서는 안된다.

식품매장에 음료 및 주류 코너가 있는데 고객의 구매에 문제가 있다고 판단되면 매장은 그 문제의 내용이 무엇인가를 쉽게 알 수 있어야 한다.

(2) 분류의 구분

1) 의류매장인 경우

① 비닐봉지에 넣은 것 ② 종이상자에 넣은 것 ③ 폴리백에 넣은 것 등으로 분류한다면 이것은 누군가가 포장을 해체하여 보여주어야 할 것이며, 고객이 어떤 소재와 디자인인가를 살펴보고 선택할 수 있도록 해야 한다.

2) 식품인 경우

예를 들면 통조림 코너에 연어캔이 있다면 구매자 입장에서는 ① 부식재료인지 ② 인스턴트식품인지 ③ 조미료인지 ④ 혹은 기호식품인지를 매우 구분하기가 어려운 상품분류이다.

3) 기타

잡화코너의 경우 일상용품은 어린이용품, 목욕용품, 주거용품, 수납용품, 바닥용품, 벽용과 창문용품 등이 전부 별도로 코너에 분산되어 진열되어 있다.

고객은 한 매장에서 선택할 수 있어야 하는데 코너의 상품진열이 매우 복잡하고 불편하다. 이런 코너에서 상품을 선택하는 것에 거부 반응을 일으키게 될 수도 있다. 고객은 필요한 상품을 연관시켜 진열하여 원하는 상품을 쉽게 선택할 수 있기를 바란다.

예를 들면 빵류, 기호품, 가전, 잡지와 책, 신발류, 잡화류, 슬리퍼류 등은 구매고객층, 상품의 사용목적과 용도, 사용기간 등이 모든 다른 상품들이다. 이는 매장관리의 편리성을 위해 상품을 메이커별, 공급자별로 분류했기 때문이다. 상품의 형태와 사용용도가 다른 상품은 상품분류 코드에 의해서 일괄분류하여 고객이 쉽게 선택, 구매할 수 있도록 분류, 진열하여야 한다.

〈그림 5-1〉 상품분류의 의의

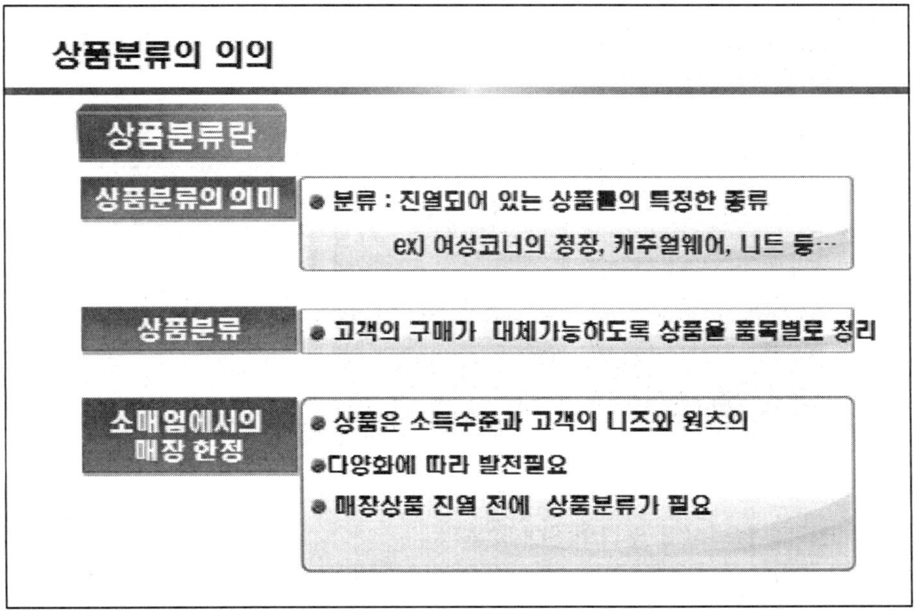

2. 상품분류의 조건

(1) 분류의 조건

상품분류의 조건은 다음과 같다.

① 사용자 입장
② 먹는자 입장
③ 구매자의 입장에서 보아
④ 편리한 상품분류가 되어야 한다.

즉, 고객이 간단하게 이해할 수 있어야 한다.

〈그림 5-2〉 상품분류의 기준

(2) 고객의 입장에서 분류의 5대 조건

여기서 상품분류의 조건을 고려해 본다면 다음과 같이 5대 조건이 있다.

① 제1조건: 고객이 선택하는 입장에서 편리하게 분류해야 한다.
② 제2조건: 고객이 사용하는 입장에서 편리하게 분류해야 한다.

〈그림 5-3〉 고객 기호에 의한 분류

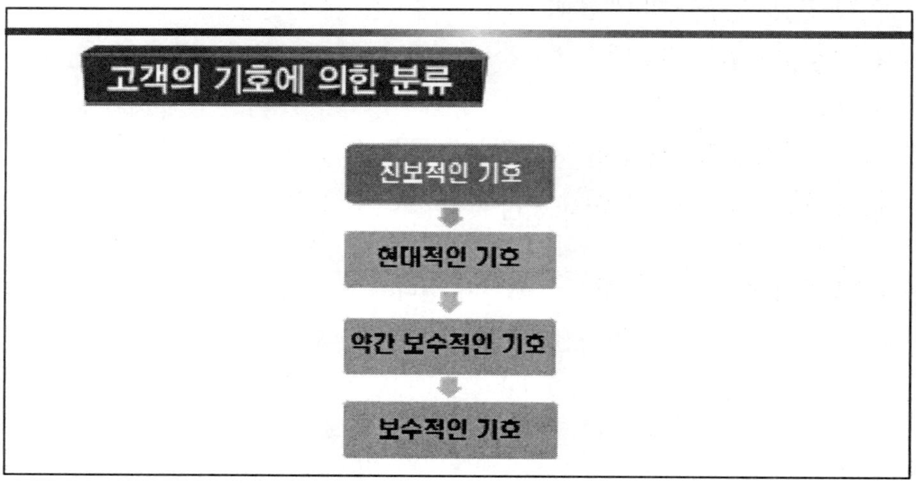

이 두 가지 조건에서 고객이 상품을 생활에서 사용하게 되면 누가, 무엇을, 언제, 어디서, 어떻게, 어떤 상품과 등의 5W1H(Who, What, Where, When, With, How)의 상황을 잘 알아야 한다.

가령 도자기의 성질과 사용법이라던가?, 냉장고에 무엇을 가득 채워야 하는가?, 세탁기와 청소기 그리고 깨지기 쉬운 그릇들에 대한 주의사항이라던가?, 집에서 입는 옷이나 밤에 어떤 옷을 입는 것이 좋은가? 그 상품의 사용목적에 맞게 집안에서 어떻게 이용하고 사용하는가?를 확실하게 알고 고객에게 명확히 설명할 수 있어야 한다.

바로 이것이 매장을 쾌적하게 개선할 수 있는 것이다. 무엇을 피하고 무엇을 추가할 것인지에는 매장 분위기를 만드는 상식적인 경험과 지식이 필요한 것이다.

우리는 상품을 다목적, 다용도로 사용하는가와 풍요롭게 사용하는 것은 라이프 스타일(Life style)에 따라서 다르다. 풍요한 생활을 위해서는 하나의 목적, 용도로서 품목을 사용하며, 더욱이 동시에 다른 상품과 같이 사용함으로써 윤택하고 즐거운 생활을 영위하게 되는 것이다.

고객의 일상 생활 속에서 이용되는 수많은 상품을 선택하기 쉽게 할 수 있도록 연구해야 한다. 품목에 있어서는 다른 품목과의 차이점을 알아야 가능한 것이다. 상품을 보고 사용하는 방법을 알아야 하며, 동시에 사용하는 상품, 동일한 장소에서 사용하는 것을 매장 내에서 편리하게 분류를 할 수 있어야 한다.

③ 제3조건: 누구나 알기 쉽게 표현하는 분류를 해야 한다.

실제 고객이 일상 생활에서 사용하는 말로 표현해야 하며, 적어도 순간적으로 그 용도를 알 수 있도록 한다.

예를 들면 목욕용품이나 목욕탕용품과의 연관성을 알 수 있지만 철물이나 플라스틱제품에서는 알 수 없고 조미료나 청소용품은 알고 있어도 건어물이나 진미식품은 알 수 없기 때문이다. 블라우스나 스커트, 원피스라는 것은 알지만 용도는 천차만별인 것이다.

1만 5천원의 스웨터와 2만 9천원의 스커트는 동시에 착용할 수 있는 기회가 있는가 하는 것을 명확하게 알고 있어야 한다. 세제나 슬리퍼의 경우에도 사용장소와 기회는 그 나름대로 용도에 따라 다른 것이다. 상품분류에서는 고객이 알기 쉬운 말로 표현해야 한다.

④ 제4조건: 보기 쉬운 형식으로 분류한다.

이것을 위해서 POP(Point of Purchase) 광고가 있으며, 진열형식으로 방수형(waterproof)의 의류 등에서 매우 넓게 페이스(face)를 볼 수 있다. 의류는 위에서 아래까지 볼 수 있도록 하는 진열형식과 벽걸이형(peg)은 벽면에 다수의 금속봉에 돌출한 걸이 못에 하나씩 품목을 걸어 놓는 진열형식 등도 있다.

일반적으로 상품을 위에서 쌓아 놓은 진열은 그 상품이 전부 동일한 품목이어야 한다. 만약 그렇지 않으면 보기 어려울 것이다. 쇼케이스 내에도 동일하다. 물론 후진평면진열(backward flat display)에서는 보기 어려우므로 전부 전진입체진열(forward open display)로 하지 않으면 안 된다.

⑤ 제5조건: 아름다운 연출(Presentation)을 하여 매력적으로 분류한다.

상품을 보는 순간에 고객이 흥분, 자극이 되는 형식과 색채의 강조 혹은 조화법이 있다. 색채는 품목에 따라 차이가 있고 매력적으로 보이며, 조잡하거나 오염현상이 보이지 않아야 한다. 어느 특정 소수의 색채만이 그 중에서 진열되어야 하고 소구력이 있으며, 아름답게 보이고 활력도 있어야 한다.

진열은 상품을 펼쳐 놓는 것이 아니며, 그 상품을 고객에게 소구하는 것이다. 존재 가치에 대한 자기주장을 하는 의미에서 연출(presentation)이라는 말을 사용하는 이유는 바로 여기에 있는 것이다. 자기주장을 명확한 방법으로 표현하는 형태로 연출을 하는 것이다.

3. 상품분류의 효과

(1) 분류의 특색과 특성

어떻게 하면 상품분류가 경제적 효과를 얻을 수 있는가? 다음의 5가지 항목의 검토를 통해 알 수 있다. 다시 말해서 우리 점포의 특색, 특성을 나타내는 것이다.

① 고객에게 품목구성이 풍부하다는 인상을 심어 준다(번성점의 원칙).

이런 점포는 고객이 다시 와야겠다고 생각을 하게 될 것이다. 고객이 자주 내점하거나 되풀이 하여 구매한다면 매장의 판매효율이 상승하게 될 것이다. 또한 고정고객에 대한 대책도 필요하며, 상품분류가 정확하면 처음 내점하는 고객도 여러 가지 품목을 구매하게 될 것이다.

② 고객이 점원에게 묻지 않아도 상품선택이 쉽다(성장점의 원칙).

이것은 상품을 구입하는데 있어서 매우 중요하다. 고객 측에서 요구하는 매우 중요한 조건이다. 자유로이, 기분 좋게, 자기 자신이 혼자 결정할 수 있다는 것은 고객에게 있어서 부담이 없이 매우 편리한 것이다. 이러한 것이 고객이 상품을 구입하는 최대 즐거움의 하나이며, 근본적인 이유인 것이다. 식욕, 성욕과 같이 권력욕이나 우월감 이상으로 중요하고 일상적이며, 누구와도 비교하여 평등한 느낌을 맛볼 수 있는 즐거움인 것이다. 지금까지 점포에 와서 느끼지 못했던 것을 이 점포에서 실현하고 즐거움을 제공하기 때문에 고객들은 자주 오게 될 것이다.

다점포화하는 경우에도 고객은 이렇게 내점해야 하며, 고객의 구매습관이 매장의 상품구성에 맞게 변화한다면, 이러한 점포에 많은 고객들이 몰려 올 것이다.

③ 고객이 구입하기에 편리하도록 한다(체인화의 원칙).

고객이 연관사용하는 것을 모두 한 곳에 구성한다. 즉, 사용하거나 식품을 먹을 경우 최고로 윤택하게 하는 형태로 만들어서 고객에게 즐거움을 준다는 것을 예상할 수 있게 한다. 자주 내점하도록 유도하여 확실한 만족을 주는 분위기를 만들면 고객이 기대감으로 오고 싶은 마음을 가지게 될 것이다. 이것이 바로 체인스토어 경영이다. 체인스토어는 단순히 점포수가 많은 것이 아니다. 그 점포에서 계속 되풀이 하여 구매하도록 하는 것이며, 그리고 조금을 사더라도 내점하고 싶도록 하는 상품이 일목요연하게 정리되어 있어야 하는 것이다.

이것을 실행하는 점포가 바로 개선점포라는 의미의 Improve ment store 라고 부른다. 모든 체인점은 바로 개선점포(Improve ment store)가 되어야 하며, 분류방식은 이러한 것을 연출하는 것이다.

④ 눈으로 상품관리하기 쉽게 한다.

여기서 상품관리라는 것은 당연히 단품관리와 수량관리의 양쪽 모두를 포함한다. 수량을 계산하지 않더라도 명확하게 알 수 있도록 하는 것이 최선인 것이다. 즉, 단품관리는 진열대에서 상품의 수량을 누구나 즉시 파악할 수 있어야 한다.

진열수량을 쉽게 계산할 수 있도록 정리하여 항상 고객이나 점원이 쉽게 상품을 알 수 있게 분류한다.

⑤ 상품 자체가 소구함으로써 설명과 판촉의 경비가 절감된다.

상품은 고객에게 이해가 잘 되도록 디자인이 되어 있기 때문에 상품 자체가 고객에게 소구하지 못하는 상품의 범위는 매우 작다.

〈그림 5-4〉 실무에서의 상품분류표

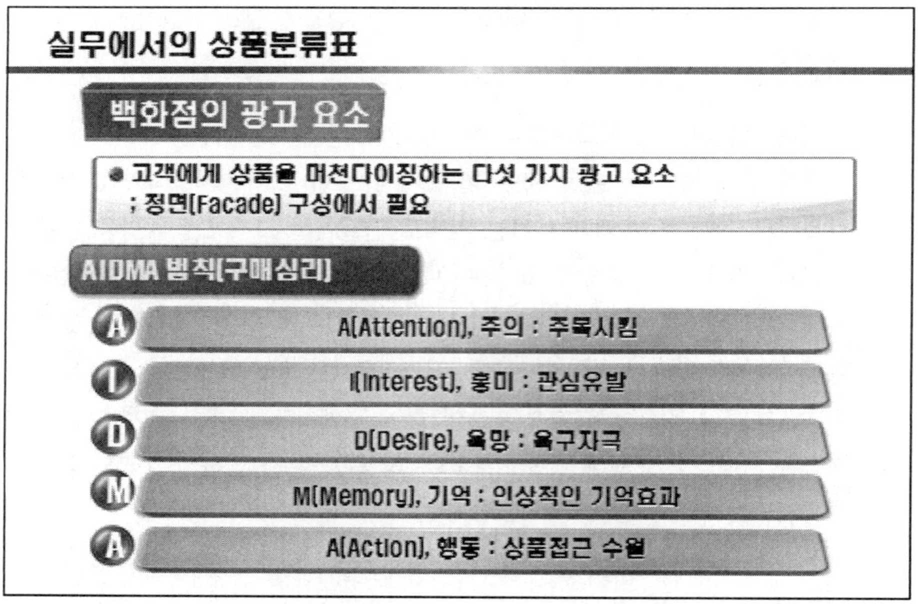

(2) 체인스토어의 셀프서비스 시스템

체인스토어는 상담판매(suggestion sales)나 컨설팅판매(consulting sales)를 전면 부정하는 것은 아니다. 하지만 상담판매 또는 컨설팅판매 상품을 최대한 적게 취급하는 것이다. 실제로 매장에 있는 점원이 고객이 요구하는 접객대응의 대부분은 "무엇이 어디에 있습니까?", "이런 상품이 있습니까"라고 하는 진열 위치에 관한 질문의 회답이 가장 많은 것이다.

바로 이런 현상이 자주 일어나는 것은 상품분류가 부적절하게 되어 있기 때문이다. 매장 안내는 고객이 요구하는 것이 이미 준비되어 있어야 한다. 필히 모든 예상과 가능성을 사전에 준비하여 제공하는 모든 노력이 집중되어 있어야 한다. 바로 이것이 상품분류의 목적이며, 레이아웃이다. 고객이 매장에서 상품을 쉽게 선택하고 구입할 수 있는 매장 상품분류를 통일적이고 체계적으로 명확하게 정리하는 것이 가장 중요하다.

4. 상품분류의 원리

(1) 상품분류의 착안점

상품분류의 원칙은 고객의 입장에서 상품선택을 용이하게 할 수 있도록 하는 것이며, 고객의 편의성을 위하여 무엇을 생각해야 하는가를 고려해야 한다.

첫째, 상품분류의 원칙은 현재의 상품분류 방식이 고객의 트렌드 변화에 적합하지 않을 수도 있으므로 적어도 1년에 한 번 정도는 분류방법을 고객의 트렌드에 맞게 조정하는 것이다. 고객이 상품을 선택하고 구매하는 데 있어 불편사항이 무엇인지를 알아야 한다.

정보통신 기술발달과 컴퓨터 시스템의 도입으로 상품분류 방식의 많은 변화가 일어나고 있으나 막대한 비용으로 인해 시스템 도입을 망설이는 기업들이 있다. 이것은 상품분류 방식을 정기적으로 개선한다는 전제하에 전체 시스템을 도입하는 것이다. 예를 들면 종전의 분류방식에서는 주변 상품에 대한 판매부진이 현상이 비일비재하였다. 이러한 분류방식은 상품분류를 새로운 목표고객에 초점을 맞추거나 사용용도를 목표로 한 경향이 있었다. 만약 상품분류 방식을 변경하지 않으면 품목구성의 원칙에 위배 되는 것이다.

구매부서에서 무리하게 기존 분류를 고수한다면 상품의 진열단계에서부터 매우 곤란하게 된다. 그리고 매장은 보물찾기 장소가 될 것이다. 상품분류 방식이 변하지 않을 경우에는 잘 팔리는 품목은 빠르게 품절되고 잘 팔리지 않는 품목은 매장의 공간만 차지하고 재고물량은 증가하게 될 것이다.

둘째, 분류원칙은 상품을 단순하게 분류하는 것이 아니라 품목별로 집단화(grouping)하는 것이다. 체인스토어는 상품분류를 배열(assortment)이라는 단어를 사용한다. 이것은 골라서 모은 것, 새로운 집단화하는 것을 의미한다. 배열(assortment)은 선택한 모든 것 즉, 분류라는 의미를 가지고 있다.

(2) 객층분류

상품분류는 대분류 혹은 중분류로서 사용척도는 객층과 용도이다. 이 말에 대한 명확한 이해와 방법이 필요하다. 그 의미를 정확하게 이해하지 않으면 척도(scale)와 해석이 잘못되어 큰 오류를 범하게 될 수 있다. 예를 들면 객층에 있어서는 다음과 같이 고객층 세분화 사항을 들 수 있다.

① 성 ② 세대(연령그룹) ③ 가정 내의 입장(가장, 주부, 학생, 아동 등) ④ 세대당 인원수(독신, 부부, 3인 가족, 4인 가족 등) ⑤ 주소 혹은 근무처(상권별 세분화한 특성, 근린점, 거대점포 주위변화 등)의 5항목이 있다.

여기에 새로 추가되는 항목은 ⑥ 라이프스타일(Life style)로서 가치 생활의 기준은 무엇인가? ⑦ 감성과 감각(Taste) 그리고 코디네이션(coordination)이 있다. 라이프스타일과 감성, 감각, 코디네이션은 용도분류의 새로운 척도로 고려되고 있다.

특히, 우리나라에서 매우 중시하고 있는 것은 ⑧ 소득별 ⑨ 학력별 ⑩ 연령별의 세 가지 항목으로 세분화한 기준이다. 이는 새로운 척도로 영향을 주고 있으며, 우리사회에서 중요한 객층분류 기준이 되고 있다. 특히, 라이프스타일과 감성, 감각, 코디네이션을 중시하고 연령의 차이를 중시한다. 즉, 20대와 30대 등의 세대를 어떤 단위로 분류하는가에 따라서 차이가 있다.

세대별 구분을 5세 단위로 나누는가 혹은 3-4세 단위로 나누는가 하는 연령그룹 구분에 따라 상품분류의 기준이 달라진다. 왜냐하면 상품의 종류에 따라 그 차이가 다른 경우가 있다. 이런 것을 고려하여 분류의 기준을 적용해야 한다. 또한 두 가지 중요한 객층분류 기준이 있다. ⑪ 사용객층 ⑫ 구매객층 기준이다. 즉, 상품을 구매하는 사람과 실제 소비하는 사람이 다른 경우이다.

예를 들면 어린이용품이나 신사복은 사용하는 사람과 구매하는 사람이 다른 반면 대형가전이나 스테레오, PC, 넥타이, 스포츠웨어는 사용하는 사람과 구입하는 사람이 동일하다.

객층분류는 판매하는 입장에서 상품구성의 풍부한 연출에 도움이 되기도 하고 마이너스가 되기도 한다. 동일객층의 상품은 연관진열하는 것이 좋다.

가령 가전과 가정용품 매장에 진열하기 애매모호한 것은 의류매장에 있는 것처럼 항상 객층분류는 점포 전체로서 더욱 넓게 확대하는 원칙을 준수하는 것이다. 객층의 단위를 좁히는 것은 한 점포의 구매 고객의 수를 줄이는 것이기 때문에 다점포화 경영에 해당되지 않을 것이다.

〈그림 5-5〉 소비자의 연령에 의한 분류

소비자의 연령에 의한 분류

- 상품의 수량조절을 위해 연령분포에 따라 분류
- 미국 상무부가 사용하는 분류 방법을 기준

구 분	연 령	선 호 사 항
아 동	0세~13세	TV에서 선정하는 상품
10 대	14~19세	상대적으로 저가의 최신 유행상품
젊은 성인	20~34세	10대보다 높은 가격대의 패션상품
젊은 중년	35~49세	최신 유행의류, 귀금속, 고급 자동차 등, 사치품 등
나이든 중년	50~65세	해외여행, 고급의류와 액세서리 등, 비싼 상품 등
노년(퇴직자)	66세	건강식품,일부 패션상품 등

<미국 상무부의 연령별 분류방법>

(3) 용도의 분류

용도분류는 이전부터 상품분류의 기준으로 사용되어 왔다. 고객은 상품용도에 따라 분류된 매장에 가서 구매하기를 원하는 상품을 쉽게 선택할 수 있다. 앞에서 논의한 객층분류는 고객 한 사람, 한 사람에게 적용되지만 상품용도의 기준이 적용될 수 있다.

용도에는 구매동기가 있고 사용 TPOS에 의해서 세분화된다. 즉, 용도 = 구매동기 + 사용 TPOS(Time, Place, Occasion, Style)가 세분화된 것이다.

그리고 용도별 분류에서는 가격대나 가격범위가 하나의 그룹이 된다는 점이다. 즉, 용도별 분류는 가격대(Price Zone)와 가격범위(Price Range)이다. 이전부터 객층을 분류하는 목적이 대량(mass)판매의 의미로는 고려되지 않았다는 것이다. 현재 기업에서는 원가절감 전략보다 더 많은 이익을 기업에게 제공하지 못한다. 따라서 대량화하기 위해서는 객층과 용도의 분류를 고려하여야 하며, 상품의 개성이 감소하면 소비량이 줄게 된다.

앞에서 객층분류의 라이프스타일과 감성, 감각, 코디네이션 등의 분류기준이 고객을 변화시키는지를 설명했다.

또한 이런 경우에서도 용도분류에 적합한 가격대를 여러 가지로 세분화할 수 있으며, 이는 체인스토어의 매스 머천다이징 시스템상의 원칙인 것이다. 특히 TPOS 문제에 있어서 항상 가격대와의 용도에 대응하는 가격을 잊어서는 안 된다.

예를 들면 목욕탕용품은 저가격으로 책정하여도 좋으며, 외출복은 중고가로 책정하여도 된다. 목욕탕용품은 소비량이 대규모이기 때문이다. 또한 내구성이 요구되는 목욕탕용품의 경우는 반대로 너무 싸지 않는 것이 좋다. 즉, 아무래도 내구성이 있어야 하고, 생산 측면에서 기술혁신이 필요하기 때문이다.

사회경제 수준의 발달과 라이프스타일의 변화는 생리적으로 편안함을 추구한다. 이를 상품의 용도분류에 적용할 수 있다.

가령 스포츠용품의 용도를 고려해 보면 대부분이 고가 제품으로 구성되어 있다. 프로용품은 아마추어용품보다 고가로 판매되고 있다. TPOS로 하여 세분화한다면 운동을 하는 사람이 1천명이라고 하면 1년 이상 계속하는 사람은 10명이며, 그 외에 일생동안 운동하는 사람은 그 중의 2-3명이다. 소비자의 유형으로 시장을 세분화하면 세 가지 유형의 운동단계에 따라 요구하는 상품의 품질조건과 상품가격대는 다를 것이다.

또한 1년 이내에 2-3회만 운동하는 사람은 운동용구를 복장과 장식으로 사용한다. 상품용도에 따라 상품의 품질조건은 다르게 되는 것이다.

예를 들면 운동가방은 가볍고 편리하며, 운동복은 가정에서 편안하게 입을 수 있는 품질과 재질이라면 가격대도 다를 것이다.

(4) 가격선의 차이

용도분류의 기준에서는 가격선의 차이가 있다. 이는 상품라인의 차이와 일치하게 된다. 미국의 체인스토어는 가격대와 가격범위 그리고 상품라인의 차이가 체인스토어로서의 업태유형의 차이가 되고 여러 가지 업태를 구성하게 되는 것이다.

그리고 쇼핑센터의 태넌트 구성은 핵점포(anchor store)를 포함하며, 업태에서는 별도의 용도와 상품라인을 목적이 다른 업태 유형의 결합(tenant mix)이 된다.

쇼핑센터화는 자연발생적 상점가와의 차이 때문에 만들어진다. 우리나라도 과거와 달리 소매 머천다이징 분야에서 말하는 쇼핑센터화가 급속히 확산되고 있는 추세이다. 그러므로 용도분류 = 상품라인의 차이 = 가격대와 가격범위의 차이의 공식을 적용하는 기업은 많다.

제2절 ▌상품분류 결정

1. 분류결정의 수순

(1) 분류결정의 수순 5대 원칙

상품분류는 실제 어떤 수순과 원칙으로 결정되는가? 다음과 같이 다섯 가지 원칙으로 설명하고자 한다.

1) 제1원칙

대분류, 중분류, 소분류로 결정한다. 이 기준으로 업태 유형의 분류가 가능하다.

〈그림 5-6〉 상품분류의 3가지 원칙

2) 제2원칙

수정·재검토 항목을 감안하여 이용하는 것이다. 이는 첫째 원칙에 있어 체계를 재검토하여 수정한 것이다. 중분류 원칙이 중요하다. 분류원칙이 재검토되면 하나의 업태유형에서 또는 다른 우리 기업만의 독자 개성 그리고 우리 점포만의 상품전문화(specialization)가 되는 것이다.

3) 제3원칙

연간 1번(회) 이상, 트렌드 변화에 맞게 식품의 품목구성 기술수준 향상에 따라 분류 기준과 원칙을 변화시키는 것이다.

4) 제4원칙

계절의 변화와 사용빈도의 변화에 따라 분류기준을 변화시킨다. 이는 연간 사용빈도가 8-9회이며, 최소 4회의 계절적 변화를 만든다. 실제로 품목이나 품종도 중점적으로 변한다.

계절에 의한 소비가 자극되어 대규모 소비가 발생하면 매장구성은 분류의 변화에 따라 계획하고 실행해야 한다. 계절의 변화에 따른 변화가 없으면 계절감이 없어지고, 점포수가 증가하여도 활기와 흥미로운 감정이 감소하게 되는 최대의 원인이다.

5) 제5원칙

분류기준의 수정이나 변화도 일정한 상품구성 그래프(Graph)내에서 이루어진다. 상품구성의 형태를 크게 변화시킬 경우 경영전략 전환의 시기를 맞이하는 것과 같다. 변화의 주기는 10년-15년 사이클(Cycle)로 하지 않으면 안되는 이유이다.

상품분류 기준의 변화와 경영전략의 전환은 최고경영자가 결정해야 하는 중요한 의사결정이다. 기본적 상품정책의 구축과 상품구성 그래프의 가격점(Price Point)이 변경되는 것이다. 이러한 변화와 수정은 일정 범위 내에서 이루어져야 한다.

글로벌 유통시대에 고도의 경쟁력을 배양해야 할 것이다. 우리나라 유통업계도 이미 글로벌화를 시도하고 있으며, 해외진출하는 기업의 사례가 증가하고 있다. 글로벌 기업과 경쟁에서 살아남을 수 있는 상품전략이 중요하게 요구되는 시대이다.

(2) 대분류의 2가지 수순

대분류는 다음 2가지 수준이다.

1) 제1수순: 내점빈도분류

소비빈도내지는 구매빈도로 바꾸는 것이다. 상권인구의 다수에 의한 분류이다. 인구 7만, 15만, 50만 또는 1백 만명 등은 상권인구 계산을 통해 매장을 구성하는 것이다. 하나의 매장은 동일 상권인구를 대상으로 하는 것이다. 따라서 매장을 기준으로 하기 보다는 점포를 기준으로 하는 것이 바람직하다.

이점은 우리나라에서 대형마트와 같은 디스카운트 스토어 방식이나 복합쇼핑몰 방식은 혁신적 신업태로 발전하고 있다. 왜냐하면 백화점의 일시적 매출증대 작전은 구매력이 증가하는 도시 주변을 무시하고 전체를 목표로 하고 있다. 종래의 업종분류에서는 이런 빈도별과 상권인구별과의 분류는 전혀 무시되어 왔다.

2) 제2수순: 대분류인 동시에 용도분류

기존의 업종 발상에서는 상품 대분류를 고려하여 제조업계, 도매업계별로 척도를 사용하였다. 빈도별 기준은 무시하고 용도분류는 기능으로서 중분류로 사용되었다.

이것은 고객의 입장을 고려하지 않은 상품분류 방식이였던 것이다. 역으로 업종 발상이라면 특히, 체인스토어를 지향하면 앞에서 설명한 빈도별 분류방식이 제일 적합하다. 빈도별 = 상권인구별 = 가격대별인 것이다. 다음의 중분류는 TPOS별인 것이다.

전문점은 분류방식이 음식서비스업과 동일하며, 라이프스타일과 감각(taste)별로 대분류하는 새로운 방식을 적용한다. 새로운 전문점의 업태유형은 최근 개발된 분류방식으로 그 적용 빈도가 점차 증가하고 있다.

그리고 라이프스타일과 감각(taste)별로 대분류하는 것은 중형체인에서 가능하며, 대규모체인 또는 점포가 3백점이상인 경우에는 적용이 불가능하다.

2. 분류의 방침

(1) 중분류의 방침

중분류는 기존 방식에서는 기능별 내지 용도별과 객층별 분류방식이었다. 예를 들면 품종만으로는 안되고 상품라인이나 가격라인까지 포함한다.

분류결과는 상품라인이 많게 된다. 이는 동일 메이커 상품을 구성하기 때문이다. 생산지별, 메이커별, 도매별로 중분류하여 고객의 상품선택의 편의성을 무시하는 사례가 아직도 비일비재한 것이다. 이에 대한 보완방식으로 개발된 것이 TPOS별 분류방식이다. TPOS별 분류방식은 코디네이터 그룹(Coordinate Group)별로 분류 되기 때문에 룩(Look)별, 스타일별 분류방식도 포함한다.

상품에 있어서는 주조색채 그룹(Group)별까지 포함하고 있다. 상품라인, 업태유형을 결정하는 것이다. 이 방식을 개선하여 대분류를 할 수 있다.

최근 중분류의 단계에서 다음과 같이 방식을 고려하고 있다.

① 보수적(Conservative)

② 현대적(Modern)

③ 일시적 룩, 스타일(Contemporary on look, style)을 규정

가정용품에서부터 의류 및 주거용품, 식품까지 모든 상품을 포함해서 분류하는 방식을 검토하는 것이 새로운 과제로 등장하고 있다.

〈그림 5-7〉 소비자 기호에 의한 분류

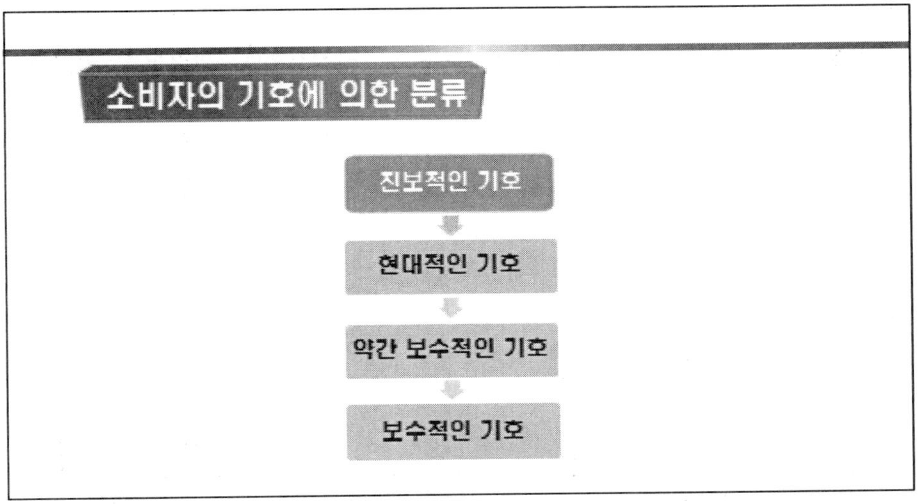

우리나라의 상품분류는 보수적 성향, 현대적 감각, 트렌드형 룩의 성향으로 편성되는 것이 많다. 젊은이들의 구매방법은 트렌드형 룩을 구입하려고 하지만 실제는 현대적 성향을 보이는 것이 일반적인 구매성향이다. 총이익의 60-80%는 보수적인 것이라는 것을 명심해야 한다.

그러나 현대적 성향이 20-30%, 트렌드형 룩이 10%, 현대적 감각을 나타내는 상품을 메인 통로에 진열하고 트렌드형 룩을 입구 부근과 통로 끝에 분류 진열하는 것이 일반적이다. 상품에 있어 이것을 소분류로 해야 할 경우도 있으며, 제품 품목수가 적은 경우 가능한 중분류로 고객에게 소구하는 것이다. 이미 앞에서 상품분류는 사용객층과 구매객층을 구분할 필요가 있다는 점을 설명했다.

상품분류는 매장구성의 문제이다. 동일한 매장의 경우 대분류로 TPOS이며 이것이 가능하지 않으면 중분류로 취급하여야 한다. 소분류 방식은 적용할 수가 없다.

▌표 5-1▐ 분류방식의 신·구분류비교

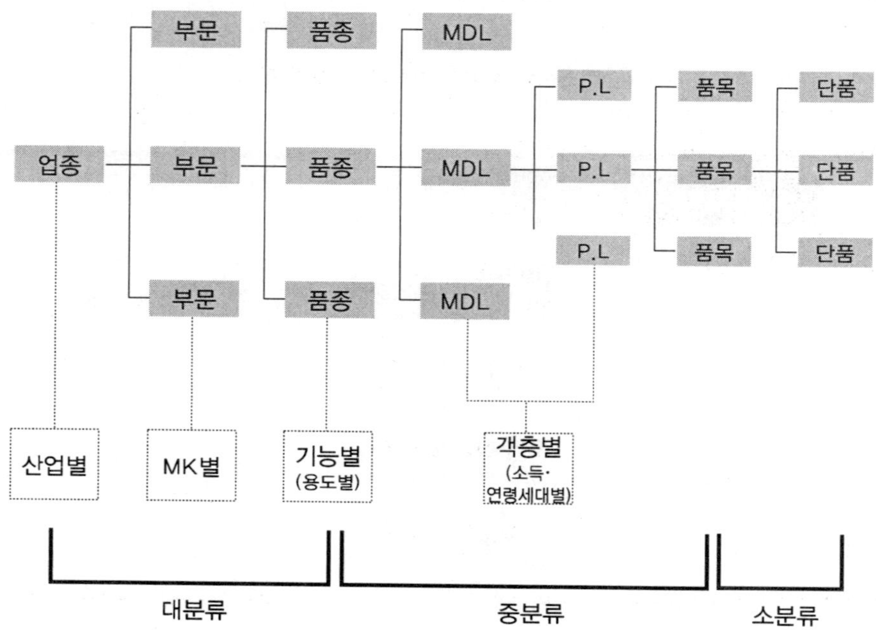

※ 주 : MDL=merchandise line, P.L=price line

(2) 소분류의 주의

소분류는 다음과 같이 분류할 수 있다.

① 사이즈, 규격, 용량, 크기 ② 색채(주조색 아닌 기타색) ③ 디자인(Look, Style이 아닌) ④ 산지, 공급자, 메이커 ⑤ Look ⑥ Style ⑦ 재료, 재질 등이다.

Look과 Style은 앞에서 설명한 것과 같이 중분류 방식이고, 재료와 재질은 가격선, 상품라인 또는 빈도의 차이로 분류한다. 또한 사이즈, 규격, 크기와 색채 그리고 디자인은 새로운 분류방식으로 대분류 또는 중분류를 한다.

소분류의 단계에서는 되도록 변화를 적게 한다. 소분류에서는 우리 매장의 특색을 나타내는 것이 불가능하며, 이미지 효과는 적다. 물론 대분류와 중분류에서 우리 매장의 개성을 강조하는 것이다.

▌표 5-2 ▌ 분류방식: Assortment

업태유형	부문	품종	상품라인 (업태유형에 자연적 결정)	가격라인	품목
빈도별 용도별 가격대별 (Life Style별) Taste별	TPOS별	Coordination별 Look별 Style별 (주조색채별)			
	언제 어디서 어떤 동기 어떤 입장에서 생활형에서				
대분류	중분류			소분류	

3. 분류실시의 4대 원칙

상품분류 시 항상 대분류와 중분류는 혼재된다. 그러나 기획단계에서 분류기준을 검토하고 변경하여 기준을 만들어 내는 것이다. 분류개선을 할 경우에 소분류만을 개선하는 경우 시간과 노력은 많이 들지만 효과는 그리 크지 않다. 대분류와 중분류를 동시에 검토해야 한다. 분류수순에는 다음과 같은 원칙이 있다.

- 제1원칙: 빈도 = 상권인구 = 가격대 = 라이프스타일, 감성(Life Style, Taste)을 중시
- 제2원칙: 다음은 TPOS를 중시
- 제3원칙: 객층은 보다 넓은 범위를 목적으로 구매객층과 사용객층으로 분류하고 적절한 구성방법이 없이 확장하는 것은 곤란하다.
- 제4원칙: 그 결과 부문과 품종의 수가 증가하고 상품라인과 가격라인(매가의 종류)과 품목수는 감소하는 경향이 있다.

기존의 분류방식에서는 반대로 부문과 품종의 수는 적고 상품라인, 가격라인, 품목 그리고 단품수가 많다.

이 부문에 특히 주목해야 한다. 최근 대형점포들이 제4원칙에서 기존 분류방식을 사용하는 경향이 있으며, 이는 기업 간 분류방식이 동일하여 품목구성이 동일한 결과를 초래하여 판매부진 현상이 나타난다. 대형점포와 중소점포도 서로 다른 차별화가 필요한 것이다. 이런 분류에 있어서 획기적 전환이 요구된다.

〈그림 5-8〉 분류실시의 4대 원칙

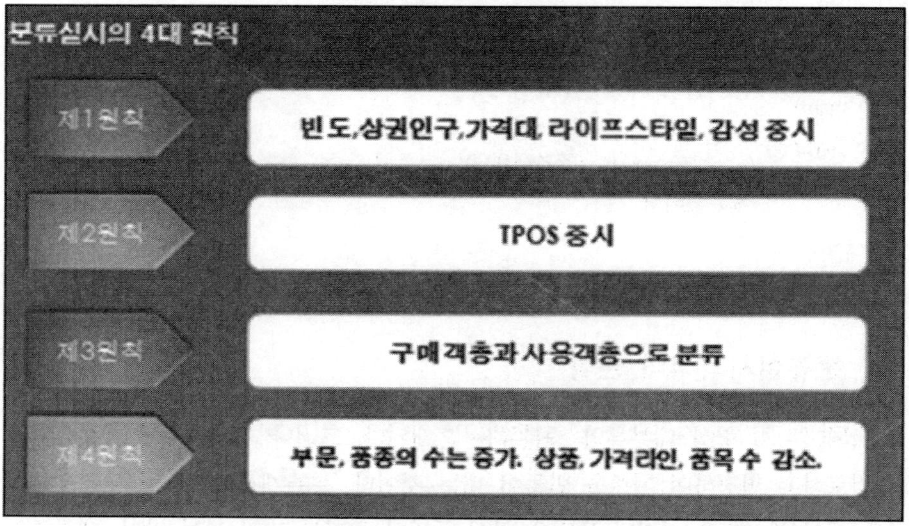

제3절 ▌상품분류 계획

1. 분류계획 방법

(1) 상품분류의 계획

상품분류의 계획을 위한 업무는 현재 또는 잠재적인 고객이 요구하는 수요에 관하여 분석하고 그 분석을 통해 취급할 상품을 확정한다. 고객이 원하지 않는 상품을 기존의 상품구성으로부터 신속하게 제거해야 한다. 항상 고객의 수요에 적합한 상품분류를 유지하도록 노력해야 한다.

예를 들면 적절한 분류의 유지는 다이나믹하게 변화하는 고객의 수요에 따라 신상품라인 또는 신상품을 추가한다. 기존 상품라인이나 기존 품목을 폐기함으로써 더욱 효과적인 상품분류 운영이 되도록 하는 것이 매우 중요하다.

1) 분류관점

상품분류의 관점에서 품목구성이나 재고구성에 관한 의사결정은 몇몇 상품분류 프로세스를 통해서 이루어지는 것이다. 왜냐하면 대부분의 상품에는 가능한 다수의 상품분류 기준이 이용되고 있기 때문이다.

메이커 브랜드를 기준으로 테이블, 의자, 침대 등 기능을 기준으로 가격선 혹은 품질기준으로 다이닝룸, 거실, 침실 등의 용도를 기준으로 상품분류가 이루어지고 있다. 문구점에서는 사무용, 학용품, 가정용 등으로의 분류기준으로 다시 클래스를 나누어 일반사무용 문구(소모품, 비품, 기구)와 사무기계, 집기 등으로 분류하고 있다.

(2) 상품분류의 방법

1) 기준의 5가지 근거

일반적으로 상품분류는 다음과 같은 기준을 근거하여 분류한다.

① 제1근거: 원료별, 소재별로 분류한다.
② 제2근거: 품종별, 속성별로 분류한다.
③ 제3근거: 메이커별, 브랜드별, 매입거래선별로 분류한다.

④ 제4근거: 용도별, 사용목적별로 분류한다.

⑤ 제5근거: 고객행동별, 가격별, 연령층별로 분류한다.

이외에도 상품에 따라서는 상품을 식별하기 위한 기준으로서 사이즈별, 스타일별, 색조별, 디자인별, 직물품질별, 산지별 등이 이용되고 있다. 무엇보다도 상품분류 기준을 위한 방법은 편의품, 선매품, 전문품 등 고객 구매행동 형태의 차이로 보는 것이다. 일률적으로 하나의 상품분류 기준으로서 규정하는 것은 곤란하다.

그 중에서도 원료별, 품종별, 메이커별 상품분류 기준은 가장 전통적인 분류방식이며, 소매경영이 메이커가 생산한 상품을 단지 고객에게 중개하는 업무로서 흘려보낸다고 하는 생산지향적 발상을 기초로 하는 것이다.

그 과정에서 소매경영이 가지는 본래의 기능인 고객의 구매선택을 위한 상품구성(assortment function)을 충분히 완수하지 못하게 되는 것이다. 오늘날의 소매경영에 있어서 제공되는 상품분류는 고객지향 상품분류 시스템(customer-oriented classification system)이 되어야 한다.

현재는 고객의 욕구, 라이프스타일, 가치관 등이 다양하고 다이나믹하게 많은 젊은층을 중심으로 한 고객의 의식구조의 변화는 생활에 있어서 개성화, 특징화, 감각적 행동을 촉진하고 상품 라이프사이클의 단축화, 부티크화 등에서 볼 수 있는 참신한 상품구성을 제공하고 있다.

이처럼 변화하는 고객의 욕구, 라이프스타일, 가치관 등에 가장 적합한 상품분류 기준은 현재 단계나 미래에도 완전한 것이 되지 못할 것이며, 다만 기대할 뿐이다. 그러나 기본적으로는 용도별 분류, 고객행동별 분류에 있어서 어느 정도까지 시대적 적응이 가능하도록 하는 상품분류인 것이다.

이것은 각 점포에 있어서 표적고객의 행동 특성을 분석하고 고객지향적 상품분류 시스템을 연구하고 또한 관리적 능률화를 하며, 아울러 만족할 수 있는 상품분류 방법을 도입하는 것이 요구된다.

2) 분류의 3가지 요점

앞에서 언급한 상품분류 기준은 어떤 목적을 위하여 유용하고 필요한 것이지만 머천다이징 매니저는 상품구성 계획의 목적을 위하여 상품분류를 할 때, 다음 세 가지 요점을 충분히 고려해야 할 것이다.

① 제1요점: 상품의 고객 유인적 특성을 식별해야 할 것이다.
② 제2요점: 고객의 관점에서 그 중요성의 순서를 결정해야 할 것이다.
③ 제3요점: 상품의 관리적 유용성을 충분히 충족시켜야 할 것이다.

2. 표준상품분류 시스템

(1) 고객지향의 분류

고객지향의 상품분류에 근거한 상품구성 폭의 계획기법은 일반적으로 상품분류 머천다이징(classification merchandising, merchandising by classification)이라고 한다.

상품계획의 목적에 따라 상품분류는 고객이 특정한 최종 사용목적을 위하여 매입함으로써 상호 타당한 대체성, 호환성이 있다고 볼 수 있고 이러한 품목구성으로 파악할 필요가 있다(John W. Wingate, Elmer O. Schaller, Retail Merchandise Management, p.251).

예를 들면 상품분류는 전미국소매협회(National Retail Merchants Associa tion: NRMA)의 표준상품분류 시스템을 들 수 있다. 이는 특정 상품의 특성을 기초하여 4단계로 이루어진 표준상품분류도식(a standard merchandise classifi- cation scheme)을 발표했다. 그 일부가 다음과 같다.

(2) 상품분류의 4가지 수준

고차원 수준의 상품분류의 수준(제1, 2, 3수준)은 재고보유를 상품의 다양화에 관계되고 저차원 수준(제4수준)은 구성요인에 연관된다.

NRMA의 표준상품분류의 제1수준은 백화점의 부문(division)과 유사한 상품군으로 이루어진다. 그것은 상품군 분류(merchandise groups)라고 하며, 넓은 의미에서 고객의 최종 사용의 기초로 연관된 상품구성의 논리적 분류체계이다. 예를 들면 NRMA에 의한 기준의 상품군으로서는 신사복, 부인복, 대중의류, 유아·소년·소녀의류, 액세서리, 개인적 취향의, 소품, 취미, 레크리에이션, 여행용품, 가구, 장식용품, 가정용품, 기구, 부엌, 세탁, 식품, 잡화 등이다.

제2수준은 백화점의 부문(department)과 완전히 유사한 상품군으로 되어 있다.

이 수준은 상품분류의 중심분류라고 하며, 상품 타입으로 제1수준을 분류하도록 디자인한 것이다. 예를 들면 앞에서 언급한 표처럼 남성상의, 신사복, 스포츠웨어, 캐주얼웨어 등으로 이루어지는 상품수요 중심으로 분류한 것이다.

제3수준은 상품분류 시스템이 제2수준의 특정 상품범위 내에서 상품구성이 되는 것이다. 이런 상품구성을 품종분류(classes)라고 한다.

제4수준은 특정 고객의 최종 사용을 위하여 호환 가능한 또는 대체 가능한 품목구성으로 이루어진다.

이러한 상품구성을 품목분류 또는 부문분류(categories)라고 한다. 따라서 각 상품품목은 고객의 측면에서 근거 있는 대체가능성을 기초로 상품분류 되는 것이다. 이는 상품분류별 머천다이징의 중요한 특징은 지향성 분석(directional analysis)에 있다고 할 수 있다.

이 지향성 분석은 경영자가 기업 전체의 머천다이징 정보의 검토를 단서로 문제점에 대한 통제와 탐색의 품목 수준에서 검토를 실행하도록 하는 수단을 제공한 것이다.

3. 상품분류와 코드

(1) 코드화

상품분류가 아무리 잘 되어 있어도 그것이 머천다이징 정보로서 신속하게 수집되고 분석되지 않으면 의미가 없다. 그것을 위한 수단으로서 일반적으로 활용되는 것이 코드(code)이다.

취급 상품이 다종 다양하고 복잡하게 구성되어 있을수록 머천다이징 정보를 신속하게 입수하려고 하면 이 상품코드에 의존하지 않으면 상품관리를 할 수 없다. 이 코드는 바코드화하여 복잡한 상품요소를 합리적인 상품분류 기준에 의해 단순화, 체계화하는 것이다.

이런 바코드화는 물론 상품에 한정되어 있는 것은 아니며, 그 적용영역이 상품코드, 고객코드, 매장코드, 공급자코드, 매입원가코드, 매입년월일코드, 상품보관장소코드, 케이스코드, 기타 사내 조직, 인사, 회계 등으로 정보통신의 발달과 함께 이미 표준화 단계에 있다.

이 코드가 가진 기능으로서 정리하여 보면, 분류기능, 유형화 기능, 식별(표현) 기능으로 나눌 수 있다.

(2) 그룹 코드화

이 코드 방식은 주로 그룹 분류 코드(group classification code)가 사용되고 있다. 다음과 같이 표현방식을 검토해야 한다. 즉, 해독성, 자리수, 여유도, 분류집계, 기계처리의 적부 등이다.

현재 세계적으로 사용되는 코드는 GS1(Global Standard NO.1, 국제표준상품코드)이며, 기존의 세계공통제품코드(UPC, Universal Product Code)와 유럽공통제품코드(EAN, European Article Number)이 2004년 GS1으로 통합되어 2010년부터 사용이 시작되었다.

GS1-13이 표준형이며, A와 B로 구분한다. 표준형 A는 의류 등 많은 품목을 취급하는 업체를 위한 코드인 반면 표준형 B는 취급상품의 품목수가 상대적으로 적은 업체를 위한 코드이다. 모두 13자리의 수로 구성되어 있으며, 국가식별코드는 A와 B형 모두 3자리(1982년 이후 가입국)와 제조업체코드 A 형 5자리 / B형 6자리, 상품품목코드(각각의 단품을 나타내는 코드) A형 4자리 / B형 3자리 그리고 나머지는 판독오류를 방지하는 코드인 체크디지트가 A와 B형 모두 1자리로 조합이 되어 있다.

memo

제6장

효과적인 상품구성

◎ 개 요

① 체인스토어 경영에서는 누가 품목구성의 단위를 결정할 것인가 하는 것이 주과제이다.
② 체인스토어는 정확히 소매업태유형(業態類型=Format)으로 소비자가 구입하여 사용하는 입장에서 품목구성을 구축하는 영업의 형(型)이다.
③ 새로운 업태유형 개발을 통한 새로운 시장개척은 경쟁력 확보의 필수적 요소이다.
④ 부문구성, 품목구성, 적정규모를 어떻게 해야 하는 것이 효율적인가를 본 장에서 개념을 정립한다.

◎ 목 표

① 부문구성과 상품라인 구성을 정확히 이해하고, 상품구성을 실행하기 위한 과정을 설명한다.
② 모든 상품구성과 점포 매장은 적정규모가 중요하고 필요하다. 이에 대한 이해와 실행도 매우 중요한 과제와 목표이므로 이를 설명하고자 한다.
③ 머천다이징의 핵심목표 과제가 되는 상품구성 원칙을 정리하는 것을 학습목표로 정한다.

제1절 ▮ 부문구성과 상품라인구성

1. 품목구성 단위와 결정

품목구성은 결국 상품구성의 문제이며, 상품구성 단위가 제일 문제가 된다. [표 6-1]은 8종류의 용어를 오른쪽에서 왼쪽으로, 즉, 큰 단위에서 작은 단위 순으로 정리한 것이다.

▮ 표 6-1 ▮ 품목구성의 단위

단품	≦	품목	≦	UNIT	<	상품라인	<	품종	<	부문	<	업종 업태

(1) 업종·업태에서 단품까지

위의 표 중 업종(Type of Business)이라는 것은 전통적인 영업의 종류이다.

소매업이나 음식서비스업의 경우는 제조자나 도매업의 경우처럼 일방적으로 분류한 영업의 종류이다. 대개는 주력상품의 단일부문(category)의 명칭으로 표현한다.

예를 들면 자전거소매업, 청과소매업, 핸드백소매업, 구두소매업, 골프장비 소매업이나 메밀국수집, 주점 등이 업종에 속한다. 즉, 생산자가 제조가공하여 물건의 말단 배급기구로서 설치된 영업의 유형이다.

이에 대하여 업태(Type of Operation or Store Format)는 정확히 소매업태 유형(Format)으로써 소비자가 구입하여 사용하는 입장에서 품목구성을 구축하는 영업의 유형이다.

슈퍼마켓은 셀프서비스를 주로 하는 판매형식이며, 대규모의 식생활 상품을 총합적으로 조달하는 점포이다. 커피숍은 커피, 스낵 등을 객석 방식으로 판매하며, 문화적 공간을 제공한다. 식당(restaurant), 패스트푸드점은 주문을 받고 빠른 시간에 저가격 또는 take out 형식으로 제공하는 사례이다.

지금까지 제조자 계열이나 도매유통은 상품의 유통과정이 달랐으며, 재료나 제품의 집하방법이 새로 편성되어 품목구성 방침이나 기준이 종래와는 전혀 다른 것이다. 실생활의 소비자들에게 구매와 선택이 쉽고 간단하게 결국은 편리함을 제공하여 라이프스타일을 변하게 하는 것이다.

그러므로 최근 업종에서 기존의 업태와 차별화 되는 새로운 업태를 개척하는 시대라고 표현하는 것은 매우 당연한 것이다.

범주(Category)는 상품을 한 묶음으로 구분한 것이다. 이 기준은 제조사의 입장에서 보면 부인용 전문의류이지만 고객의 입장에서는 실내용, 외출용 혹은 작업용, 파티용 등으로 나누어진다. 병, 캔류 또는 견과류는 업종분류 형태의 범주(category)이며, 조리재료를 식품이나 생선류, 간식재료 등으로 나누는 것이 업태형 범주(category)이다.

품종(kind)은 더욱 상세하게 분류하여 블라우스, 원피스, 된장, 고추장 등 범주와 품종 간을 구분할 수 있는 정확한 기준이 없다.

그리고 상품라인(merchandise line)도 확실하게 해야 한다. 상품라인은 범주이나 품종 중에서 기존 종류의 매가의 범위만을 가리킨다.

부인복에서는 20,000원미만, 30,000원미만, 50,000원미만, 100,000원미만이나 200,000원미만, 300,000원 이상과 6가지의 상품라인이 있다.

신선정육 100g당 2,400원미만, 4,000원미만, 5,600원미만, 8,000원미만, 12,000원미만, 12,000원 이상 등의 상품라인으로 구성할 수 있다. 결국 품종을 5가지 내지 6가지의 가격대(price zone)로 나누는 것의 하나의 가격대에 속하는 상품군이다.

라인로빙(line robing) 및 라인과점(체인스토어 품목구성의 경쟁 목표로서 해당 점포의 상권 내 상품라인 구매력의 65% 이상을 차지하는 것) 등과 함께 사용하는 것이다.

체인스토어 경영에서 라인의 뜻은 가격선(price line) 즉, 가격라인이며, 매가의 종류를 나타낸다. 한편, 다른 분야에서의 의미는 현업 직능, 점포운영(operation line) 및 구매부서(creative line)라고 표현한다.

단품(unit)은 매가의 종류에서 가격라인과 같은 동의어이다. 유닛 컨트롤(unit control)이라는 용어는 상품의 수량관리를 하는 말이며, 엄밀하게는 소매매가 차이가 나는 상품그룹 간의 수량조정 내지 통제를 하는 것이 본질적인 의미이다. 한편, 품목은 흔히 아이템(item)이라고 현업에서 부르고 있다.

체인스토어 경영의 입장에서는 상품관리상의 최소단위이다. A품목과 B품목은 고객에 의해서 식별되며, 동시에 고객이 선택하여 구입하고 사용할 때의 목적이 다른 경우도 있다.

〈그림 6-1〉 취급할 품종·품군·품목 수의 결정

단품(stock keeping unit = SKU)은 물리, 화학의 최소단위로 컴퓨터에 입력단위(SKU)일 때도 있다. 그러나 실제는 고객에 의하여 불필요한 구별이 많으며, 상품관리상 사용하지 않는다.

예를 들면 부인정장에서 동일재질, 동일디자인, 동일가공방법, 동일가공장 제품으로 백색, 옥색, 크림색, 핑크색의 4가지 종류가 있다고 하면 어떤 고객은 크림색과 핑크색의 2가지는 구별하지 않고 구입하기도 한다. 이러한 경우 단품에서는 4종류이지만 품목은 3종이라고도 한다.

(2) 단위결정권의 소재

단품과 품목을 구별하는 것이 영업을 좌우하는 상품지식이며, 품목의 판매수량 예측을 하는 것이 상품관리 능력이라고 할 수 있다. 결국 단품은 상황에 따라 감소하고 아이템과 일치해진다.

▌표 6-2 ▌ 품목구성방법의 결정순서와 결정권자

결정순서	결정권자
① 업종·업태	최고경영자
② 부문구성과 품목구성	
③ 상품라인구성	최고경영자 및 머천다이징 매니저
④ 단품구성	
⑤ 입지 ⑥ 건물구조(부지활용방법) ⑦ 점포구성(매장과 후방사용법)	최고경영자
⑧ 내부장식 ⑨ 매장레이아웃	개발부장 및 엔지니어링 레이아웃(라인스텝)
⑩ 작업시스템점포운영부장 및 엔지니어링업무	시스템담당
⑪ 상품라인의 면적 ⑫ 품목구성 ⑬ 정형진열(연출) ⑭ 진열기기 ⑮ POP광고 ⑯ 검품방법(품질기준으로)	머천다이저 및 바이어

또한 체인스토어 경영에서는 어떤 직위의 사람이 품목구성의 단위를 결정할 것인가. 구미 각국의 체인스토어에서는 [표 6-2]와 같이 하고 있다.

2. 범주, 품목구성의 조건

(1) 디스카운트 스토어 만들기의 업종결정

우리나라의 대형할인점 경우는 구미 선진유통의 장점만을 벤치마킹하여 빠르게 체인스토어 산업으로 정착시킨 사례로 볼 수 있다.

원래의 체인스토어 경영시스템에서는 생활제안형 품목구성을 해야 하는 것이며,

이를 위해서는 전문가의 육성이 필수적 요소라 할 수 있다.

구미에서는 20년에서 30년 정도의 준비단계를 거처야 체인스토어 업에 진출할 수 있다. 이때 선택한 영업의 종류를 업종(Type of Business)이라고 한다. 체인스토어의 취급상품은 기본적으로 '판매되는 것은 무엇이라도'이라도 판매한다는 사고방식이 지배적이다. 이것은 당연한 표현이지만 실은 그렇지 않다. 정확한 의미는 "판매되는 것만이라"는 것은 판매되지 않을 원칙을 의미하고 있기 때문이다.

다른 각도에서 생각해 보면, '판매되지 않는 것은 절대로 취급하지 않는다는 것'이 된다. 구체적으로는 A업종에서는 A상품을 취급하지 않는다는 것이며, 어떠한 업계 상식이나 전통적인 관습에 의한 사고방식은 모두 의식하지 않는다는 입장이다. 실제 체인스토어 운영은 상품이 판매되는 수에 대응하여 매입량을 결정한다는 행동원칙인 것이다. 체인스토어 운영의 사고방식은 범주(Category)와 품종구성은 어떻게 할 것인가와 어떻게 되어야 하는가 하는 2가지의 조건만을 추구하게 된다.

2가지 중에 첫 번째는 경쟁의 이점이고 두 번째가 편리함인 것이다. 더욱이 경쟁 이점이 있다고 생각하는 범주(Category) 또는 품종이 아니면 취급하지 않는 것이 좋다. 미래를 위하여 어떨까? 혹은 전통적으로 취급해 왔으니까, 혹은 누구와의 의리나 인연으로 취급하는 입장은 절대 받아들이지 않는다.

이러한 것은 편리함에 있어서도 서로 알아서 행동한다. 서로 알아서 하는 태도를 일반적으로 드라이(Dry)상법이라 한다. 드라이상법은 여러 가지에 손을 대지 않으므로 당연히 영향력이 큰 것만을 완전히 실현하는 것이며, 영업의 기본태도인 것이다.

이와 반대되는 것은 웻트(Wet)상법이다. 이것은 항상 인정적으로 인간적 분위기를 환하게 표현한다. 사업상에서는 절대로 피한다. 웻트상법은 이것도 하고 저것도 하자 또는 여러 가지에 손을 대고 많은 과제를 계획하며, 그 중에 되는 것은 매우 적다라는 것이 영업의 기본태도다. 이런 경우는 조금 잘 되는 것 같은 인상을 받고 실무적으로 인기가 있는 것 같으나 매출액은 결코 좋지 않다.

왜냐하면 매우 쉬운 것부터 손을 대기 때문이다. 누구나 할 수 있는 것은 그것만의 특징이 없고 영향력이 적다. 물론 드라이상법의 입장에 있으면 우선 몰두하여 영업활동에 영향력이 많은 것으로 생각된다. 대개의 경우 어려운 문제에 직면

하면 아무도 문제를 해결하려 하지 않는다.

웻트상법은 쉬운 것부터 손을 대는 것에 비하여 드라이상법은 어려운 것부터 우선 손을 대는 특징을 가지고 있다. 어떤 것이 잘 될 때는 이것이 유리하고 편리한 것을 추구하는 경우에 따라 필요한 것을 이용하는 태도이다. 보통사람은 자신만만하여 확신이 있고 아주 쉬운 것부터 하는 것이며, 사업이란 것은 안전하고 효과적으로 생각하기 쉽다.

그러나 여기서 기술하는 원칙은 전혀 다른 것이다. 누구나 어려운 것, 자신이 해도 용이하지 않다고 생각되는 것부터 성공을 하고 유리하고 편리한 것만 추구하는 것은 자기 자신의 확신을 부정하는 사고방식이라 할 수 있다.

(2) 유리한 것과 편리한 것의 내용

실제로 범주(Category)구성이나 품목구성에서는 [표 6-3]의 10항목의 경쟁 이점이 있는 것과 편리한 것에서 계산하여 평가의 척도를 한다. [표 6-3]에 있는 10항목의 모두를 만족하는 구매부문이나 상품품종은 매우 적다. 그러나 그중에 보다 많은 조건에 합치하는 것을 경쟁 이점이 있고 편리한 부문 혹은 품종으로 택할 수 있다.

최소한 5항목 이상이 동시에 맞으면 그 부문이나 품종은 유리하고 편리한 것이라고 할 수 있다. 중소형의 소매업이나 음식서비스업은 의외로 ①이나 ②의 조건을 무시한다.

바이어 및 머천다이저의 기호에서 선택한다. 일반적으로 소비경향이라는 것은 [표 6-3]의 ①과 ②와는 역행하는 것이 현실에 많은 것을 이해해야 한다. 그것은 일면 전통적이며, 사업이 대형으로 가기 위한 절대조건이 [표 6-3]의 ①과 ②이다.

①과 ②와 동시성립의 가능성이 높은 것이 ③과 ⑤다. 왜냐하면 그것은 생산자측의 대량생산기구에서 동시에 생산되는 경우가 많이 있다. 내셔널 브랜드를 취급해야 하는 것은 이표의 10항목 중에 최소 ③과 ⑤의 조건을 완비한 것이 많아야 한다.

표 6-3 경쟁 이점과 편리한 것

① 소비량이 많은 것 ② 구매빈도가 높은 것 ③ 인지도가 높은 것 ④ 추가작업이 간단한 것 ⑤ 균질성이 높은 것 ⑥ 항상성이 높은 것 ⑦ 경합성이 적은 것 ⑧ 이폭이 후한 것 ⑨ 계절성이 강한 것 ⑩ TPOS에 맞는 점포의 개성(상품의 전문성)이 있는 것(타사에 없는 품목) = 집하루트의 개발

그리고 ③과 ④는 점포 측에서 볼 때 잘 팔리는 상품이 원가인하될 가능성이 많다. 그러나 그러한 상품은 ⑦과 ⑧이란 조건에 대하여 역행하는 것이 많다. 일반적으로 ⑥에 특별한 관심이 과도하게 나타나는 것에 주의해야 한다.

예를 들면 한복은 ⑥에서는 완전히 불합격 점이고 ⑦에서는 상회하여 경쟁 이점이 생기는 전형적인 예도 있다. ⑧도 일반적으로는 관심을 받기 쉬우며, 기타의 조건에도 반하는 것이 많은 것은 주의가 필요하다.

물론 제일 무시되는 것은 ⑨이다. 이것은 1년간을 통하여 가장 팔리지 않는 품목이다. 그러나 특정 계절만을 철저히 추구하는 것은 결과적으로는 ①이나 ②의 경우가 많고, 많은 경우에 ⑦이나 ⑧이라는 조건과 동시에 성립하는 것이 많이 있다. ⑩은 항상 체인스토어 만들기에 노력하는 과정에서 최상의 연구를 하지 않으면 안 되는 어려운 상품분야이다.

그러나 이것은 한마디로 말해서 신규 루트개발, 기타 동업종에서 전혀 연구하지 않는 신규 집하루트의 개발이다. 종래의 생산자나 도매계열에서는 없는 것도 있으며, 지리적으로는 원격지라든지 중소생산지에서 하는 것도 있다.

(3) 대중품과 실용품

이제까지 설명한 것을 여기에서 검토하고자 하는 것은 실제 경쟁 이점과 편리한 상품이라는 것이 대중품이며, 동시에 실용품이라는 것이다. 대중품이란 많은 사람들이 저가의 상품이라고 생각할 지도 모른다.

그러나 대중이라는 말이 영어로는 모스트 피플(most people)인 것처럼 이것을 미국의 체인스토어는 포퓰러 아이템(popular item)이라 표현한다. 결국 80% 이상이 구입하는 품목, 사용하는 품목, 먹는 품목이라는 의미이다. 즉, 최대 다수의 사람 혹은 과반수의 사람이 공통으로 사용하는 상품이라는 의미이다.

매출액을 증대시키기 위한 절대조건은 고객의 확대이며, 객층을 확대하는 방법이다. 대형할인점 만들기의 논의는 가능한 한 객층을 확대하여 결과적으로 객수의 절대수를 확대하는 것이 목표이다. 어떻게 하면 일부의 객층 만이 사용하는 품목이 아닌 일반 객층이 공동으로 사용하는 품목을 기초로 해야 한다.

〈그림 6-2〉 상품구성의 특징과 제약조건

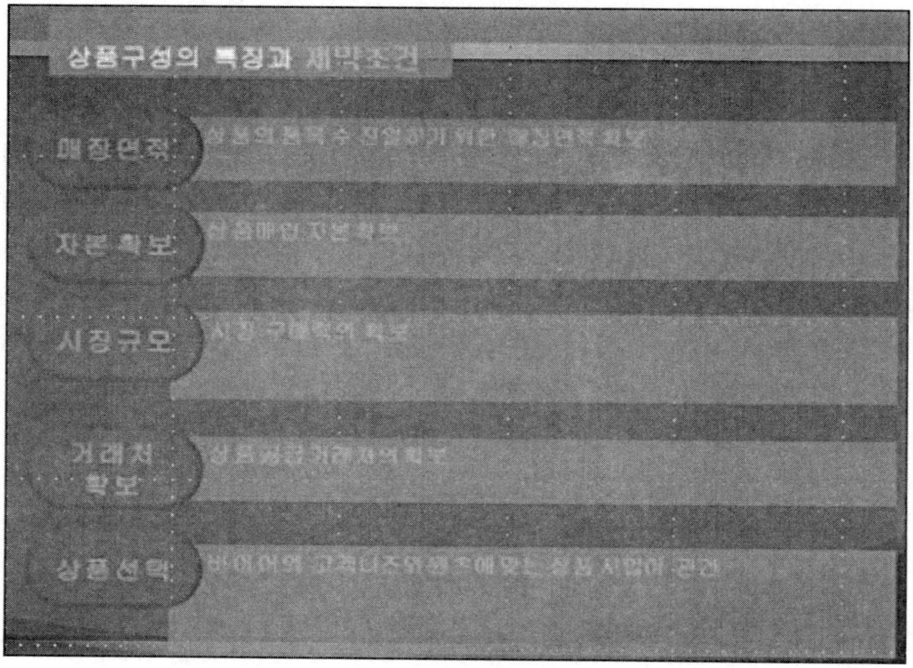

대중품의 영어식 표현은 일배상품(everyday goods)으로 표현한다. 이 말에 해당하는 상품부문이나 품종을 선택하는 것이 객층 확대 및 고객 확보에 유리하며,

고객에게는 편리한 서비스를 제공하게 된다.

실용품이란 실제로 사용한다는 의미보다는 계속 사용하는 것, 몇 회를 계속 사용한다는 것이며, 그 결과 구매를 되풀이하는 상품이라는 의미이다. 말하자면 매일 사용하는 품목이며, 여기에서는 everyday goods로 표현한다. 영어 표현식에 의하면 이 상품이 소비지출의 대부분을 이루는 총칭어라 할 수 있다.

3. 업종에서 업태로

대형점을 성장 발전시키기 위해서는 스토어 머천다이징의 노하우를 가진 인재가 있어야 한다. 이것을 상품담당전문가(specialist)라고 표현하며, 프로페셔널 엑스퍼트(professional expert)라고 한다. 본격적인 체인스토어 시스템의 담당으로 직능의 명칭에서는 creative line 직위의 명칭으로는 merchandiser가 생기게 된다.

(1) 생활제안 상품

머천다이저의 직무는 상품집하 루트개발에서 시작하며, 그 다음에 제품개발을 행하게 된다. 인간의 편리함과 경쟁적 이점을 확보하고 새로운 제품개발을 위해 한 카테고리에서 또 다른 카테고리로 영역을 확장한다. 이것을 생활제안이라 한다.

영역이 확장되면 처음에 체인스토어 만들기의 경제적 효과, 즉, 사회공헌이 표면화되는 것이다. 단순히 유리하고 편리한 것을 추구하는 단계에서 생활제안이란 말을 사용하고 일의 본질을 파악해야 한다. 다시 말해서 업종에서 업태로 전환하는 것이다.

구체적으로 인간의 풍요로움을 위해 부족한 품목이 무엇인지를 파악하고 이를 개발하여 제시하는 것이 생활제안의 중심이다. 그리고 범주구성이나 품목구성의 방식은 제품개발 체제가 정리될 때에 제품 개발품에서 총이익의 30% 이상을 구성할 수 있도록 하는 것이다.

물론 그러기 위한 단계는 회전율이 빠른 상품을 품절되지 않는 체제로 전환시키는 것이다. 잘 나가는 것은 고객이 매입하는 상품, 이것을 원츠(wants)상품이라 한다.

원츠(wants) 상품은 오로지 품목으로 범주구성과 품종을 구성해야 한다. 또한 대형점 육성 단계에 있어서 원츠상품의 추구는 경영정책의 준비단계로 필요한 것이며, 원츠(wants)상품으로 범주구성과 품종구성까지 완성해야 한다. 이런 원츠상품에 대한 니즈(needs)상품군을 첨가할 수 있을 때에 새로운 업태라는 범주구성과 품종구성이 만들어진다.

이때의 니즈(needs)상품이 곧 제품개발이다. 그리고 이러한 제품개발은 한 품목씩 증가하게 된다. 이것이 상품라인을 구성하여 범주구성과 품종구성으로 구성되기에는 상당한 기간이 소요된다.

또한 원츠상품은 품목에서 구성되며, 니즈상품은 비제조품 개발품목이 증가하여 이 상품을 집단화하면 새로운 생활제안 범주구성과 품종구성이라 표현할 수 있게 된다. 이때부터 본격적인 체인스토어의 형태가 되도록 하고 생활제안업으로 발전되어야 한다. 이와 같은 원리에 의하여 범주구성이나 품목구성이 되는 것은 아직도 미비한 상태이다. 결국, 체인스토어의 구축 작업이 우선해서 이루어져야 하는 것이다.

(2) 항상 필요한 조합의 원칙

개개의 구성상품을 육성하여 범주나 품종을 어떻게 조합할 것인가를 고려하게 된다. 여기에는 공통의 원칙이 있다.

첫째, 특정의 용도이다. 이는 매장 또는 점포에서 용도의 충분한 상황을 만드는 것이다. 구성방법의 제1원칙은 특정의 용도이다(-width).

용도는 TPOS, 결국 T는 Time으로 시간대 혹은 요일, 그런 특수한 날, P는 Place로 장소, 특별한 환경 등, O는 Occasion, 어떤 것이 어디에서 행해지나, 무엇을 하고 있는가, 동기와 분위기라는 의미이다. S는 Style로서 라이프스타일이다. 생활자세와 즐거운 생활 방법의 종류이다. 이런 TPOS에서 나누어지는 경우에서 또 하나가 룩(Look)이다. 룩이란 바라보는 것의 전체의 모양, 분위기인 것이다.

이러한 용도분류 방식은 우리나라에서 새로운 방식이다. 왜냐하면 우리나라에서 전통적으로 고려한 분류방식은 유통업과 제조업을 포함해 객층으로 나누는 사고방식이었기 때문이다. 상품의 분류방식을 상품의 넓이를 이용하여 상품구성을 하는 것이다.

둘째, 제2원칙으로서 깊이(depth)가 필요하다. 깊이는 몇 개의 복수 부문 중에서 특별한 품종의 수가 많은 것이다. 더욱이 다수의 품종 중에서 특별한 품목수가 많은 상태이다.

간단히 말해서 상품을 범주의 형태로 구분하며, 어떤 범주는 어느 정도 넓고 어떤 부문은 좁다는 의미이다. 이와 같이 경중의 격차가 클 경우에 깊이로서 고객에는 인상을 주게 되는 것이다.

셋째, 제3의 원칙은 필요성이다. 고객이 즐겁게 상품을 선택하는 조건이다. 고객이 매장을 방문하면 즐거움을 줄 수 있는 상태를 갖춰야 한다는 것이다. 그것은 사는 입장, 사용하는 입장에서 관련되는 상품을 동시에 선택하고 구입할 수 있어야 한다. 즉, 편리하게 구입할 수 있는 범주의 상품이나 품종이 한 장소에 인접해 있어야 한다는 의미이다.

이상 3가지의 원칙은 범주나 품종의 조합 방법을 준수해야 할 기준이다.

(3) 라인구성의 경우

상품라인을 고려할 때는 수준의 통일이 지금까지의 원칙에 대하여 제4조건으로 대두되고 있다.

수준은 ① 가격대 ② 센스 ③ 라이프스타일의 룩(Look) ④ 기타 등이 있다. 어떤 하나의 감각적인 수준이나 카테고리에서 서로의 상품라인이 조합되어야 한다는 의미도 있다.

예를 들면 범주구성이나 품목구성은 동시에 사용할 수 있도록 해야 한다. 핸드백, 여성복의 상의와 하의, 구두 등이 부담 없는 가격으로 함께 구성되어 있어야 한다. 그러나 반면에 식품의 경우 선어매장에는 고급품이 있고 정육매장에는 대중품과 실용품만 있다면 이것은 서로 조화가 안 되는 것이다. 하지만 이러한 구성을 조화 혹은 통일시키는 것의 좋고 나쁨에 대한 판단은 현실적으로 매우 어려운 것이다.

그래서 고객의 동태를 살펴보면 A부문에 있어서의 고객은 B부문에 더욱 다가가서 상품을 산다든가 C부문은 보기만 하고 D부문은 전혀 보려고 하지 않는지 하는 상태가 있음을 알 것이다.

이런 경우 A, B 사이에는 수준의 통일이 있고 C는 약간 관심이 있고 D는 전혀 다른 수준이라는 것이 된다. 또한 이런 조사에 의한 상품라인 구성을 C와 D에 있어서 A, B를 같이 변경하면 라인구성이 될 수도 있다. 말하자면 라인구성과는 고객의 입장에서 평준화, 본래의 의미에서 구입하는 입장에서 공통구입 상품매장 즉, 상품수준의 표준화인 것이다.

〈그림 6-3〉 상품라인과 품목의 결정

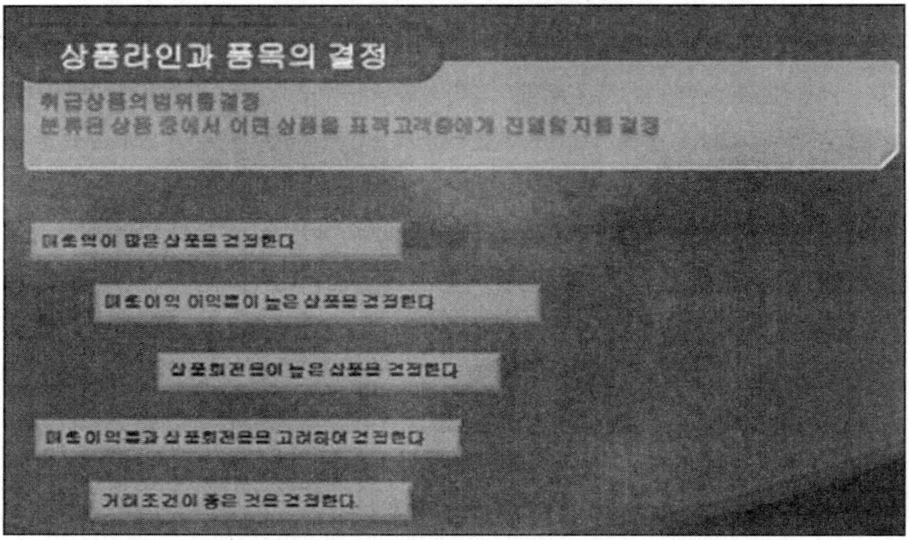

제2절 ❙ 상품구성 원칙

1. 상품구성은 넓고 깊게

(1) 선택의 즐거움 – 넓게

1) 고객의 입장

고객의 입장에서 상품을 선택한다는 것은 즐겁고 쉬워야 한다. 그러기 위해서는 상품이 풍부해야 한다. 풍부하다는 의미는 상품구성을 넓게 하는 것과 깊게하는 것 두 가지로 표현할 수 있다.

넓다는 표현은 Width라고 표현한다. 넓게 하는 것은 상품매가의 종류로 본다면 너무 많이 넓이는 것은 바람직하지 않다. 왜냐하면 매가의 넓이인 가격대(price zone)를 무조건 넓힐 수 없기 때문이다.

이미 설명한 바와 같이 고객에게 너무 넓은 가격대를 만들어 놓으면 오히려 혼란을 주게 되며, 점포의 개념도 명확하지 않게 된다. 예를 들면 가격하한(價格下限)에서 가격상한(價格上限)까지가 일정단계여야 하는데 그 적정한 단계를 너무 벗어나게 되는 그야말로 만물상과 같이 되고 만다. 그러므로 가격대는 일정한 범위 내에서 한정함으로써 고객은 점포선택을 쉽게 할 수 있을 뿐 아니라 상품선택도 명확하게 할 수 있다.

업태를 명확하게 한다는 것이 고객으로 하여금 상품을 편리하고 쉽게 구매하고자 어떤 점포로 가야하는 지에 대한 점포의 개념을 확실하게 해준다.

그러면 어떤 상품을 구성해야 넓게 구성하는 것일까? 그 내용은 다음과 같이 2가지로 나눌 수 있다.

첫째는 시대적 변화에서 중심 테마(Theme)가 다르다는 점이다. 즉, 시대적 변화에 따라 점포규모가 확장되고 따라서 상품 품목수도 확대된다. 그러나 이러한 발전과정에서 경쟁이 심화되면서 문제점이 발생된다. 바로 그 문제는 2가지의 다른 테마를 파생시킨다.

2가지 테마 중의 하나가 상품선택이 쉬워야 한다는 문제이다. 상품선택이 쉬워야 한다는 것은 무슨 뜻인가. 그것은 위에서 설명한 것과 같이 고객이 상품을 찾고자 할 때 2품목이나 3품목 중에서 선택이 되어야 한다는 것이다. 2, 3품목을 선택한 후에 어떤 것이 제일 좋은 가치가 있는 가를 보고 그 중에서 하나를 선택하려는 생각이 바로 비교구매의 즐거움이라 하는 표현일 것이다.

그러나 우리의 실정은 전혀 반대의 경우가 많다. 최초에 2, 3품목을 선택하는데 있어 상당한 시간이 소요되며, 이때 고객은 그 상품을 찾고 기다리며, 망설이게 된다.

이것은 선택하는 즐거움이 아니고 상품을 찾는 고통일 것이다. 그런 습관은 어렵게 찾은 품목이 하나밖에 없다고 가정한다면 비교구매의 즐거움을 누릴 수 없을 것이다. 이것은 점포가 고객에게 불편함을 주게 되는 것인지 혹은 즐거움을 주는 것인지를 알 수 없을 것이다. 그래서 점포운영을 넓게라고 하는 표현의 운영 방식에 문제가 제기된다.

그러나 여기서 넓게라고 하는 표현은 부문, 품종, 단품(unit)을 뜻한다. 품목과 단품(SKU = Stock Keeping Unit)에서 많은 것을 고려하고 결정해야 한다. 진열량이 너무 많은지 혹은 편리하고 쉽게 찾을 수 있는 상품분류인지를 판별하는 것은 결코 쉬운 일이 아니며, 고객이 구하고자 하는 물건을 집중적으로 갖추고 있어야 한다. 예를 들면 신사복을 살 때 어디서, 무슨 브랜드를, 얼마의 가격대에서, 어떤 색깔을, 어떤 사이즈와 크기로 살 것인가 하는 것을 결정하는 것은 결코 쉬운 일이 아니다.

2) 선택의 고민

특히 여성 의류에 있어서는 더욱 복잡하다. 또한 고객 역시 매우 고통스러운 선택이 될 것이며, 수많은 반복적 고르기 행동을 통해서 최종적으로 하나를 고르게 될 것이다. 물론 식품도 마찬가지이다.

① 제1단계: 이는 쇼핑 시 시간이 많이 지연될 것이다.
어떤 스타일, 디자인, 브랜드를 결정하는데 시간이 필요하고 검토해 보고 어떤 것이 좋은가 하는 것을 생각 혹은 감상하게 된다. 바로 이것이 쇼핑의 즐거움인 것이다.

② 제2단계: 이 단계가 넓이에서 한 발짝 전진한 체인스토어 시스템에 의한 넓게라는 표현이다. 이 표현은 품종의 수가 증대되고 사용할 때의 조정(Coordination)을 전제로 하는 것이다. 동시에 사용하는 물건은 의류나 주거용품, 식품이 모두가 서로 연관되도록 하는 것이다. 넓이의 제3단계로서는 색채조정(color coordination)이다.

3) 종합조정 원칙

이 두 가지 방식을 철저하게 고려하는 방식이 종합조정(total coordination)인데, 이러한 원칙은 다음과 같다.

① 어떤 품종에서 어떤 품목을(무차별로) 선택하여 조합해도 항상 서로 조

화될 수 있는 것(계속 입는 경우, 주거용품이나 식품도 동일)

② 위의 조합방법이 다른 것에서, 룩, taste가 갑자기 변하는 것

③ 색은 2～3색일 것(색수가 증대하지 않을 것)

④ 색은 모두 패션 컬러(주거용품의 경우 싫증나지 않는 클래식 컬러)인 것

⑤ 시야에 들어오는 것보다 큰 것 혹은 고가인 것(의류에는 재킷)에서 색을 결정한다.

⑥ 강조 색채(accent color)는 큰 면적이 들지 않는 것(원색은 가급적 피할 것)

⑦ 소재가 다른 것도 전부 같은 색일 것(소재의 종류를 줄일 수 있고 원가도 낮아진다)

⑧ 격자무늬, 꽃무늬의 경우 특히, ①과 ③을 주의

⑨ 부담되는 것을 주의하라. — 가) 가격이 낮고 나) 취급이 간편 다) 싫증나지 않는 것

⑩ 당연히 주거용품은 계속해서 공급될 수 있는 것

⑪ 디자인은 심플한 것이 여러 가지로 이용하기 쉬우며, 인상이 강렬(차별화도 쉬움), 내용은 보수적(conservative), 현대적(modern), 일시적(contemporary), 계절적(seasonal)의 4종류로 구성한다.

⑫ 전 제조업체에 적용 가능한 사양일 것이다.

(2) 품목구성의 깊이

풍부한 것이 하나의 중요한 조건은 품목구성의 깊이(Depth)이다. 이것은 체인스토어 시스템에서는 상품의 강조를 나타내는 것이다. 우선 넓은 것은 편리한 것을 나타내며, 여기에서 깊이는 강한 의미를 담고 있다. 그것은 다음의 3원칙이 있다.

① 기존 품종의 품목이 많고 다른 것보다 많은 대분류의 품종은 여러 가지 품종수가 비교적 적은 상태인 것과 같은 품목수에서 격차가 있어야 한다.

② 품종에는 특정소수 품목에 있어서 진열량이 과대하며, 기타 대부분의 품목에서는 진열량이 상당한 상태이다.

③ 동시에 사용할 수 있는 것을 코디네이션(Coordination) 한다.

품종 혹은 품목이나 진열량에 있어서 큰 재고격차 혹은 면적격차가 진열량을 크게 넓힌다는 의미이다. 경합단계에서는 넓은 품목구성이 최초의 돌파구이며, 경쟁단계에서는 깊이에서 개성을 창출한다.

이와 같이 원칙을 찾아서 지켜야 한다. 한 사람이라도 같은 업종이나 업태에 속하여도 기업 간의 다른 품목구성이 될 것이다. 슈퍼마켓, 디스카운트 스토어나 백화점들이 동업계의 다른 점포와 유사한 원인은 이러한 단순히 명쾌한 원리와 원칙을 무시하는 경향이 있기 때문이다.

이러한 넓게, 깊게를 동시에 실현하는 것이 바로 상품구성 방법의 기본 기술이 되는 것이다. 현재의 할인점들은 너무 넓은 매장을 만들어서 1층의 식품매장은 대형슈퍼마켓 규모이며, 2층은 이것저것 섞어서 상품을 모아 놓은 백화점과 거의 유사한 분위기이다.

〈그림 6-4〉 상품구성 형태의 결정

상품구성 형태의 결정

상품구성이란 상품의 라인이나 품목과 그 내용을 구성하는 방법

1. 좁고 깊은 상품 구성

2. 좁고 얕은 상품 구성

3. 넓고 깊은 상품 구성

4. 넓고 얕은 상품 구성

2. 조합의 5대원칙과 브랜드품

(1) 상품구성 방법의 5대 원칙

그러면 상품구성 방법에 있어서 5대원칙을 소개한다. 이것은 위에서 설명한 넓게와 깊게를 다른 측면에서 다른 표현을 하는 것이라고 할 수 있다.

① 제1원칙: 편리하고 기분 좋게 구매할 수 있는 가격대(Price Zone) 즉, 가능하면 가격레인지(Price Range)에서 적정하게 구성하는 것이다.
구성이라는 것은 기타 부문이나 품종 간에 수준의 통일이 이루어진다는 것을 의미하는 것이다. 수준의 통일이란 동일인의 고객에게 어떤 부문에서도 어떤 품종에서도 기분 좋게 공통으로 구매한다는 의미이다.

② 제2원칙: 구입할 때 선택하는데 편리한 상태에서 구성하는 것이다.
예를 들면 동시에 사용하며 동시에 섭취하는 것에 접근한다. 더욱 더 이런 객층이나 TPOS에는 불필요한 것이 있고, 그곳에는 필요한 것이 존재하지 않는다. 결국, 필요한 것이 존재하지 않는다는 것은 매우 중요한 것이다. 왜냐하면 불필요한 것이 존재하므로 필요한 것을 찾아보기 어렵게 되며, 고객이 요구하는 것을 찾기 어렵다. 좋은 품목은 있어야 하지만 그러한 품목을 무리하게 세분화(Segmentation)하여 구성한다면 원리·원칙은 전부 붕괴한다. 고객은 스토어 로열티(Store Loyalty)를 선호한다. 이러한 편리한 구성이 조정(coordination)의 제1조건이다.

③ 제3원칙: 조합하고 사용할 때 매우 좋은 구성방법이다.
어떤 상품을 테스트 할 때, 그 중심은 배색의 조합이나 미적 쾌적함이나 더욱이 맛(Taste)과 보기 좋음(Look)은 산지의 차이가 여러 가지로 있다는 것을 의미한다. 이것은 조정(Coordination)의 제2조건이다.

④ 제4원칙: 재고과다는 당연히 상품구성(merchandising mix)과는 관계가 없다. 이것이 꼭 풍부하게 보인다고 할 수 없을 것이다. 예를 들면 우리나라 사람들이 미국의 체인스토어 매장을 보거나 혹은 음식서비스 체인에서 식사

를 할 때 품목구성이 빈약하다고 느끼는 사람도 많다.

왜냐하면 의류의 색수나 조리방법의 종류가 적기 때문이다. 그러나 복장은 패션 컬러를 전제하면 색수가 적은 것이 당연한 형이다. 컬러를 취급하는 경우 복장에 필요한 일체의 품종을 조정한 모든 것이 존재하고 있다. 이러한 것이 미국의 체인스토어에 의한 품목구성이다. 그리고 여러 가지 룩(Look)이 있다. TPOS에 응용한 것을 편리하게 구매할 수 있도록 한다. TPOS에 의한 응용은 가격레인지에서 더욱이 사용빈도나 사용기간에 응용한 여러 가지 조합이 가능한 것이다.

⑤ **제5원칙**: 업종적 발상보다도 업태적 발상으로 조합하고 실험하여 제안해야 한다. 복장(의류), 룩(Look)의 통일도 그런 것이다. 홈패션에 있어서도 그렇다. 상품구성에서 중요한 관점은 업태적 발상이다. 다시 말해서 업종적 발상에서 소매업을 운영하는 것은 그에 해당하는 제조업체나 도매업체 측에서 보는 편리를 추구하는 것이며, 사용하는 측과 먹는 측의 편이가 아닌 것이다.

이런 의미에서 풍부하게 만드는 방법에 있어서 절대의 원칙이 있다는 것을 확인해야 한다. 즉, 고객의 측면에서 풍부하게, 넓게, 깊게 상품구성이 되어 있어야 한다.

제7장 효과적인 품목구성

개 요

① 품목구성의 기본원칙이며, 품목구성의 2가지 대전제로써 한 가지 전제는 ㉠ 알고 있는 품목 ㉡ 관심 있는 품목 ㉢ 필요한 품목 그룹 등이다. 그리고 다른 전제는 ㉠ 알지 못하는 품목 ㉡ 관심 없는 품목 ㉢ 불필요한 품목의 그룹 등 위와 같이 크게 2가지로 대별(大別)한다.

② 우리는 항상 품목구성에 대하여 매우 쉽게 말을 한다. 그러나 그 정확한 의미에 대해서는 명확하게 말할 수 없다는 것을 알 것이다.

③ 풍부한 품목구성의 의미는 특정상품그룹 중에서 다종다양한 상품이 구성된 것을 말한다. 본 장에서는 체인스토어 경영의 품목결정과 품목별 수량 결정의 개념과 기법을 설명하고자 한다.

목 표

① 품목구성의 원리를 정확하게 설명한다.

② 체인스토어는 상품계열 간 품목구성 결정의 중요성을 이해하고, 이에 대한 원리를 설명한다.

③ 체인경영에서 품목구성 결정과 품목별 수량 결정에 대해 설명한다.

제1절 ▌상품계열 구성과 품목구성 결정

1. 계열구성 대 품목구성

(1) 품목구성의 의미

우리는 항상 품목구성에 대하여 매우 쉽게 말을 한다. 그러나 그 정확한 의미에 대해서는 명확하게 말할 수 없다는 것이다. 누구나 하는 말은 한 점포에서 구두, 양말, 핸드백, 가죽제품 등 여러 가지 상품을 취급하고 있으며, 이에 대해서 좋은 품목구성이라고 말한다.

또는 다른 경우에는 구두 매장에서 타입, 스타일, 재질, 색조, 사이즈, 가격선 등의 면에서 여러 가지 품목을 취급하는 점포를 품목구성이 잘 되어 있다고 한다.

우리는 이상의 상태에서 어느 것이 정확한 의미의 품목구성이라고 할 수 있는가? 결론을 말한다면 후자이다. 어디까지나 특정 상품그룹 중에서 다종다양한 상품이 구성된 경우를 말하며, 풍부한 품목구성을 의미한다.

〈그림 7-1〉 상품라인과 상품품목의 확대

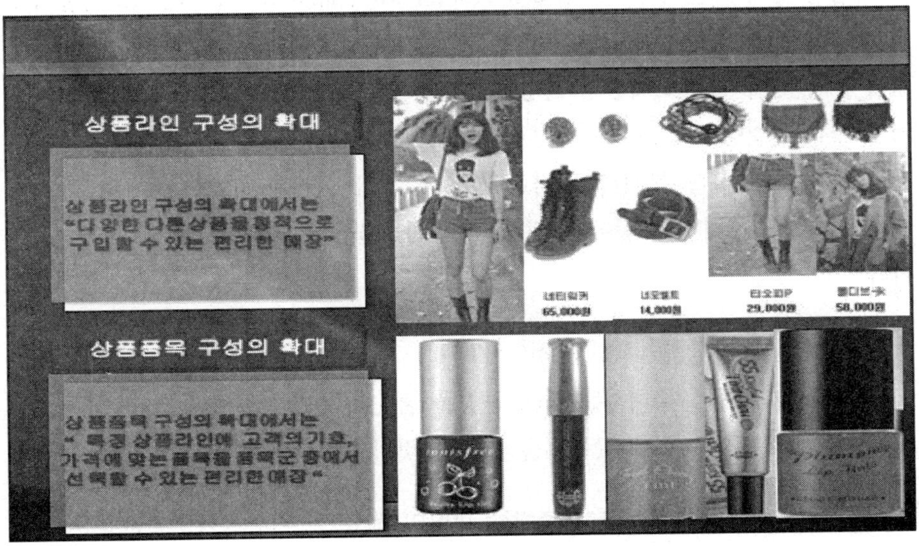

(2) 상품계열과 상품품목의 관계

전문적인 용어로 표현을 한다면 상품품목의 다양성(diversity of merchandise items)이라고 한다. 이에 대하여 여러 가지 상품그룹(구두, 양말, 가죽제품 등)으로 구성되어 취급하고 있는 것을 상품계열의 다양성(diversity of merchandise line)이라고 규정한다.

- 이론이 어떤 의미를 주고 있는가?
- 어떤 인상을 고객에게 주며, 이익을 주는가?
- 실제로 고객에게 어떤 혜택이 있는가?
- 상품계열과 상품품목 간에는 중요한 관계가 있다.

상품계열 구성의 확대(merchandise line expansion)와 상품품목 구성의 확대(merchandise item expansion)는 서로 상쇄관계(trade-off)에 있다. 상품계열 구성을 확대한다면 여러 가지 계열내부의 상품품목 구성은 아무리 잘해도 불충분하게 된다. 역으로 상품품목 구성을 확대한다면 상품계열 구성은 축소되게 된다. 품목구성을 축소하여 계열구성을 확대하는 것도 잘못된 생각이다. 소매업은 그 업태의 특성이 있기 때문이다. 즉, GMS(General Merchandise Store)는 그 나름대로의 특징이 있으며, 전문점과 슈퍼마켓, 디스카운트 스토어와 슈퍼센터, 카테고리 킬러 등의 업태에도 그 나름의 특징이 있다. 이들 업태의 소매점포에는 면적에 있어서 "적정진열량"이라는 것이 있다.

바로 이런 사실을 무시하고 점포 상품을 취급하면 판매효율이 매우 떨어지게 되고 재고가 매장에 쌓이게 되며, 상품회전율(선반재고회전율)도 매우 악화된다.

- 그렇다면 어떤 것을 우선할 것인가?
- 상품계열 구성을 확대하는 것에 중점을 둘 것인가?
- 상품품목 구성을 확충하는 것을 중시할 것인가?

이점은 머천다이징 전략상의 중대한 변화의 목표가 된다. 어떤 목표로 지향할 것인가 하는 것이다. 즉, 경영형태와 업태에 있어서 어느 방향인가에 따라서 다른 것이다. 또는 단독점포경영인가 체인경영인가에 따라서 그 문제의 중심이 변화하는 것이다.

(3) 총합화와 전문화

상품계열 구성의 확대는 총합화를 통해서 이루어진다. 또한 상품품목 구성의 확대는 전문화로 통한다. 이런 의미에서는 지금까지의 설명한 것을 정리한다면 GMS(General Merchandise Store)를 지향하는 방향은 총합화이고 전문점이 표방하는 방향은 전문화이다.

어떤 면에서 한국의 할인점은 미국의 준백화점인 GMS와 비슷한 업태 형태로 발전했다. 그러면서 비식품에 식품매장을 플러스한 것은 또 다른 형태의 패턴인 것이다. 바로 이러한 현상은 서구의 선진업태의 관점에서 본다면 이해할 수 없는 현상인 것이다.

한국의 할인점은 다분히 한국적인 문화와 고객들의 과시적인 쇼핑 생활과도 직결되는 현상일 것이다. 할인점에 오면서도 백화점의 고급 고가상품을 생각하며 품질과 가격은 할인하기를 바라는 고객들의 이중적인 쇼핑 행태라고 생각한다. 이와 같이 한국의 할인점은 서구와는 다소 다르게 발전하고 있기 때문에 앞으로 깊이 연구해야할 대상이며, 하나의 연구과제로 던져두고 싶은 생각이다. 그러므로 여러 가지 경영형태에 있어서 그 업태에 따라서 탄력적인 것이 된다. 항상 상품계열 구성과 품목구성의 쌍방을 결합하기 위한 의사결정은 매우 중요한 것이다. 이것은 수익률, 상품회전율, 면적효율, 종업원효율 등의 경영효율에 관계되는 문제인 것이다. 또한 고객흡인력에 강한 영향을 주는 것이다.

2. 경영형태와 상품구성 결정

(1) 4가지 패턴

상품계열구성 확대의 원리에 있어서 총합화 정책을 우선해야 하는가? 아니면 전문화 정책을 더욱 더 중시해야 하는가? 이러한 의사결정은 머천다이징의 기본이 되는 것이다.

원칙적으로는 소매기관에 있어서 타입 또는 경영형태를 결정하는 것으로 매우 중요한 것이다. 이는 상품구성 의사결정은 상품계열의 단계 혹은 상품품목의 단계를 결정하는 것이며, 소매기관의 타입 및 구성을 결정하는 것이다.

다음과 같이 4가지 패턴이 있다.

① **확대된 상품계열구성·확대된 상품품목구성 – 완전총합형**
예를 들면 백화점(도심 대형백화점), 총합화·전문화의 상승효과 지향정책이다.

② **확대된 상품계열구성·한정된 상품품목구성 – 불완전 총합형**
예를 들면 전형적 슈퍼스토어, GMS(General Merchandise Store), 하이퍼마켓, 디스카운트 스토어, 슈퍼센터, 전문화를 희생하고 총합화를 우선하는 정책을 중점 상품계열, 전문화를 강조한 것이다.

③ **한정된 상품계열구성·확대된 상품품목구성 – 완전한정형**
예를 들면 전문점 지향점, 선매품, 전문품을 우선한다. 총합화를 희생하고 전문화를 강조하며, 다품종 소량생산적 상품 분야의 효력을 발휘하는 것이다.

④ **한정된 상품계열구성·한정된 상품품목구성 – 불완전한정형**
예를 들면 근린형 쇼핑센터(Neighborhood Shopping Center) 내에 혹은 근린형 상업집적지 근처에 편의점(Convenience stores)이고 입지편이, 배달, 기타 서비스 등이 필요하다.

완전총합형은 총합화와 전문화의 상승효과를 목적으로 하는 정책이며, 구체적으로는 의·식·주에 대한 제반 종류의 전반적인 상품계열을 취급한다.

각각의 상품계열 내의 품목구성을 충분히 확대하는 머천다이징 패턴(merchandising pattern)을 의미한다. 정책을 지향하는 전형적인 경영형태의 현상에서는 특히 도심 대형백화점에 불완전총합형은 전문화를 희생하고 총합화를 우선적으로 지향하는 정책이다.

〈그림 7-2〉 상품계열 및 품목구성

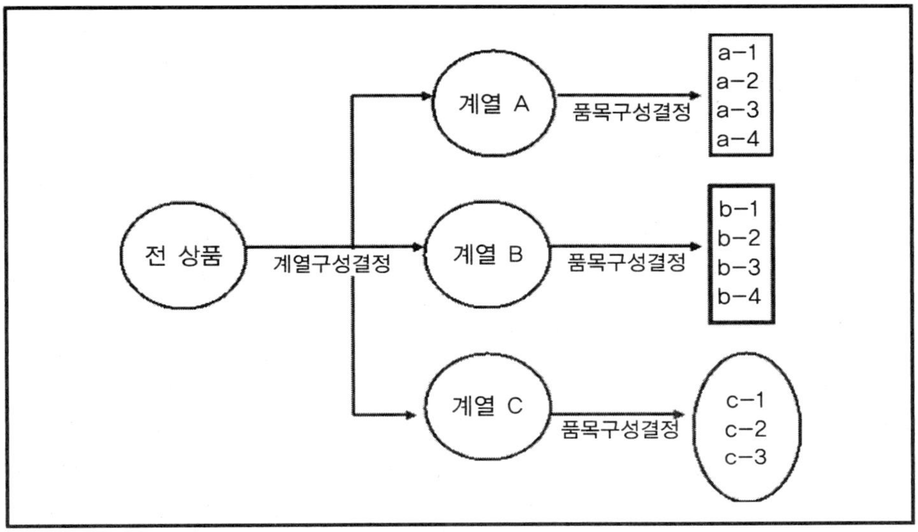

다종다양한 상품계열을 취급하며, 여러 가지 계열 내에서는 면적의 제한내지 자금효율이 중요하여 품목구성의 폭은 물론 한정하는 머천다이징 패턴을 지향한다.

(2) 생존형 상품지향

일용품 혹은 일용품적 성격을 가진 선매품의 분야에 유효한 정책이다. 이것을 지향하는 소매경영 형태의 전형적인 것은 슈퍼마켓 및 슈퍼스토어 등이다. 이런 경영형태 중에서도 일부분이 중점상품계열에 의하여 전문화 정책을 강화하여 실행할 가능성이 있는 것이다.

새로운 업태로서는 하이퍼마켓, 슈퍼센터, 디스카운트 스토어 등도 이에 속한다고 할 수 있다. 예를 들면 까르푸, 월마트, 슈퍼타깃 등을 들 수 있다.

(3) 문화 패션지향 패턴-생활향상형

완전한정형은 말하자면 전문점(specialty store)을 지향하는 머천다이징 패턴이다. 이것은 총합화를 회생하여 전문화를 강조한 것이다. 다종의 상품계열은 취급하지 않고 취급 계열에 있어서는 폭을 넓게 하고 깊이 있는 품목구성을 실현한 것이다.

그러나 이 형태가 의미하는 상품영역은 아무래도 선매품 혹은 전문품이라는 것이 된다.

(4) 불완전한정형

결국 다품종 소량생산적 상품의 분야에 의하여 그 효력이 발휘될 수 있다. 불완전한정형 머천다이징은 충분한 총합화가 안 되면 완전한 전문화도 존재하지 않는다는 것과 같이 어떻게 보면 철저하지 못한 상품정책인 것이다. 이러한 형태에 있어서 전형적인 소매경영 형태는 교외지구 등에 거점하고 있는 근린점(neighborhood store)이다. 역구내나 학교 내, 직장 내의 매점 등이다.

불완전한정형 상품경영이 별로 효과적이지 못하는 근본적 이유는 시장(고객수요)의 질이나 양의 제한 또한 자금력이나 경영기술력의 수준이 낮다는 것이다.

이러한 불완전한정점포의 상품유통 능력은 그 의미에서 나타내는 것과 같이 매우 제한된 것이다. 이러한 점포들은 편익 제공, 입지의 편리, 배달이나 기타 서비스로서 상품에서의 약한 점을 보완해야 한다.

하지만 고객의 편의에서만 본다면 그 나름대로 의미가 있다.

(5) 생활향상형과 문화패션형

새로운 소매업태 중에서는 카테고리 킬러(category killer)가 새로운 형태의 디스카우트 전문점이라고 할 수 있다. 예를 들면 토이 저러스(어린이 점포 완구, 문구), 홈 데포(홈 센터), 서킷 시티(가전품), 스포츠 타운(스포츠용품), 오피스 데포(사무용품) 등을 들 수 있다.

이상에서 상품계열 구성이나 상품품목 구성의 조합에 있어서 4가지 패턴화는 경영형태별 특성의 이해를 하는데 도움이 되었을 것이다.

3. 품목구성결정에서 개별품목결정으로

(1) 상품화계획의 순서

상품화계획(Merchandising Planing)의 순서에서 말한다면 상품품목 구성의 결정은 항상 상품계열 구성의 결정이 이루어져야 가능한 것이다. 품목이 여러 가지 모여 그 결과로서 품목구성을 위한 상품집단이 가능하며, 몇 가지의 상품계열 구성이 되는 것이다.

그러나 이것만으로는 전문화, 총합화의 정책적인 확립이 불가능한 것이다. <그림 7-2>와 같이 전 상품 분해를 통해서 상품계열 구성이 결정되고 여러 가지 상품계열 분해를 통해서 상품품목 구성이 결정된다. 자사 브랜드 방식도 이런 유형이다.

그러면 왜 전체에서 개별 방향으로 분해하는 방식으로 일이 진행되고 있는 것인가? 그것은 수량적 배려가 중요하기 때문이다. 수량적인 표현이 없으면 정확한 계열에 의한 품목구성 결정은 아무런 이득이 없다.

(2) 상품계열구성 전략

가령 어떤 점포가 연간매출액 예산이 30억원이라고 가정한다면 상품계열구성은 다음과 같다.

① 첫째는 경영형태에 의한 업태전략이다. 예를 들면 슈퍼마켓, 전문점, 디스카운트 스토어, 하이퍼마켓, 슈퍼센터 등이다.
② 둘째는 상품영역이다. 예를 들면, 식품, 의류, 스포츠용품, 완구 문구, 주거용품 등이다.
③ 셋째는 기타 점포의 과거 영업 상황이다.
④ 넷째는 경쟁점 관계이다. 즉, 경쟁점포 간의 경쟁상품의 관계이다.
⑤ 다섯째는 고객의 일반동향이다. 고객구매행동과 구매형태이다.
⑥ 여섯째는 머천다이징 정책이다. 즉, 총합화지향, 전문화지향 등이다.

〈그림 7-2〉 상품계열구성

상품계열구성	
상품계열구성	경영형태 업태－S.M 전문점 등
	상품영역－식품, 의류 등
	기타점－과거 영업상황
	경쟁관계－점포 간의 경쟁상품
	고객의 일반동향－고객 구매행동과 형태
	상품정책－총합화와 전문화 지향

(3) 서브계열 선정

계열의 의미는 실지로 점포에 의한 것이 아니고 하나의 큰 계열을 설정한 경우는 그 중에 서브계열을 설정해야 한다. 예를 들면 침구계열 중에 서브계열로서 이불계열, 모포계열, 타계열, 시트계열 등이 있다. 이렇게 하여 계열설정 방법은 점포에 상황에 따라서 확정된다.

일단 이것이 정하여지면 간단하게 변하지 않는다. 시계열적인 판매분석 혹은 그것에 의해 상품계획 수립을 할 것이다. 이는 현실적으로 매우 어렵고 복잡한 것이다.

예를 들면 총매출 예상액은 3억원 이를 20계열로 분해한다면, 그에 대한 계열, ×계열에 1천8백만원이 할당되었다고 하면, 그 구성비는 6%이다. ×계열에 있어서 별도에 계획치로 설정한 상품회전율이 18회전/년이라면, 평상시에 재고유지하는 ×계열상품의 허용 재고액은 1백만원이 된다. 이것이 ×계열에 있어서 매장과 창고에 재고이며, 상품액의 최고가 된다. 품목구성은 이런 범위 내에서 기획해야 한다. 즉, ×계열에 포함된 상품 평균단가 1천원, 발주빈도 및 납품기일을 고려한 품목당 필요 재고수량 평균 10개, 이에 대한 품목수는

$$100만원 / (0.01 \times 10) = 100(품목수)$$

즉, 100 품목이라 할 수 있다. 이 점포는 X계열에 있어서는 구성품목수는 원칙으로 100 이하라고 할 수 있다.

머천다이저(Merchandiser)는 이 100 품목이라는 것이 필요하고 이는 충분한 품목구성을 책정한 것이다. 이에 품목구성은 제조원, 브랜드, 재질, 타입, 스타일, 색조, 가격선(Price Line), 상품 사이즈 등이며 매출을 이루는 상품은 다음과 같다.

a. 기간상품: 매출상품
b. 보완상품: 측면보완상품
c. 유인상품: 고객의 품목에 대한 충실감과 유인 효과를 높이는 상품
d. 촉진상품: 가격 면에서 고객의 수요를 자극하는 상품

결국 우선 개별 구체적 품목이 아니고 전 진열품의 유기적인 구성인 것이다. 이런 의미에서 품목구성 계획은 추상적 단계에서 계획을 세우는 것이다.

4. 품별 품목결정과 품목별 수량결정

(1) 품목 3가지 분류

계획적 상품위치계획(품목구성계획)의 각 상품이 위치한 상품은 여러 가지 원인에서 선택 가능하게 되는 것이다. 이는 다음과 같이 3가지로 분류할 수 있다.

1) 계속상품

이는 일용품, 편의품이라고 할 수 있는 필수상품(Staple goods), 이는 대개 신품목구성 중에서 이루어지는 것도 있다. 그러나 선매품을 주로 하는 유행상품의 분야에서는 극히 일부의 품목이 차기에 계속될 수 있을 것이다. 결국 이는 라이프사이클이 긴 상품이다.

2) 개량상품

이는 상품사양이나 디자인, 포장, 가격의 개량변경에 의한 라이프사이클이 연장된 상품이다. 이는 본질적으로 계속상품에 준하며, 개량방식에 의한 신규 도입상품과 고객에게 소구하는 것이 가능한 것이다.

당연히 이 경우는 개량상품 생산 이전의 것이 기본형이 되고 제조원가는 순수한 신제품보다는 낮은 것이다. 또한 가격면에서도 판매하기가 쉬운 품목으로 선정되는 것이다. 이는 상품의 라이프사이클을 연장시킬 수 있다.

3) 도입상품

이는 3가지가 있다.

첫째는 소극적 도입상품이다. 일반시장에 투입하는 상품이며, 아직 점포에 취급하지 않고 일정 기간을 통하여 신규도입을 결정하는 상품이다.

둘째는 적극적 도입상품이다. 제조업체가 신규로 개발하여 전혀 새로운 시장에 소개되는 상품이다.

셋째는 개발 도입상품이다. 점포의 자체 기획을 통해서 개발한 상품이며, 엄밀한 의미에서 소매 머천다이징의 대상인 상품이다. 즉, 소매업체의 개발상품은 프라이빗 브랜드(P.B = private brand), 스토어 브랜드(S.B = store brand)가 주로 개발 도입되고 있다.

(2) 품목선택의 근원

위에서 설명한 3가지 계통의 품목선택의 근원이 되는 개별품목을 선택하는 것은 우선 그 품목이 차지하는 위치의 필요성이다. 품목구성 계획 중에 기간상품 그룹의 위치는 가격, 품질, 외관, 상품기능, 브랜드 파워 등이다. 그리고 어떤 점에서 신규 도입상품이 최고로 적절한가 하는 것이다.

후보상품을 선택할 경우에 품목결정에 앞서 일정 기간 중에 그 상품의 판매수량을 파악한다. 이러한 것이 머천다이징에 있어서 매우 중요하고 어려운 일이 되는 것이다. 이와 함께 초도발주, 제조자의 선정과 생산수량, 물류단계, 도매단계, 보충빈도, 상품확보, 재고유지수준, 거래조건, 재발주제도 등이 연구되어야 한다.

5. 체인 머천다이징의 계열구성과 품목구성

(1) 체인 머천다이징의 특성

체인 머천다이징의 특성은 말할 것도 없이 다점포 혹은 지점이 총체적으로 지향하는 머천다이징의 중요성을 강조하는 것이다. 체인경영의 원칙은 무엇보다도 중앙매입본부 일괄집중조달에 있다.

이것은 매입의 집중, 판매의 분산에 의한 목표 추구이다. 가령 100개 점이 있으나 각각의 점포가 별도로 매입한다면 이것은 다점포경영이더라도 체인경영은 아니다. 이 의미는 단순히 점포수의 확대가 체인의 본질이 아니기 때문이다.

그래서 전체의 점포가 전부 동일한 상품계열구성과 전부 동일한 상품품목구성을 설정하여야 한다. 이것은 이상의 상태가 아니고 철저하게 이론을 현실적으로 실현해야 한다. 즉, 체인경영의 원리는 최대한의 합리적 원칙을 실천하는 것에서만이 가능한 것이다.

본래 체인경영의 머천다이징은 2개의 축으로 구성되어 있다.

첫째, 본부의 머천다이징 정책을 확고하게 하고 그 정책이 동질적인 지역을 선택하여 출점하는 것이며, 체인의 전 점포를 적극적으로 동질하게 또는 같은 형태로 만들어가는 것이다. 둘째, 본부는 어디까지나 서비스 스탭의 기관적 성격이라는 것이다. 각 지점의 요구와 조건을 가능한 존중하여 상호 동질적 머천다이징을 실행할 정도까지 인정하면서 항상 이러한 타당성을 유지해야 하는 것이다. 체인경영의 본질은 이론적으로는 전자(각점의 완전 동질성의 강조)의 방향을 실행하는 것이 기본이다. 그리고 지역수요의 질이나 경향을 완전히 전 점포에 실현하는 것이다. 이런 의미에서는 후자(각점의 일부 이질성의 수용)도 무시할 수는 없다.

전자를 중시하고 지향하면서 체인경영을 전개하는 소매기관은 필히 중도에서 포기하게 된다. 후자에서 출발한 소매기관은 당초에는 수익성이 저조하지만 순조롭게 매출이 성장하여 가는 사례가 많다. 하여간 고객수요의 중시는 사업에 있어서 최고의 본질적인 것이다.

예를 들면 점포 레이아웃, 진열, 판매방식, 가격기준 그리고 점포 이미지 등은 통일되어야 한다. 이것은 체인경영에서 절대적으로 필요한 것이다.

(2) 계열구성과 품목구성의 통일

상품계열구성내지 상품품목 구성은 완전하게 통일할 수가 없는 것이다. 그러므로 2가지로 방향이 나누어진다. 각 점에 일부상품의 점별 매입을 인정하는 것과 기본적으로는 매입하여 상품조달하는 것은 어디까지나 본부에 집중하는 것이라는 두 가지 방향이다.

이 점을 확실하게 해야 할 필요가 있다. 체인경영에 있어서는 매입, 정확하게 말하면 발주는 어디까지나 본부가 일괄하는 것이 매우 중요하다. 물론 공급자로부터 상품은 각 점포로 직송하는 것은 좋은 것이다.

결국 물류면에서는 필히 통합을 요하지 않으나 상적유통, 동일한 공급자와의 정보교류내지 매입대금 결제는 반드시 본부로 통일해야 한다는 것을 강조한다.

만약 이런 것이 지켜지지 않으면 체인사업은 처음부터 붕괴되는 것이다. 그러나 체인본부는 각 점의 점장과의 밀접한 협의를 통해서 각각의 기간에 점포의 상품계열구성내지 상품품목 구성을(본부가 지도적 역할을 실현) 결정해야 한다. 이것은 매우 중요하며 본부는 각 점의 머천다이징의 총괄이 이루어지게 하는 것이다. 물론 각 점포는 자기가 취급하는 상품품목의 기간 중에 소화수량인 판매수량을 파악하여 사전에 본부에 전달해야 한다.

바로 이런 것이 최근에는 POS시스템으로 데이터가 자동으로 본부의 전산실에 집중되어서 바이어도 자기 책상에 컴퓨터 모니터를 설치하고 순간적으로 직접 출력하여 보는 것이 매우 신속하게 현황을 파악할 수 있게 되었다.

(3) 수치책임제도

바이어는 이렇게 집중된 데이터에 의해서 공급자와 대응할 수 있는 교섭의 무기를 확보하게 되는 것이다. 이러한 품목별 수량결정에 의해서 본부의 시스템이 의견을 확실하게 제시할 뿐 아니라 수치책임제도가 확고하게 기반이 되는 것이다.

첫째는 머천다이징의 기본방침은 본부에서 나온다.

둘째는 각 지점은 여러 가지 본부방침과 지역수요 특성내지 지점의 소화능력을 감안한 구체적인 계열구성과 품목구성 계획을 작성하는데 도움이 된다.

셋째는 이러한 계획하에 본부와 지점이 협조하여 품목별 수량책정이나 품목구성을 수정한다.

넷째는 이것이 완료되는 단계에서 본부는 전 점포의 매입품목과 수량을 집계하고 발주해야 하며, 본부와 지점 간의 원활한 커뮤니케이션이 필요하다. 물론 지금은 컴퓨터로 데이터가 처리되어 이미 본부의 전산실이나 바이어에게 정보가 입수되고 이를 통한 결정을 할 수 있게 되었다.

이러한 정책들은 지점과 본부 간에 상호 적극적인 협조가 매우 중요시 되고 있다. 체인스토어의 머천다이징 통합에서 계열구성 통합과 품목구성 통합은 중요하며, 그 중에서도 품목구성의 통합 특히, 동질적인 품목구성을 통합하는 것이 매우 중요하다.

이러한 통합이란 상품계열이며, 상품품목 통합을 의미하는 것이 아니다. 품목구성은 각 점포 간에 동일해야 할 것이다. 물론 이는 가능성이 어느 정도인가에 따라서 다른 것이다.

그리고 본부는 상품계열 구성은 어느 정도로 각 점포를 관리해야 하며, 상품품목 구성은 무리하게 관리할 수 없을 것이다. 왜냐하면 이는 각 점포에 재고과잉의 위험이 생길 우려가 있다. 품목구성은 가급적 신중하게 하고 지역수요의 질과 양을 반영할 필요가 있다. 이는 각 점포의 면적규모에 따라서 계열과 품목을 구성해야 하고, 각 점포의 스페이스의 능력에 의한 결정이 필요하다.

바이어는 바로 이런 점을 감안하여 신중하게 결정할 것이며, 점포와의 인간관계를 원만하게 하여 서로 협의가 원활하게 이루진다면 더욱 효과적인 계열구성과 품목구성이 가능하게 될 것이다.

제2절 ▌체인경영 품목결정과 품목별 수량결정

1. 품목구성 제약조건과 20:80의 원리

품목구성-상품계열(Merchandise Line) 내의 상품품목(Merchandise item)구성-을 결정하는 것은 체인스토어 경영에 있어서 모든 소매기관의 중요한 유통 기능의 하나인 것이다. 품목구성은 백화점이나 전문점에서 보다 더 중요한 문제이며, 대량판매점에서는 저가격 정책과 효율적 경영이 매우 중요한 것이다.

물론 대량판매점도 품목구성이 중요하다. 상품 측면에서 소매기관을 평가할 때, 고객은 개개의 품목에서 그 점포의 매력을 계산하는 것이 아니라 그 이상 품목구성 전체가 풍부하거나 내용에서 매력을 느끼게 되는 경향이 강한 것이다.

그러나 좋은 품목구성이라는 것은 모든 품목을 취급한다는 것이 아니며, 이는 실제로도 불가능한 것이다. 그 이유는 다음과 같다.

① 물리적으로 곤란하다.

대규모 점포, 백화점이라도 시장에서 공급되는 동종·동일계통의 모든 품목을 상품계열로 매장에 진열할 수 없다.

② 자금면에서도 여유가 없다.

모든 품목을 취급한다는 것은 매장면적의 크기와 재고보관장소, 유지비용 등이 가중되는 것이다. 경영은 주어진 한정자원을 효과적으로 운영하는 것이다.

③ 기술적으로도 전부 취급 불가하다.

시장에 공급되는 모든 품목수는 거의 무한하다. 기존 상품과 신상품에 대한 중요한 정보는 기술적으로 많은 시스템이 도입되어야 하고 방대한 데이터가 축적되어야 한다. 그리고 시장의 품목들은 계속적으로 변화하고 있다.

품목구성 기능(상품수집기능)은 소매기관의 중요한 유통활동 중의 하나이다. 이렇게 모든 품목을 취급하기란 불가능하며, 주요 고객의 요구내용과 그에 대응할 수 있는 기업의 상품정책 내용은 각자 독특한 품목구성을 설정하는 것이 바람직하다. 그리고 동업종 점포 간의 서로 다른 개성이나 특성 및 특징을 가지고 고객에게 대응하는 계획이 필요하다.

소매기관의 개개 품목의 설정 활동은 품목구성 계획의 설정을 전제하는 것이다. 이러한 전제조건이 설정되어 있지 않으면 많은 품목을 선택할 경우에 어디까지나 품목수집에 불과하며, 품목구성이 아니다.

여러 가지 품목이 있지만 전체로서 통일성, 조화성이 없게 될 것이며, 품목이 멋대로 흩어져 모여 있는 것이다. 서로 다른 방향으로 가게 될 것이고, 일정한 방향으로 전 품목이 지향하는 품목구성이 사실 필요한 것이다.

가령 100개 품목이 매장에 있다면, 그 중의 20개 품목이 전체 매출의 80%를 올리고 나머지 80개 품목이 전체 매출의 20%를 차지한다는 소매업의 20대 80의 원칙이 있다. 이에 대한 그림을 참조하기 바란다.

〈그림 7-3〉 20:80 원리

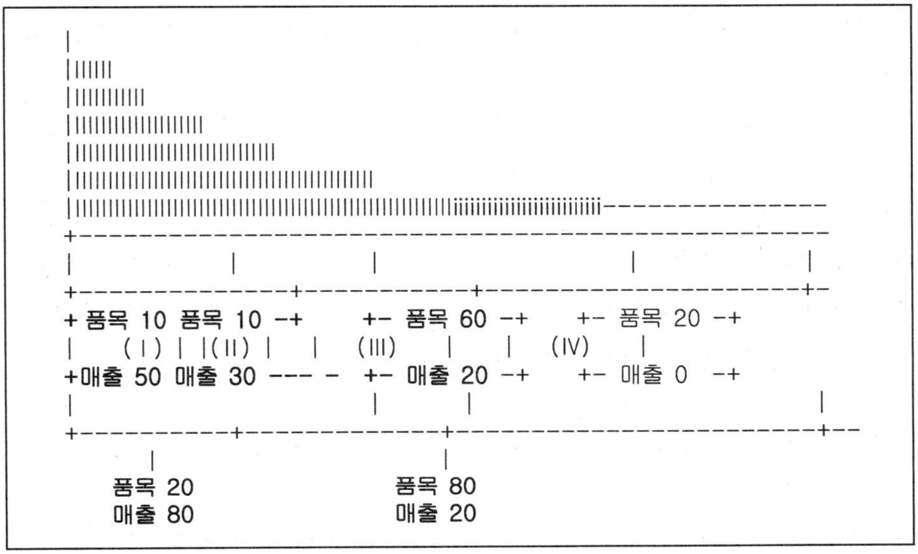

2. 특정화에 의한 다양화 정책

(1) 시장세분화의 필요성

일정한 방향을 지향하는 품목구성은 무엇을 의미하는가? 이제부터는 시장세분화(Market Segmentation)의 개념을 신중하게 고려할 필요가 있다.

대중화 시대에 고객집단과 시장세분화의 개념을 너무 무리하게 적용하고 있는지에 대한 의문도 있으나 긍정적인 자세를 가지고 새로운 시장을 찾을 수 있지 않을까 하는 것도 기대할 수 있다.

대중의 소비 욕망은 다각적인 측면을 가지고 있다.

① 합리적이고 경제적인 소비구조

② 사치욕구(Deluxe) 소비구매

③ 이질적인 소비구매 등의 다면적인 경향

A가정은 식육을 구입할 때 최상품을, B가정은 잘게 썬 보통 품질의 고기를 구입한다. 이러한 상태에서 대상 시장을 고객 그 자체, 가정 그 자체의 상품 유형으

로 세부적으로 분류한다. 고객은 그 나름대로의 필요한 상품을 선택하게 된다. 물론 모든 고객과 가정(잠재고객)을 대상으로 특정한 생활에 대응하여 시장을 세분화한다.

예를 들면 특정 소비욕구 ① 실용적 욕구 ② 사치욕구 등을 특별히 선택할 수 있다. 무엇보다도 시장세분화를 위한 개성특색이 있어야 한다.

이런 의미에서 시장세분화는 절대로 필요하다. 그러나 시장세분화는 고객 중심의 시장세분화가 아닌 욕구 중심의 시장세분화인 것이다. 고객을 중심으로 시장을 세분화하면 시장이 협소해진다. 반면 욕구를 중심으로 시장을 세분화하면 상권 내 전 고객이 시장세분화 대상이기 때문에 시장은 매우 넓어진다.

상품계열 내의 전 품목을 지향하여 여러 가지 품목을 취급하며, 총체적으로 통일되는 개념의 시장욕구 ① 멋이 있는 것에 대한 욕구라든지 ② 고급품을 구하는 욕구라든지 하는 것을 모두 지향하고 있는 것을 의미한다.

물론 이런 경우 가격구조는 몇 개의 단계로 구성하는 것이 좋다.

① 싼 가격은 저소득층을 대상으로
② 비싼 가격은 고소득층을 대상으로
③ 동시에 고급품 중심의 점포라면 고급품 중심으로
④ 기타 실용품 중심의 점포라면 실용품 중심으로

여러 가지 저가격품에서 고가품까지 여러 단계의 가격대가 있을 수 있다.

〈그림 7-4〉 시장세분화와 시장유형

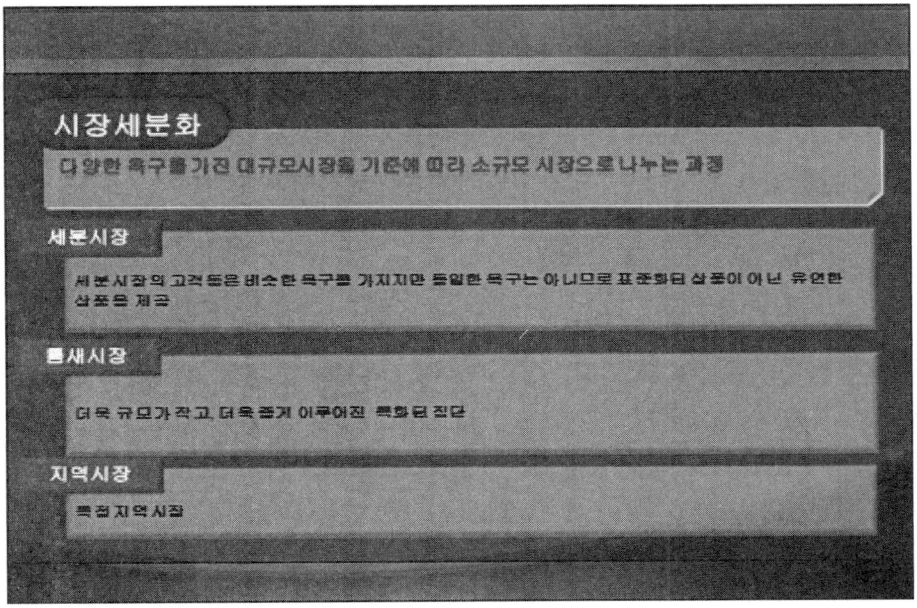

〈그림 7-5〉 시장세분화 평가기준

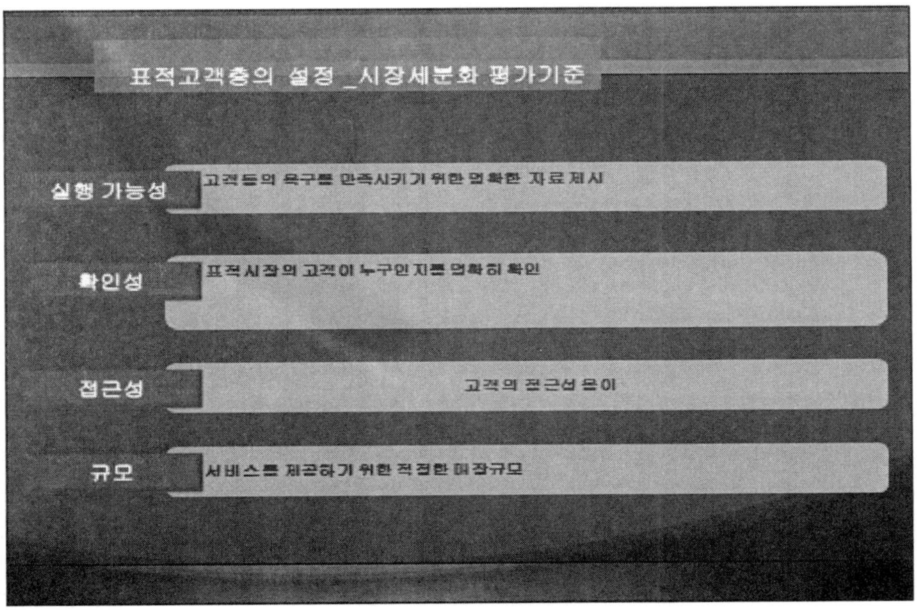

memo

제8장

가격정책과 전략

◎ 개 요

① 본 장은 가격정책과 전략에 대한 개요, 목적과 결정과정 그리고 가격정책을 목표로 한다.
② 가격의 개요는 가격의 의미, 가격의 내용과 가치의 개념에 대해 설명한다.
③ 가격의 목적과 결정 과정은 가격 프로세스, 소매가 목적, 소매가 결정과 소매가 정책에 대해 설명한다.
④ 체인의 가격정책은 기업의 가격구조, 체인스토어 전 점포의 통일가격정책, 가격세분화와 가격책정 방법에 대해 설명한다.

◎ 목 표

① 가격의 개념과 의미를 명확하게 이해하고 습득하여 이론과 실무 적용에 대한 것을 학습하는 것을 목표로 한다.
② 소매업의 가격 프로세스, 가격의 목적과 결정, 소매가의 정책을 명확하게 이해하고 습득하여 이론과 실무 적용에 대한 전반적 지식을 학습목표로 한다.
③ 체인의 전점 가격통일 정책, 기업의 가격구조, 가격세분화와 가격책정 방법에 대한 이해와 실무 적용을 위하여 학습한다.

제1절 ❙ 가격의 개요

1. 가격의 의미

(1) 가격구조

기업경영의 중요한 요인은 기업을 발전시키고 유지시킬 수 있는 이익을 얻어야 하며, 기업이 생산하는 상품이나 서비스에 어떤 가격을 결정하느냐에 따라 기업의 발전이 가능하게 되는 것이다.

형식적으로 가격은 표시하는 단순한 숫자를 의미하는 것이 아니라 그 숫자가 내포하는 매우 중요한 의미가 있다. 가격을 구성하는 요인은 여러 가지를 들 수 있다. 가격은 두 가지 측면을 다음과 같은 의미를 나타내고 있다.

〈그림 8-1〉 소매가격의 의미

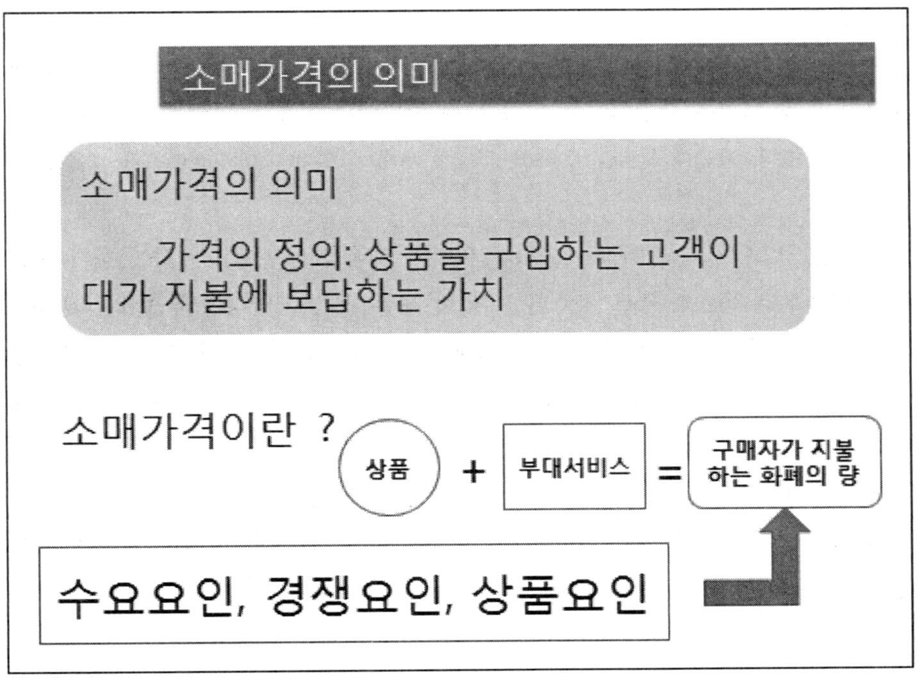

1) 제1 측면: 가격의 높이

가격은 기업을 유지하고 성장하기 위하여 필요한 근본적인 요인이다. 가격의 구조를 분석해보면 상품 개개의 원가(매입원가), 경비(일반관리비와 영업비), 이익(영업이익, 순이익), 매가(판매가격)의 관계를 개념적으로 표시하는 것이다.

원가는 매입원가이며, 이는 순수한 상품매입 원가를 말한다. 그러나 기업 경영을 위해서 판매비와 일반관리비(인건비, 기타 경비 등)를 지출해야 하며, 관리비는 고정비와 변동비로 나눌 수 있다.

고정비는 기업이 조정할 수 없는 고정적으로 지출해야 할 비용이며, 변동비는 조정 가능한 비용이다. 영업이익은 일반관리비를 지출하고 얻은 이익이며, 기업경영은 단순한 것이 아니고 외부 자금을 융자 받을 경우 이자를 지불해야 하는 영업외 비용이 있다. 또한 영업이익이 아니고 기업이 자금을 빌려주고 얻은 수입이자인 영업외 수익도 있는 것이다.

이러한 구조적인 내용에는 지불해야 하는 비용과 영업 외에서 얻은 이익을 계산하게 된다.

또한 기업은 순이익을 획득하는 한편 국가에 세금을 납부해야 한다. 세금을 납부하기 전의 이익을 세전이익이라 하고 세금을 납부한 후의 이익을 세후이익이라고 한다. 또한 기업자본으로 투자한 주주들에게 이익에 대한 배당금을 지불해야 한다.

기업은 영업이익과 순이익을 통하여 이자와 세금을 납부하고 배당을 해야 하는 경영의 의무와 목표가 있는 것이다. 이러한 모든 것은 기업경영상 필요한 비용과 이익이며, 생산성이 높아지면 투자자에게 많은 배당을 할 수 있게 된다. 기업은 움직이는 생명체이다. 그러므로 성장하고 발전하기 위하여 더욱 많은 자본이 필요하고 운전자금(working capital)도 필요한 것이다.

이러한 의미에서 가격을 구성하고 있는 복잡하고 필수적인 요인들이 필요한 것이다. 그러므로 가격을 결정하는 것은 단순한 것이 아니며, 따라서 기업은 매우 신중하고 철저한 연구가 요구된다.

2) 제2 측면: 가격은 표시가격

가격은 흔히 표시가격이라고 할 수 있으며, 이는 상품을 구입하는 고객에게 대가 지불에 보답하는 가치를 내포하는 것으로 고객이 구입할 수 있는 가격이다.

어떤 의미에서 일종의 희생적 지출을 나타내는 가격이다. 상품을 구입하는 고객이 그것을 사용하여 소비(소비재의 경우)한 후에 지불한 가격보다 획득한 가치에 더욱 큰 보람을 느끼게 하는 것이다.

(2) 지불한 돈의 가치

첫째, 가치(획득한 것) > 가격(지불한 돈)의 경우이다. 고객이 구입한 상품과 서비스에 대하여 만족한 가치를 구입했다고 느끼는 것이다.

▌표 8-1▐ 가격 구성요소

원 가	경 비	이익
매입원가	총이익(총마진)	

둘째, 가치(획득한 것) = 가격(지불한 돈)의 경우이다. 고객이 상품과 서비스를 구입한 기업이나 점포를 다시 방문하거나 구입할 만큼의 매우 매력적인 이유를 느끼지 못하는 것도 이런 이유이다. 셋째, 가치(획득한 것) < 가격(지불한 돈)의 경우이다. 즉, 고객이 구입한 상품이나 서비스에 대하여 불만을 느끼는 것이다. 이런 경우 고객은 상품이나 서비스를 구입한 점포에 다시 이용하지 않겠다는 결심을 하게 된다.

이상의 여러 가지 요소들을 분석해 본다면 기업은 고객을 초점으로 생각하여 손실을 감안하더라도 고객에게 만족할 수 있는 가격을 제공하는 것은 기업 경영에서 매우 중요한 결정일 것이다.

이는 기업이 적절한 가격이 무엇인가를 결정해야 하며, 상품의 평가가치와의 상대적 관계인 고객을 생각하여 결정해야 할 매우 중요한 경영자의 과제인 것이다.

▌표 8-2▐ 고객의 평가 가치라인

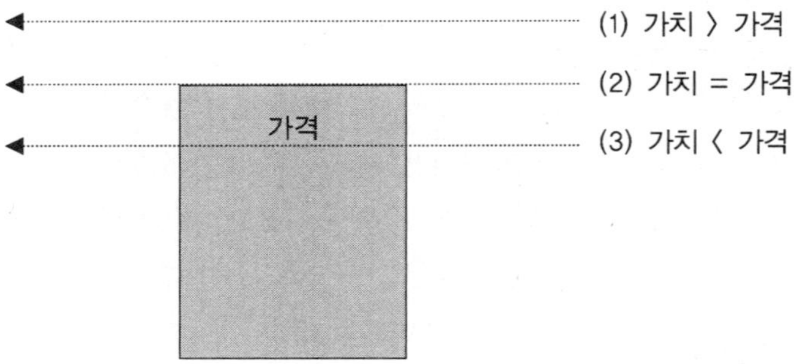

〈그림 8-2〉 오픈 가격제

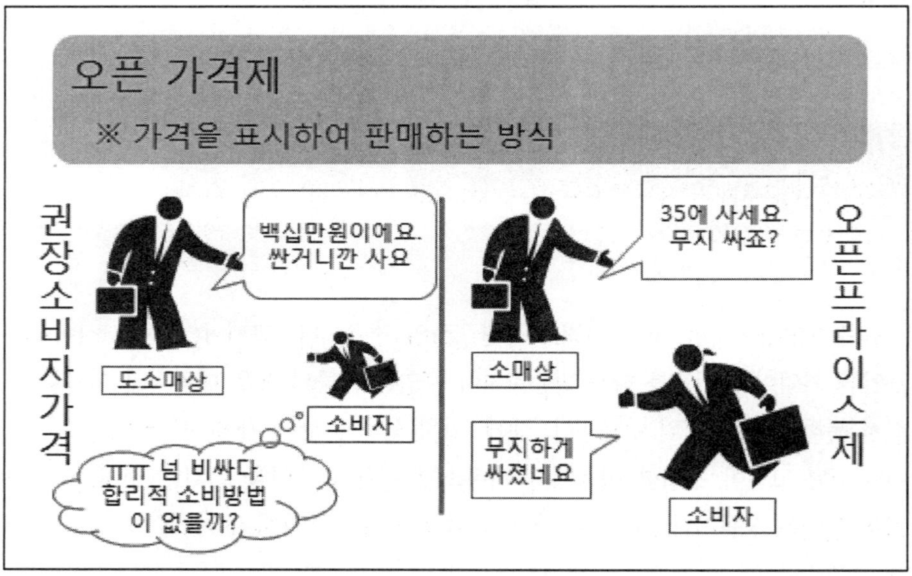

[표 8-2]는 고객이 세 가지 유형의 가격과 가치에 대한 느낌이나 만족을 나타내는 것이다. 고객은 지불한 돈의 가격보다 가치가 떨어지면 불만일 것이며, 같으면 보통이고 만약에 가치가 높으면 만족할 것이다.

기업은 경영적인 이익도 매우 중요한 것이다. 그러나 고객을 어떻게 만족하도록 할 것인가 하는 것은 가격을 결정하는데 있어서 매우 중요한 요소가 된다. 그러므로 가격은 기업의 이익과 고객의 이익이 적합하게 서로 만족할 수 있는 접점을 찾아야 한다.

개개의 상품가격 설정은 기업의 입장에서 적합한 가격을 결정해야 한다. 기업은 가격의 두 가지 측면을 어떻게 합리적으로 조화를 이루는가 하는 것이 중요하다. 우수한 가격설정은 가격을 이익보장 라인을 위하여 결정하는 것이다. 그러나 고객에게 플러스 알파의 폭을 극대화할 수 있는 것이 최상의 가격일 것이다.

가격정책은 결국 매입력, 상품의 개발 능력과 이를 통하여 경영력을 총체적으로 집약하는 것이라고 할 수 있다.

2. 가격의 내용

(1) 고객과의 제안과 교환대가

소매가격은 소매점과 고객 간에 실지 혹은 제안 교환(예: 상품과 서비스에 대한 대가)의 가치에 대한 금전적 표현인 것이다. 또한 가격은 상품 및 서비스의 가치를 대표하고 있다고 할 수 있다. 정확한 가격은 고객이 지불할 의지와 능력이 있는 금전의 양인 것이다.

소매점·소매업체는 상품 및 서비스에 대한 교환의 대가를 받는 것이다. 가격은 고객이 상품이나 서비스를 원할 때 그에 대한 가치를 돈으로 교환하게 된다. 즉, 고객은 상품이나 서비스에 가치에 대한 대가를 돈으로 지불하게 된다.

고객들은 지불한 돈의 가치보다 상품과 서비스가 더욱 좋은 대가의 혜택을 얻었다고 생각하면 매우 기뻐하고 만족할 것이다.

만약 이와 반대로 지불한 돈의 가치보다 상품이나 서비스가 나쁘다고 생각하면 고객은 불평과 불만으로 점포와 그 상품과 서비스에 대한 인상과 생각이 부정적일 것이다. 그렇게 되면 재구매 시 그 소매점이나 상품과 서비스를 피하거나 거부하게 될 것이다.

소매업의 정확한 가격은 세일하기 전, 중간, 후에 대한 고객의 가치 만족으로 고객이 지불한 대가에 대한 공정한 이익을 소매업은 얻도록 최선을 다하여 노력해야 한다.

(2) 가격은 점포선택의 가장 큰 매력

고객의 관점에서 가격은 고객의 점포선택 과정에 있어서 절대적인 반발력 또는 강압된 매력요인으로써 작용할 수 있는 것이다. 가격은 고객의 구입결정에 대한 인센티브 및 방해물로서 서비스할 수 있는 것이다.

어떤 고객은 점포와 상품을 선택하는 가장 중요한 기준이 가격이라고 생각한다. 또 어떤 전문가는 오늘날 시장에서 "가격은 모든 사람이 초점을 맞추기 때문에 실지 구매동기 요인으로서 중요한 것이다"라고 믿고 있다. 그러므로 이것은 강력하거나 강압적인 것은 아니다.

① 소매업체의 관점에서 가격은 이익 및 상품원가와 운영비를 커버한 후에 남은 것이다.
② 판매량 및 다양한 가격으로 판매할 수 있는 많은 상품단위이다.
③ 고객 구매빈도, 교통 및 다양한 가격전략과 전술을 이용한 점포에 매력을 느끼는 많은 고객행동이다.
④ 점포 이미지 및 가격수준, 정책과 전략의 차별화를 통한 고객에게 계획적인 이미지 타입이 무엇인가에 대한 가치라고 생각한다.

3. 가치의 개념

(1) 가치의 개념

가격의 의미는 가치의 개념에 대한 것이다. 가치란 무엇인가? 이에 대한 학계와 업계의 명확한 정의는 없으나, 가치(Value)란 차별적 쇼핑 경험에 의한 고객이 느끼는 차별적 의미인 것이다.

다시 말을 하면 가치에 대한 한 가지 의미를 명확하게 제시하는 데는 한계가 있다. 가치는 고객들이 자신만이 가질 수 있는 차별적인 쇼핑 경험에 관한 것이다. 쇼핑 분위기, 점포와 건물 양식, 인테리어·데코레이션, 디스플레이, 판촉과 광고 프로모션 등에 대한 이미지와 인상에 매혹되어 쇼핑하기 위하여 대가를 지불하는 경우도 있다.

고객의 차별적 의미는 각각의 개인적인 고객의 감성적인 의미인 것이다. 고객에게 어떤 차별적 감성에 만족이나 호감을 주게 된다는 것이다. 판매원이 친절하고 인상이 좋거나 매너가 매우 부드럽고 친밀감을 느끼게 하여 믿음직하고 푸근한 기분을 가짐으로써 고객은 마음 놓고 신뢰하여 지갑에서 돈을 꺼내어 지불하면서 기뻐하고 즐거워하며, 만족을 할 수 있는 것이다. 현대인은 물질의 풍요속에서 생활하면서 정신적 분주함, 고독감, 경계심 등의 잠재의식 속에 항상 상대에게 불신이 있다고 할 수 있다.

그러나 어떤 고객은 자기에게 감정과 감성과 신뢰를 주는 사람이나 분위기, 상품, 서비스, 음식, 의류, 액세서리 등이 발견된다면 서슴지 않고 아낌없이 기꺼이 지불할 용의가 있다고 할 수 있다.

어떻게 보면 가격과 지불, 상품과 서비스는 어떤 차별화된 상관관계가 있다고 할 수 있을 것이다. 고객이 마음 놓고 어떤 상품과 서비스의 가격인 대가를 돈으로 지불할 수 있다는 것이 가격운영에 매우 중요한 것이라고 생각한다.

(2) 가치의 6가지 요인

[표 8-3]과 같이 가치는 각 6가지 요인 간에 상호작용과 관계변화로 설명할 수 있다.

① 상품효용(Product utility): 상품특성과 좋은 상품디자인에서 오는 기능적 혜택

② 상품품질(product quality): 좋은 재료와 우수한 기술자에 의한 연관되는 효용적 혜택

③ 상품가격(product price): 상품 및 서비스의 절대적 화폐원가와 소매업체 간 경쟁에 대한 비교 원가관계

④ 고객 서비스(customer service): 소매업체에 의해 제공되는 서비스의 타입의 혜택으로 안전한 혜택, 고객대응과 지원에 대한 행동 매너

⑤ 고객 편의성(customer convenience): 소매점에 의한 시간과 장소 등의 제공에 대한 결합된 혜택

⑥ 무형의 혜택(intangible benefits): 소매점의 이미지에서 주는 인식된 요소, 스타일, 유행적 성격 및 또 다른 심리적 혜택

▌표 8-3 ▌ 가치의 개념

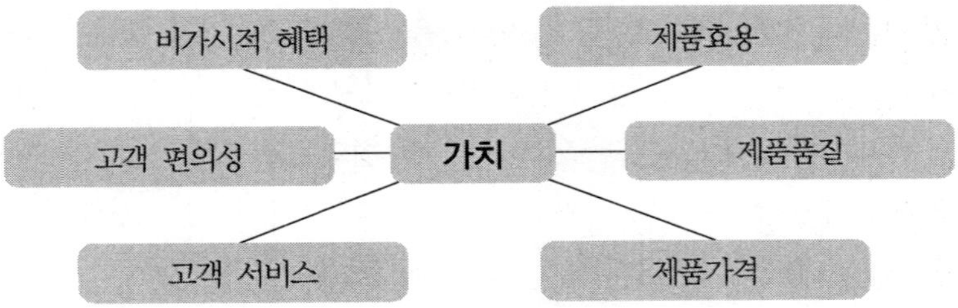

제2절 ▌ 가격목적과 결정과정

1. 가격 프로세스

(1) 가격 프로세스

소매점의 가격을 설정하는 과정은 같다.

〈그림 8-3〉 가격 프로세스

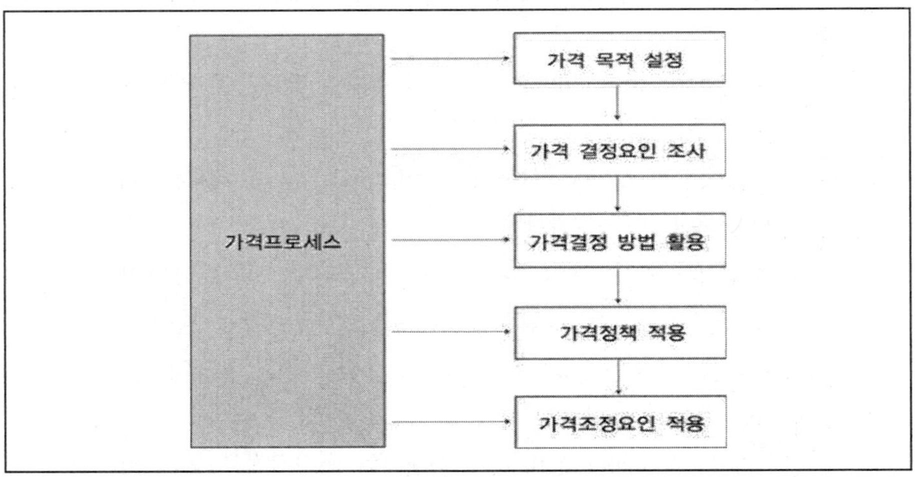

(2) 판매목표

〈그림 8-4〉 소매가격 결정목표

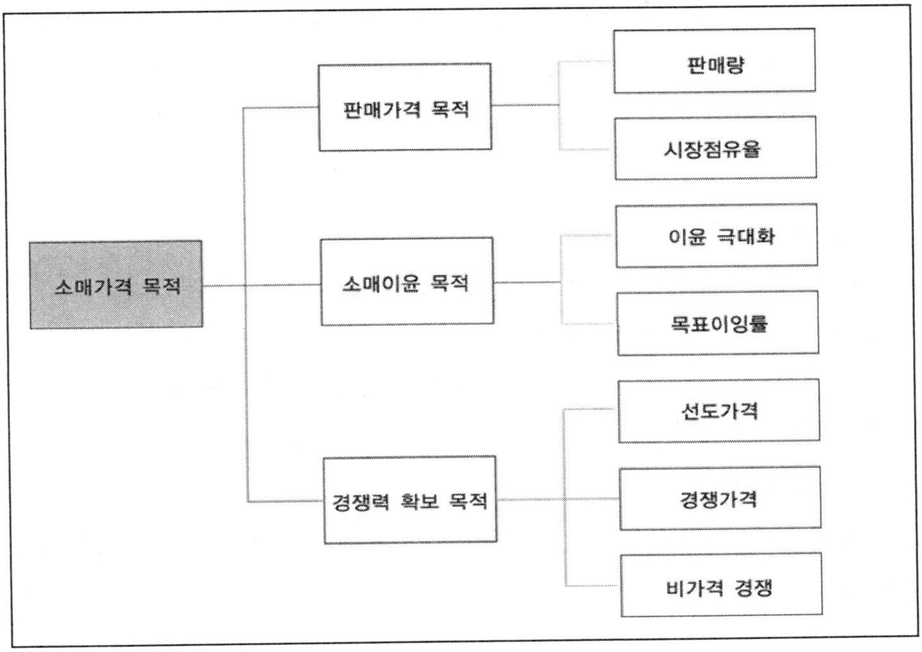

1) 판매량 목표

이것은 소매업체가 최종적으로 관여하여 얻은 판매량에 대한 이익이다. 판매량은 기업의 미래성장 및 이익창출을 위한 유일한 열쇠이다.

2) 시장점유율 목표

시장점유율은 동일한 상권(The same trading area)에서 모든 경쟁자와 연관된 소매업체의 판매 위치의 측정이며, 단일 소매업체가 점령한 상권의 총판매의 점유율을 나타내는 것이다.

(3) 이익목표

1) 이익 극대화 목표

가격과 기타 머천다이징 활동을 통하여 최고의 이익을 추구한다.

3) 목표이익율 목표

가격설정을 위한 결정을 가이드하기 위한 이익목표이다. 회수이익율 목표는 자본투자 및 순판매의 어떤 비율의 회수이익율로 통상적으로 표시한다. 투자회수율(Return on investment : ROI)은 자본투자에 대한 이익 비율이다(즉, 시설, 장비, 기기, 재고 등).

(4) 경쟁목표

1) 가격리더십 목표

어떤 소매업체는 교환한 상품에 대한 가격수준을 설정하여 주어진 상권 내에서 가격리더십 목표를 획득하는 것이다.

예를 들면 토이저러스의 완구, 월마트의 비식품, 갭의 캐주얼 의류, 베스트바이의 가전제품 등이다.

2) 경쟁사 목표가격

소매업체가 주요 경쟁자의 가격에 맞추는 것에 대한 목적으로 가격을 결정하는 것이다.

〈그림 8-5〉 소매가격 선정의 의미

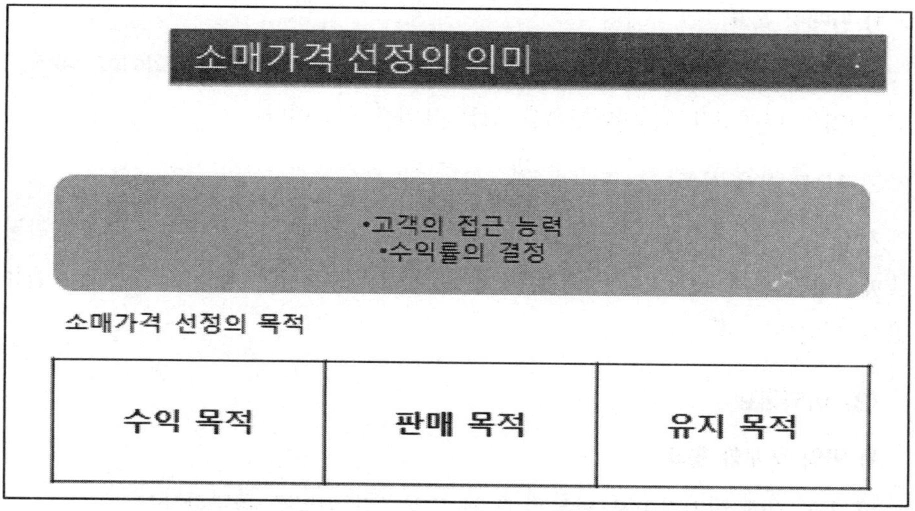

3) 비가격 경쟁 목표

소매업체는 좋은 상품 및 서비스 제공을 기반으로 경쟁하는 것이 바람직할 것이다. 예를 들면 입지, 설비, 판촉 노력, 머천다이징 활동 등으로 비가격 경쟁을 목적으로 경쟁하는 가격을 결정하는 것이다.

2. 소매가 결정요인

(1) 소매가 결정

소매 가격 결정요인
① 수요요인 고려 : 수요탄력성, 교차 수요탄력성
② 고객요인 고려 : 심리가격
③ 경쟁관계요인 고려 : 가격경쟁, 시장에서의 경쟁위치
④ 원가요인 고려 : 송장원가, 상품원가
⑤ 이익요인 고려 : 전체 제품이익
⑥ 제품요인 고려 : 제품 마모성, 제품 독특성(차별화요인)
⑦ 법적요인 고려

① 수요요인 고려: 수요의 탄력성, 교차수요 탄력성 등을 고려하여 가격을 결정하는 것이다.

② 고객요인 고려: 고객의 구매심리를 이용한 심리적 가격을 고려하여 가격을 결정하는 것이다.

③ 경쟁관계요인 고려: 소매업체 간에 경쟁에 의한 우위를 확보하기 위한 가격을 결정하는 것이다. 예를 들면 가격전쟁, 경쟁위치를 유리하게 하기 위하여 가격을 결정한다.

④ 원가요인 고려: 구입원가에 의한 가격 결정이다. 예를 들면 순송장가격, 상품원가 등이다.

⑤ 이익요인 고려: 상품의 총이익 및 마진을 고려하여 가격을 결정하는 것이다. 예를 들면 총상품이익 등이다

⑥ 제품요인 고려: 상품선도, 상품품질, 상품희소성 등을 고려하여 가격을 결정하는 것이다.

⑦ 법적요인 고려: 미국은 최저가격에 대한 법적기준을 준수해야 한다. 즉, 원가이하 가격을 금지하고 있다. 경쟁상대를 파괴하기 위한 파격적 가격은 위법이다.

또는 가격차별행위금지법(예: Robinson-Patman Act, 1936)은 대형소매업체보다 차별적 가격을 적용하는 메이커에 대한 규제하는 법이다. 우리나라도 중소소매업체를 보호하기 위하여 이러한 개념의 가격 차별대우금지법이란 것이 있다.

중소매업체들의 공동구매, 공동협업화가 쉽지 않은 것은 제조업자가 업체별로 차별적 가격을 적용하기 때문에 공동화, 협업화가 불가능한 것이다.

(2) 소매 가격결정 방법

1) 마크업 가격

① 초기 마크업(Initial markup): 최초 소매가격(the original retail price)으로 상품을 매입하여 판매하기 전에 판매가격을 책정한 가격이다. 바이어가 상품매입이 완료되면 상품가격 시장조사를 한 후에 처음 매가(판매가 = first selling price)를 책정하여 내부승인을 득한 후 매장에 상품매가를 통보한다.

② 유지 마크업(Maintained markup): 상품의 특별한 부분에서 기업이 계획적으로 정해진 이익-마진을 유지하기 위한 가격이다. 예를 들면 일정비율을 정하여 매가를 결정하는 것이다.

③ 총마진(Gross margin): 기업의 운영비(Operating expenses)에 순이익(net profit)을 감안하여 결정하는 것이다.

〈그림 8-6〉 마크업 가격구조

마크업

마크업의 계산방법

마크업(markup)	영 업 경 비	최초의 소매가격
	이 익	
원 가	매 입 원 가	

3) 경쟁가격

① 경쟁이하가격(Below competitive): 시장에 경쟁사보다 저가격으로 하여 경쟁에 유리하도록 하는 가격이다.
앞에서 언급한 바와 같이 경쟁 소매업체를 파괴하기 위한 반시장적가격이하로 판매하는 행위는 법적 제제가 필요이다. 미국의 공정거래법(Fair Trade Act)은 이런 행위에 대한 처벌, 벌금, 구속 등 법적 조치를 가하고 있다.

② 경쟁승리 가격(Win competitive): 위에서 설명한 것과 마찬가지로 시장에서 경쟁자보다 싸게 가격을 결정하여 시장 선점을 하기 위한 전략이다. 물론 상대를 파괴할 가격이면 곤란하다. 그런 저의를 가지고 가격을 혼란시키는 행위는 처벌 대상이다. 월마트도 이 법에 의해 벌금으로 처벌을 받은 경우도 있다.

③ 경쟁이상 가격(Above competitive): 어떤 면에서 경쟁자보다 높은 가격정책으로 품질, 브랜드, 서비스 전략으로 경쟁하는 것이다.

3) 도매업자 가격

① 권장소비자가격(Suggested retail price): 이는 일명 수직적 가격 고수

(vertical price-fixing)라고도 하며, 제조업자 및 도매업자가 소매업자에게 재판매가(resale price)를 정해주는 조건으로 상품을 공급하는 것이다.
이는 공정거래법(fair trade laws)에 재판매가유지법(resale price maintenance laws, 1900)에 위반되는 행위이다.

3. 소매가 정책

(1) 소매가격 정책의 융통성

1) 단일가격: 가격정책을 단일화하는 가격전략이다.

2) 융통성 가격: 가격정책을 융통성 있게 함으로써 시장 사정에 맞게 가격정책을 쓰는 것이다. 예를 들면 경쟁이 심한 지역에서 가격 차별화를 융통성을 가지고 가격운영을 할 수 있다.

3) 다변가격: 다양한 가격정책을 실행함으로써 시장 사정에 맞도록 가격정책을 정하는 것이다.

4) 묶음가격: 예를 들면 항공사가 여행 티켓을 판매할 때 편도뿐 아니고 왕복표를 사도록 유도하는 전략적 가격을 활용한다. 하나만 사도 되는데 다른 상품을 끼워 판매하거나 덤으로 buy one, get one 또는 아예 번들로 묶어서 판매하는 가격을 말한다.

5) 개념판매: 일정 기간의 판매를 위하여 개념적으로 가격을 운영하는 활동이다. 예를 들면 일정 기간은 현가격을 유지하면서 다음 단계에 실질적 가격인상이나 인하 등의 요인들을 고려하여 실행하는 것이다.

6) 단수가격: 예를 들어 100원 대신 99원으로 끝자리를 단수로 끝나게 하여 값이 싼 것으로 인식하게 한다.

7) 단위가격: 용량이나 중량, 수량 등의 단위로 거래되는 품목에 대하여 단위당 정해 놓은 가격이다.

8) 가격선: 소매업자가 상품분류 내에서 미리 결정한 판매가격 점의 한정된 수 만큼 적용한다.

9) 브리지가격: 일정가격을 실행하면서 다음 단계를 결정하기 위하여 교량처럼 연결적 고려로 실행하는 가격이다.

10) 시험가격: 시험적으로 판매하는 가격이다.

11) 선도가격: 어떤 상품은 정상가격보다 저가격으로 고객의 쇼핑을 증가시키기 위한 가격정책이다.

12) Everyday Low Pricing(EDLP): 경쟁을 위한 치열한 디스카운트 판매가격을 말하며, 매일 저가격-everyday low price라고 하는 것을 강조하는 전략적 가격이다.

이에 대한 5가지 이점은 다음과 같으며, 예를 들면 월마트, 케이마트, 타깃, 홈 디포, 오피스 디포, 토이 저러스 등에서 실시한다.

① 가격전쟁(Price war)을 축소한다.
② 광고를 축소한다.
③ 고객 서비스를 개선한다.
④ 재고축소와 재고관리를 개선한다.
⑤ 이익·마진을 증대한다.

13) High-Low Pricing: EDLP와 같을 전략적인 가격으로 경쟁에서 필요시에 가격을 내리고 즉, 세일하고 또한 정상적 가격으로 환원하는 전략적 영업방식의 가격이며, 주로 패션전문점이나 백화점에서 이용하는 것이다.

5가지 강점은 다음과 같다.

① 동일 상품을 다양한 시장에 어필한다.
② 고객을 기분 좋게 한다.
③ 상품의 순환이 빠르다.
④ 품질 및 서비스를 강화한다.
⑤ EDLP는 자본이 많이 소요되기 때문에 모든 소매업체에는 어렵다.

14) 준거가격: 정상적인 가격(regular price)과 세일가격을 비교하는 경우가 있을 것이다. 또 다른 말로 표현하면 비교가격(comparative price)이라고 한다. 또한 벤치마킹할 때 비교하는 경우에도 이용할 수 있다.

15) 가격매칭: 고객의 수요에 부응하기 위한 가격으로 흔히 납품가격 입찰 시에 내정가격을 적용하여 결정하는 것이다.

(2) 소매가 조정

1) 조정의 유형

① 할인 조정가격(Discount Adjustments)

② 가격인상 조정가격(Markup Adjustments)

③ 가격인하 조정가격(Markdown Adjustments)

2) 가격인하 이유·원인

① 구매관련 이유(Buying-related causes): 바이어가 상품구입 시 시기, 양, 적정한 품목, 결점 등에서 발생하는 실수이다. 이런 경우 바이어는 가격인하를 고려할 필요가 있다.

② 상품구성의 실수(Assortment errors)

③ 지원의 실수(Support errors)

④ 시간의 실수(Timing errors)

⑤ 품질의 실수(Quality errors)

⑥ Vendor의 실수(Vendors errors)

⑦ 판매관련 원인(Selling-related causes): 판매원의 훈련과 태도는 가격인하 요인에 커다란 영향을 준다. 컬러, 스타일, 적정량 등이 기대에 못 미치는 상품을 고객이 쇼핑하여 반품한 것은 고객응대에 실패한 것이며, 이것에 대하여 주지시켜야 한다.

⑧ 가격의 실수(Pricing errors): 바이어가 고객이 구매할 것으로 판단하여 가격을 너무 높이 책정한 실수이다.

⑨ 판매증진(Sales stimulation)

⑩ 경쟁상대 간(Competitive party)

⑪ 판매정책(Selling policies)

⑫ 운영관련 이유(Operation-related causes)

⑬ 시장변화(Market shifts)

⑭ 투매상품(Distressed merchandise): 다양한 실수로 인하여 손실을 감수하고 파격적 가격으로 판매하는 상품이다.

3) 가격인하 시기

① 조기 가격인하(Early markdowns): 판매가격을 조기에 신속하게 마크다운 하는 것이다.

② 지연 가격인하(Late markdowns): 판매가격을 시간이 지난 후에 마크다운하는 것이다.

4) 가격인하 폭의 크기와 규모

사전에 마크다운의 규모를 어느 정도로 할 것인가를 결정해야 한다.

5) 가격인하의 형식

① 세일(Sales)

② 쿠폰(Coupons)

③ 프리미엄(Premiums)

④ 특별구매(Special purchases)

⑤ 가격선(Price lines)

6) 가격인하의 통제

마크다운에 대한 통제가 항상 필요하며, 이는 가격결정에 매우 중요하다.

7) 가격인하의 역할

① 영구 마크다운(Permanent markdown): 재고관리를 위한 마크다운이며, 고객과 상인 간에 상품가치의 하락을 반영하기 위한 것이다.

② 일시적 가격인하(Temporary markdown): 세일 프로모션과 재무적 관리를 위한 마크다운은 정상적인 가격보다 고객이 상품쇼핑을 동기부여 하도록 하는 특별기간을 위한 임시 마크다운이다.

8) 가격인하 정책

① 마크다운의 시기(Timing of markdown): 마크다운의 시기를 2가지의 일반적인 계획으로 계절별로 세일할 때와 세일 시작하기 전에 마크다운 한다. 또한 상품을 정리할 때도 마크다운 한다(세일을 자주하지 않는 경우).

② 가격인하의 폭(Amount of markdown): 마크다운의 양에 대하여 특별한 원칙은 없다. 점포는 상품세일이나 이익과 경비를 커버할 수 있도록 필요한 품목의 양을 결정할 수 있다.

9) 약탈가격

상대를 쓰러트리기 위한 가격이다. 즉, 미국은 이런 경우 법에 처벌을 받는다. FTA(Fair Trade Act) 공정거래법은 사업자 간에 공정한 거래를 위한 법이다. 특히 대규모기업과 소규모기업 간의 불공정 거래행위가 적용된다.

제3절 ▮ 체인스토어 가격정책

1. 기업의 가격구조

(1) 가격결정 기본

위에서 지적한 바와 같이 개개의 상품가격을 결정하는 것은 기본적이고 본질적으로 복잡한 문제를 가지고 있다. 현실적으로 이상적인 가격결정은 매우 복잡한 문제를 안고 있다.

특히 소매단계에 있어서 가격은 하나하나의 상품의 가격을 나타내고 있는 것이다. 이는 품목구성이나 상품구성에 대한 가격구조의 측면에서 중요한 의미를 가지고 있다.

오늘날과 같이 경쟁이 치열한 상태에서 가격이 높으면 고객들은 매우 민감하게 반응하여 가격이 낮은 점포로 가게 되는 현상이 나타나고 있다. 고객의 입장에서 가격을 비교하면서 상품을 선택하게 된다.

특히, 한국의 소매업계는 치열한 경쟁을 하고 있다. 소위 대형마트, 복합쇼핑몰 등의 한국식 할인점들이 전국에 산재하여 치열한 가격경쟁을 하고 있다. 촘촘히 들어선 할인점들 간에 고객은 가격을 비교하며 점포를 선택하게 되는 것이다. 좀 더 구체적으로 지적한다면 기업이 취급하는 개개의 상품계열이란 것이 고객의 상품선택을 결정하는 요소가 된다. 따라서 가격은 기업 전체의 구조적인 문제인 것이다. 어떤 점포는 야채가 싸고 어떤 점포는 육류가 싸다는 것을 고객들은 이미 비교하여 인식하고 있는 것이다.

(2) 가격의 밸런스

이러한 상품계열(Merchancise line)은 가격구조 면에서 유기적이고 계획적으로 균형이 유지되어야 한다.

고객이 여러 가지 선택할 수 있는 품목(item)들로 구성하는 것이 중요하다. 또한 품질도 높을수록 가격은 높아지게 된다. 고객의 입장에서 구매할 품목이 부족하다면 그 점포를 선택하지 않을 것이다. 결국 머천다이징은 상품계열을 총체적으로 높이는 상품력을 강화하는 것이다.

품목구성이 잡다하고 복잡하면 이상적인 가격구조는 불가능하게 된다.

가격구조는 결과적으로 가격계층 구조라고 할 수 있다. 예를 들면 1,000원이 평균가격 또는 중심가격의 상품계열을 설정하였다면 고객은 다종다양한 것에서 1,000원의 수준에 있는 품목을 선택할 것이다.

그러나 가격계층 별로 보면 800원, 500원의 계층도 있기 때문에 그 중에서 선택할 수도 있을 것이다. 이런 경우를 위하여 단수가격(odd price)제도를 채택하여 995원, 795원, 495원의 여러 가지 가격설정을 하여 자기가 원하는 수준에 가격을 제시하여 고객의 선택을 쉽게 하고 도와주는 역할을 할 수 있다.

그러므로 머천다이징은 가격선 설정정책(price line)과 가격대 설정정책(price zone)이 소매업에서 매우 중요한 요인인 것이다. 가격선 설정은 각각의 동종 품목을 단순한 원가가산방식(cost line)을 활용하여 결정한 것이다. 이는 고객이 선호하여 선택하는 품목의 가격선을 파악하여 그 인기도를 알아낼 수 있다. 그러므로 정책적인 결정을 할 수 있는 근거가 될 수 있다.

가격대 설정은 500원, 800원, 1,000원의 범위를 가격대를 파악하여 전체 가운데 명확한 결정을 할 수 있는 방법이 되는 것이다.

우리나라 할인점의 1층은 주로 식품잡화 매장이며, 가격대가 적당하게 구성되어 있다. 제조기업의 식품과 잡화상품은 이미 가격대가 적절하게 되어 있기 때문에 그런 것이다. 그러나 2층 비식품 매장은 완전히 혼잡한 상태의 상품구성과 특히 가격구성이 전혀 할인점 수준이 아니다.

예를 들면 남성정장을 35만원에 취급하고 있다. 왜냐하면 메이커가 수수료 매장으로 들어 왔기 때문에 그렇다. 할인점으로써 가격구성인 가격대가 1층 매장하고 맞지 않으며 할인점 콘셉트에도 맞지 않는다. 이유는 백화점과 디스카운트 스토어의 가격 차이가 크다는 것이다.

월마트나 타깃의 남성 정장은 100불 이하이다. 또한 디스카운트 스토어 매장 내에 상품구성이나 가격구성은 가격대와 레인지가 균등하다는 것이다.

왜냐하면 대중고객을 상대하기 때문에 고객이 원하는 가격대와 가격라인, 상품구성과 품목구성을 한 것이다.

바로 이런 것이 미국과 우리 소매업태 간의 비교할 수 없는 차이라는 것이다. 과거 우리나라의 할인점은 디스카운트 스토어의 성질을 가지지 못하였으며, 오히려 점포 외형도 백화점을 모방하고 머천다이징도 백화점식으로 하였다. 유명 메이커에 수수료 매장을 임대하는 등 상품구성의 원리는 무시되었던 것이다.

그러나 최근에는 과거 한때의 이러한 경향들이 모두 사라지고 있는 추세이며, 선진 유통기업들을 벤치마킹하며, 우리만의 독특한 유통구조 확립에 매진하고 있다.

가격선과 가격대는 할인점이나 백화점, 전문점에서 관심을 가지고 가격결정 정책에 활용해야 할 것이다. 즉, 가격구조 결정의 기초가 되는 것이다. 고객은 다양한 선택을 정확하게 요구하고 있기 때문에 이에 대한 상품체계를 구축하여 가격구조 면에서 총체적인 머천다이징 연구가 필요하다.

가격구조의 중심—평균가격선은 그 점포의 얼굴과 같다. 즉, 상품계열의 얼굴이며, 횡적인 균형을 유지해야 한다. 예를 들면 예민한 반응을 보이는 품목가격에 야채는 저가로 육류는 고가로 중심가격을 적용하여 고객에게 적합한 구매를 유도하는 것도 전략적인 가격운영의 원칙이다.

가격수준은 전 상품계열에서 고가와 저가의 품목에 대한 통일된 표준화가 필요하다.

2. 체인스토어 통일가격정책

(1) 체인스토어 통일가격정책

체인스토어 경영의 원칙은 동일 품목의 가격을 전 지역에 통일하는 것이다. 하지만 지역별 경쟁조건이 다른 상태의 전 점포에 동일 상품의 가격으로 판매하는 것은 어떤 면에서 문제점이 있다.

이런 경우 두 가지의 고려 사항이 있다. 그 하나는 체인에서 동일 품목의 가격은 전 점에서 동일해야 한다는 것과 다른 하나는 수요의 수준이나 경쟁환경이 다른 경우 어떻게 동일 가격으로 판매할 수 있는가 하는 것이다.

이것은 지역별 수요에 대한 격차를 어떻게 대응할 것인가의 문제이며, 궁극적으로는 품목구성(가격구조)을 전 점포가 공동 취급하는 상품을 다수 설정하는 것이 체인스토어 경영원칙에 부합하는 것이다. 따라서 가격구조에 있어서 동일한 상품구성, 상품계열을 유지하는 것이 필요하다.

(2) 전점 통일가격 대처 방법

① 특히 과잉경쟁 품목은 상품구성에서 제외하고 전 점 통일가격의 적용이 가능한 품목을 취급한다.

② 과잉경쟁 품목은 통일가격 제도에서 제외하여 각 점에서 임의 가격설정을 하여 우량 고수익 상품을 설정하고 개발한다.

③ 프라이빗 브랜드 상품을 적극적으로 개발 육성한다.

④ 전 점포 통일가격 제도는 본부의 승인을 조건으로 하여 각 점포의 자유가격을 결정한다. 본부와 체인점 전체가 품목의 규정 수익률을 유지하도록 한다.

이상의 방법을 고려해 볼 때 ①은 현실성이 부족하고 ②는 강력한 유명 메이커 제품은 우량 고수익 상품이 매우 적으며, 실제 가능성이 적은 것이다. 결국 ③과 ④ 방법을 추구하는 것이 체인운영의 판매력과 매입력의 확립에 전제가 된다.

의욕적인 체인운영은 이런 방법을 적극적으로 활용한 머천다이징이 중심과제의 하나로 생각한다. 특히 본부의 상품조달 능력이 매우 중요한 방법이며, 전반적으로 평균 규정수익률을 높이는 길을 추구해야 한다.

3. 기업 가격전략

(1) 흡수가격과 관철가격

가격경쟁에서 기업을 방위하기 위하여 전략적인 가격정책을 도입해야 한다. 체인스토어 본부는 집중구매력을 통하여 정보력을 강화하고 점포에 상품계열로서 강력한 독점상품을 공급할 수 있는 체제를 확립해야 한다.

경쟁력이 있는 품목은 치열한 경쟁에서 유리한 품목을 개발하는 것이다. 즉, 상품의 특색과 개성이 강하고 설계와 기능 면에서 혁신적인 상품을 확보하는 것이 필요하다.

시장 독점상품은 대대적인 광고선전을 하는 것이 필요하고 이는 소매업 개발상품(Private brand)은 소매업체와 제조업 간에 복합적으로 만드는 상품을 조건으로 한다. 제조업 브랜드는 내셔널 브랜드(전국적 인기 상품)와 로컬 브랜드(지역적 인기 상품)가 있다.

유통업 개발 브랜드인 프라이빗 브랜드는 오리지널 브랜드(소매점이나 도매업자가 개발한 소매업의 로고를 붙인 브랜드)와 스토어 브랜드(소매업자와 제조업자가 공동 개발하여 제조자 브랜드에 겸하여 소매점의 로고를 붙이는 브랜드)로 나눌 수 있다.

PB를 개발하기 위하여 소매업체의 대량판매가 가능한 품목이어여야 하며, 스토어 브랜드는 소규모 제조업체의 단위 생산량이 가능한 판매력을 확보해야 한다.

예를 들면 브랜드의 유형

(1) 제조업자 브랜드 ① 전국적 인기 브랜드(National Brand)
② 비인기 브랜드(Local Brand)
(2) 소매업자 브랜드 ① 소매점 개발 브랜드(Private Brand)
② 소매점 표시 브랜드(Store Brand)

고객의 상대적인 평가가치를 높일 수 있는 것이며, 평가가치가 높은 가운데 저가격으로 더욱 높은 이율의 이익을 확보할 수 있는 것이다. 이를 흡수가격(skim pricing)이라고 한다. 즉, 많은 제조단계의 비용과 물류비용을 절감하여 이익을 높일 수 있는 전략이다. 흡수가격 정책은 연구개발(R&D)이 강한 제조업자가 신제품 개발을 통하여 성공할 수 있는 정책이다.

이는 제조업적인 감각의 머천다이징을 구축한 소매업체 특히, 체인스토어의 경우에 가능한 것이다.

흡수가격 정책의 반대로 새로 도입한 강력한 상품을 최초의 저가격으로 체인스토어에서 판매하는 것이며, 여러 지역에서 가격면에서 독점을 시도하는 것이다. 즉, 동종의 품목을 도입하여 가격에서 높은 시장점유율을 유지하는 것이다.

이는 제조업체가 시장을 침투하고 지배하기 위하여 개발하며 시장 점령을 위한 희생을 감안한 관철가격정책(penetration pricing)이라고 한다. 체인스토어는 이러한 두 가지 가격 정책은 유력한 대량판매력을 가진 체인스토어에서 실행할 수 있는 정책이다.

(2) 계절차별가격과 품목차별가격

1) 계절적 차별

계절차별가격은 계절상품을 대상으로 성수기 또는 최성수기에 수요변동으로 인해 가격 격차가 심하게 나타난다. 예를 들면 야채와 과일은 생산 및 출하 성수기에는 홍수 출하로 가격이 오히려 하락하게 된다. 그러나 비수기에는 생산이 부족하여 가격은 급등하게 된다.

예를 들면 곡물(쌀, 밀, 콩, 옥수수 등), 커피원두, 원당 등은 특히 비수기에 가격이 폭등한다. 특히 농산물은 기후와 계절에 따라 흉작으로 인하여 가격의 격차는 더욱 심하게 나타난다. 육류(소고기, 돼지고기, 닭 등) 또한 두 수의 과다와 과소에 의하여 가격의 격차를 나타낸다. 따라서 축산업자도 육류 소비 계절에 맞추어 사육 및 출하 두 수를 조절하여 가격 변동에 대비한다.

2) 상황적 차별

수출과 수입 상황에 따라 국내 가격은 영향을 받는다. 특히 환율에 의한 변동도 가격에 큰 영향을 준다.

특히, 우리나라에서 생산되지 않는 농축산물과 해산물은 해외생산 및 수입상황, 해외 노조분쟁과 파업, 전쟁 등으로 수송이 불가능할 경우에 가격이 급등하거나 변동을 일으키는 것이다. 계절별 생산의 차이에 영향을 받는 상품은 단계적 가격 변경 정책을 통하여 계절차별가격 정책이 필요하게 된다.

패션상품의 경우는 수요에 따라 당초 설정한 가격은 유행의 변화와 계절수요의 변동으로 차별가격정책이 필요하다. 패션 유행상품은 최초 단계의 가격은 고가격으로 판매하게 된다. 그러나 계절이 변하면서 가격은 하락하거나 철수하게 된다. 물론 세계적인 브랜드(world brand)와 같은 유명 브랜드는 전혀 다른 현상이 나타날 수 있다.

이런 경우는 품목차별 가격정책을 결정할 수 있다. 이미 유명 메이커들은 강력한 가격통제를 하는 경우가 통상적이다. 가격평가와 가격결정은 이러한 여러 가지 계절적, 수요적, 유행의 차별에 따라 고객의 가격선을 평가하거나 감안하여 결정할 수 있다.

또한 기업의 원가보장 라인, 경비보장 라인, 이익보장 라인 등은 가격결정에 중요한 것이다. 가격의 결정은 원가와 비용, 이익을 감안하지만 체인스토어는 이성적 판단을 통하여 원가 계산식을 연구하지 않으면 안 될 것이다. 결국 상품의 가격은 고객이 평가하는 것이다.

(3) 체인경영의 이점

위에서 설명한 바와 같이 계절차별가격과 품목차별가격 정책을 단독점포 경영에 적용하는 것에는 한계성이 있다.

그러나 점포를 분산한 체인스토어 경영의 가격통일 방식은 다른 소매업태와 가격을 차별화하는 데에는 매우 효과적일 수 있다.

체인스토어 경영의 이점은 지역수요의 변동이나 격차에 대응하는 상품이동이다. 상품의 이동에는 이동에 따른 물류비용이 원가상승을 가져오며, 지역에 따라 원가의 차이도 있을 수 있다.

따라서 Mass Lot로 Low Cost의 가능성과 매입 상품을 지역차별가격 정책에 따라 지연이나 채화로 인하여 적기에 판매에 적합하도록 지속적인 공급이 가능해야 하는 것이다.

전 점포 통일가격 방법은 근본적으로 상반된 것에 대한 문제의 극복이며, 적절하게 실시하지 못할 때 고객은 해당 체인을 신뢰하지 못할 것이다. 소매업체는 수요와 공급의 균형을 유지하고 개 상품의 가격을 마음대로 조작하여 고객에게 불이익을 주어서도 안 된다.

체인스토어가 전국적으로 산재되어 있을 경우 지역별 가격 차이가 있을 때 어떤 지역에서는 폭리를 취할 우려도 있지만 모든 체인점에 통일된 가격으로 어느 지역이나 동일한 가격의 이점을 누릴 수 있도록 서비스를 제공함으로써 고객으로부터 진실한 신뢰를 얻을 수 있는 것이 체인경영의 이점이다.

이를 위해서는 의류, 잡화 및 기타 노브랜드 식품 등을 개발하여 상호차별화가 가능한 상품을 개발하는 머천다이징 테크닉과 연구가 필요하다.

(4) 가격정책에 영향을 주는 요인

대형점포 혹은 소형점 구분 없이 소매점은 생존 가능한 이익 폭이 필요하다. 즉, 가격은 바로 이익이 계산된 총원가와 이익을 합한 것을 결정하는 것이다. 가격에 영향을 주는 요인은 다음과 같다.

1) 점포 이미지(Store Image)

매우 높은 품위와 인기를 가진 점포들(신세계, 롯데, 현대백화점 등의 고급 백화점 또는 월마트, 이마트, 롯데마트, 홈플러스 등의 디스카운트 스토어, 베스트 바이와 오피스 디포 등 카테고리 킬러)은 고객들이 선호하도록 나름대로 점포 디자인과 인태리어와 상품구성을 구비하여 놓고 고객에게 점포 분위기 이미지를 제시하고 있다.

일반적으로 점포 이미지를 만드는 것은 비용과 원가가 소요된다. 즉, 고급인력, 장비와 기구 및 설비, 장식과 인테리어 등은 비용을 지불해야 한다.

2) 서비스(Service)

수선 및 A/S, 우수고객 우대, 마일리지 제도, 휴식 공간 등의 수준있는 서비스는 비용과 원가의 상승을 가져온다. 신세계, 롯데, 현대백화점과 같은 점포는 고객들이 원하는 추가 서비스와 프리미엄을 기반으로 매우 높은 수준의 성공적인 운영을 하고 있다.

예를 들면 디스카운트 스토어, 창고형 점포, 카테고리 킬러와 슈퍼센터와 같이 저가격지향 점포들은 위와 같은 추가 서비스를 생략하고 가격을 대폭 인하하여 저가격으로 제공한다.

3) 편의성(Convenience)

소형점은 대형점에 비하여 비용절감 차원에서 경쟁력이 떨어질 수밖에 없기 때문에 고객이 만족할 수 있는 다양한 편의를 제공해야 한다. 그러나 편의를 많이 제공하면 원가가 증가되는 것이다.

4) 경쟁(Competition)

가격에 가장 중요한 영향을 주는 것은 경쟁에 대한 압력이다. 프리미엄 고객은 추가되는 서비스, 이미지, 편의성에 비용을 지불하게 되는 것인 만큼 비용의 추가도 경쟁을 해야 하는 점포의 입장에서는 한계가 있다.

모든 소매점은 가격에 영향을 주는 것부터 경쟁자보다 더욱 더 가격을 싸게 해야 하는 매우 주의 깊은 운영의 평행선을 유지하지 않으면 안 된다. 고객에게 가격을 비싸게 하는 것도 경쟁점이 있기 때문에 한계가 있고 가격을 아주 대폭적으로 싸게 하는 것도 한계점이 있으므로 경쟁력이 있는 가격을 유지하는 것은 매우 어려운 문제인 것이다.

5) PL(Private Labels)

경쟁가격의 문제를 해결하는 방법은 비교될 수 없는 유일한 상품을 취급하는 것이다. 경쟁자와 비교하여 차별화하는 것은 PL상품을 점포에서 판매하는 것이다.

다른 경쟁점에서 취급하지 않는 PL상품을 판매하는 것은 고객들이 동일 상품의 가격을 비교할 수 없는 것이므로 그 가격은 싸게 할 수 있고 혹은 비싸게 할 수 있다.

6) 상품 특성(Merchandise Characteristics)

가격정책을 유리하게 결정할 수 있는 특색이나 특징이 있는 상품을 취급하는 것이다. 예를 들면 매우 높은 위험 상품은 충분한 마크업을 할 수 있고 기타 손해를 보완하는 마크업을 할 수 있다. 패션상품, 선도상품과 계절상품은 이러한 위험요소를 따라 가격이 폭락할 수 있다.

섬세한 귀중품은 특별보관 비용이 필요하며, 가구와 같이 부피상품은 매장 넓이에 따르는 비용이 필요하고 고가의 남성 정장은 높은 임금을 지불하는 전문 판매원이 요구된다. 상품의 특징에 따라서 추가 비용이 들어가는 것은 결국 가격에 추가 마크업하는 것이 필요하게 된다.

7) 촉진 비용(Promotional Costs)

광고와 판매촉진은 매우 비싸고 그 비용을 커버하기 위하여 마크업을 충분히 해야 한다. 물론 과다한 광고를 한 상품이 더욱 비싸다는 뜻은 아니다. 광고를 자주하는 대형점은 가격을 낮출 수 있는 신속한 회전에 의하여 효과를 발휘할 수 있다. 그러나 마크업을 해야 하는 프로모션 비용은 마음속에 생각을 하게 될 것이다.

8) 선도와 유인가격(Leaders and Loss Leaders)

전 매장에서 어떤 특별한 상품은 거의 원가에 가깝거나 원가 이하로 판매하는 경우가 있다. 특히, 미국의 슈퍼마켓은 계란을 로스 리더(loss leader)로 이용하여 원가 이하 혹은 원가로 고객이 많은 토요일과 일요일에 판매함으로써 고객의 마음속에 전 매장의 가격이 싸다고 느끼게 하는 것이다.

9) 할인가격 운영(Discount Operations)

디스카운트 운영은 가격경쟁 중의 하나인 것이다. 이 방식은 최소 서비스, 간단한 장비와 시설, 고가 라벨의 상품이 아닌 것을 제공한다.

저가격의 정상적인 마크업으로 보다 신속한 재고 회전을 하는 것이다. 바이어는 많이 알려지지 않은 상품 브랜드를 탐색하여 대량구매로 원가를 대폭 인하하여 고객에게 서비스를 제공하는 것이다.

예를 들면 월마트도 EDLP 정책을 이용하여 고객을 유인하고 있다. 매일 몇 개의 품목을 정하여 파격적인 가격으로 판매하여 고객은 실제로 매일 저가격으로 판매하는 것으로 생각하게 한다.

4. 가격세분화

(1) 시장세분화와 가격세분화

1) 시장세분화

시장세분화는 목표시장의 목표고객의 세분화, 이에 따라서 상품품목 구성과 세분화를 해야 한다. 불특정 다수의 전 고객을 상대하여 상품구성이나 세분화는 할 수 없는 것이다.

고객을 세분화해야 상품구성 세분화, 가격세분화를 할 수 있다. 매가의 세분화 결정도 시장세분화를 해야 가격세분화를 할 수 있는 것이다.

또한 가격대와 가격점(Price point)은 가격세분화에서 매우 중요한 것이다. 왜냐하면 가격대는 가격정책에서 가격의 범위를 정한 것이며, 그 가격범위 내에 가격점(Price point)이 있는 것이다. 이론상 가격점은 가격대 범위 내에 가격구성을 하고 있는 것이다.

즉, 이러한 가격구성 결정은 가격세분화의 요소인 것이다. 이러한 가격세분화는 곧 시장세분화에 영향으로 결정되는 것이며, 이는 또한 고객세분화의 기반 위에서 결정할 수 있는 것이다.

이러한 가격선인 판매가가 싸다, 비싸다는 동종 상품의 가격을 비교·분석하여 구매결정을 하는 것이다.

2) 시장세분화 판매정책

시장세분화는 명확한 목표를 결정해야 한다. 시장세분화가 결정되면 가격세분화를 확정할 수 있고 이 결정에 따라 고객은 구매를 결정하며, 소매업체는 상품판매를 통해 목표한 매출액을 달성할 수 있게 된다.

가격대는 상품품종에 대한 소매가의 상한과 하한 간의 매가 범위이다. 판매정책의 중요한 결정 요인은 다음과 같다.

① 가격선(Price line)의 수준(비싸다, 싸다)
② 가격대(Price zone)의 넓이(좁고, 넓다)
③ 가격범위(Price range)의 규모(크다, 적다)

(2) 매가와 품질수준

1) 상품가격

상품가격에는 판매가격이라는 것이 있다. 또한 소매판매가격의 약자로 매가(賣價)라고 한다. 즉, 상품을 판매하는 소매가격을 말한다. 고객은 바로 이러한 매가가 저가, 싸다, 고가, 비싸다 하는 것으로 점포의 대한 인식이 달라지며, 또한 상품의 품질에 대한 가치 기준 및 비교·분석의 기준으로도 사용된다.

2) 품질과 가격

① 대중가(Popular price): 최저 대중가(Lower Popular Price)는 도시 근로자, 서민이 부담없이 살 수 있는 가격이다. 중간 대중가(Middle Popular Price)는 도시 근로자 중에 중간 소득자가 살 수 있는 가격이다. 상급 대중가(Upper Popular Price)는 일반적으로 중상류층의 직장 근로자들이 구매할 수 있는 가격이다.

② 적정가, 중저가(Moderate price): 중산층 이상의 생활수준을 영위하고 있는 소득층이 구매할 수 있는 가격이다.

③ 상중가(Better price): 중산층 중에서 소득이 높은 고객층이 구매할 수 있는 유명패션, 브랜드가 있는 상품의 가격이다.

④ 고가, 고급품·하이패션 상품가(Best price): 고소득 고객들의 고급 브랜드, 하이패션 등 고급상품의 가격이다.

(3) 특판세일

1) 특판세일의 종류

소매업에서 전년도 보다 매출이 떨어지거나 줄어들면 특판세일을 하는 사례를 많이 본다. 특판세일은 글자 그대로 특별히 가격을 인하하여 판매(Sale)를 하는 것이다. 영어로 Special이라는 의미이다.

① 특별 디스카운트(Special discount)
② 특별 연출세일(Special presentation)
③ 특별 판촉세일(Special promotion)

2) 특판세일의 노하우

① 사전에 종업원에게 특판세일 행사에 대하여 교육
② 특판세일의 진열위치와 전시기획 표준 사양에 의한 매입
③ 광고 활동과 점내 판매촉진 활동 계획(Sales Promotion planning)
④ 목적에 적합한 광고 매체, 범위의 한정이 필요

memo

매입관리

개 요

① 소매업은 상품을 매입하여 재판매하는 역할을 하는 것으로 매입기능과 역할은 매우 중요한 관리체계이므로 매입관리에 대한 기본적인 의미를 설명한다.

② 매입에서 중요한 거래방법의 원칙을 확립하며, 거래조건의 중요성, 판촉 서비스와 반품과 검품 방법을 설명한다.

③ 거래계약은 바이어의 매우 중요한 임무로서 거래계약에 대한 세부적 조항과 전문을 세밀하게 검토 확인하여 계약하는 방법을 설명한다.

목 표

① 바이어는 매입기능과 책임을 완수하기 위하여 매입의 의미, 거래방법의 원칙을 숙지하여야 하며, 이를 위해 교육훈련을 통한 학습의 목표가 중요하다.

② 바이어는 거래협약, Vendor의 결정과 매입의 책임을 완수해야 하는 것이며, 이에 대한 연구, 학습과 교육 훈련이 선행되어야 하면 현업에서의 사전 실습이 중요한 것이다.

③ 바이어는 상품의 매입 책임을 감당하기 위하여 정성적 측면과 정량적 측면을 완수해야 하는 막중한 책임을 성공적으로 달성해야 한다. 즉, 기업의 이익과 발전에 기여토록 해야 한다.

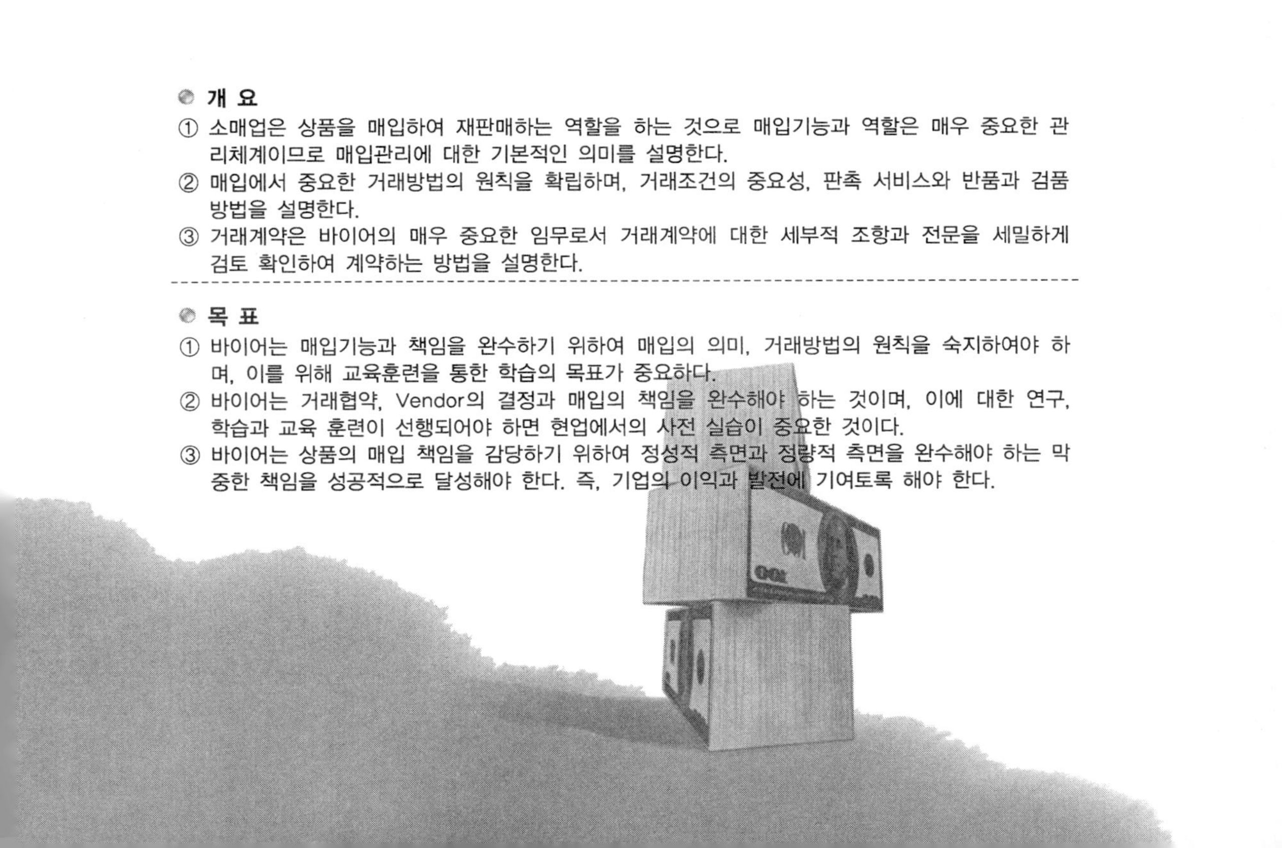

제1절 ▌매입의 기본 의미

1. 매입이란

매입이란 것은 중요한 머천다이징 기능의 하나로써 소매수준에서 판매하기 위한 상품의 도매조달이다. 적정한 시간에(at the right time) 적정한 가격으로(at right price) 적정한 양으로(in the right amount) 적정한 상품(the right product)을 매입하는 것은 성공적인 머천다이징 프로그램에 있어서 매우 필요한 요소로서 오랫동안 인식되어 왔다.

지금은 일상적인 매입을 위한 결정을 하는데 있어서 바이어의 능력을 과학적 방식과 컴퓨터 프로그램이 보조할 뿐 아니라 바이어의 역할은 체인의 머천다이징 활동에 있어서 여전히 매우 중요한 것이다.

특히 본 장에서 우리는 물류센터(distribution center)에서 대규모 매입이나 각 점포에 영향을 크게 미치는 매입과 발주활동, 바이어가 새로운 품목을 배치하기 위한 마케팅 시스템의 요구 등과 매입할인의 중요성(the importance of buying allowances)과 어떻게 이런 것들을 머천다이징 프로그램에 적용할 것인가를 연구하고자 한다.

그러나 체인스토어 경영시스템이 요구하는 철저한 준비, 충분한 조사, 세밀한 계획성을 기대하는 것이 무리라고 할 수도 있다.

이러한 당연한 형태는 그 품목을 취급할 것인가와 그 수량을 시험 판매하여 조정하고 검토할 필요도 있다. 이것은 항상 신중한 과학적 사전조사와 철저한 실험의 결과를 분석하고 계산하여 유효성과 확실성이 확인되어야 한다.

〈그림 9-1〉 매입의 의미와 업무흐름

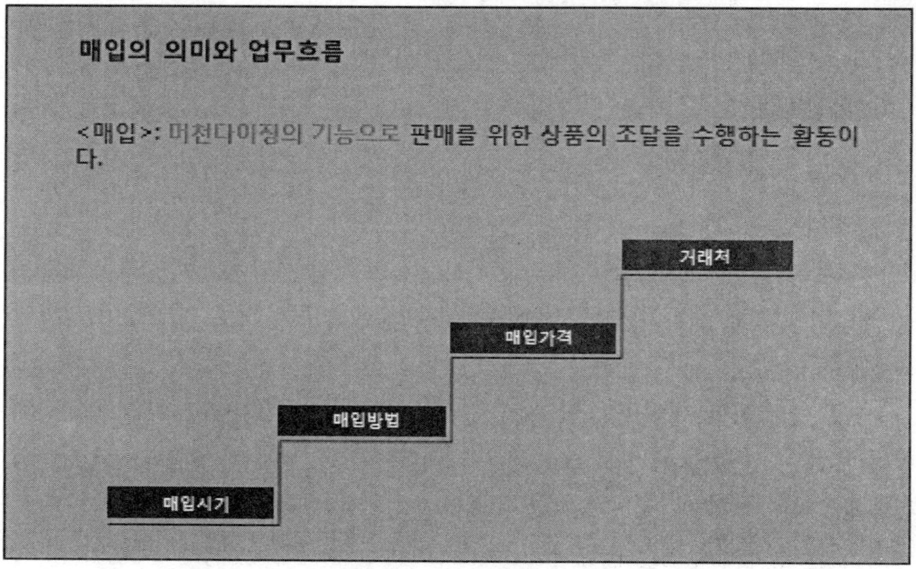

〈그림 9-2〉 매입계획의 의미와 내용

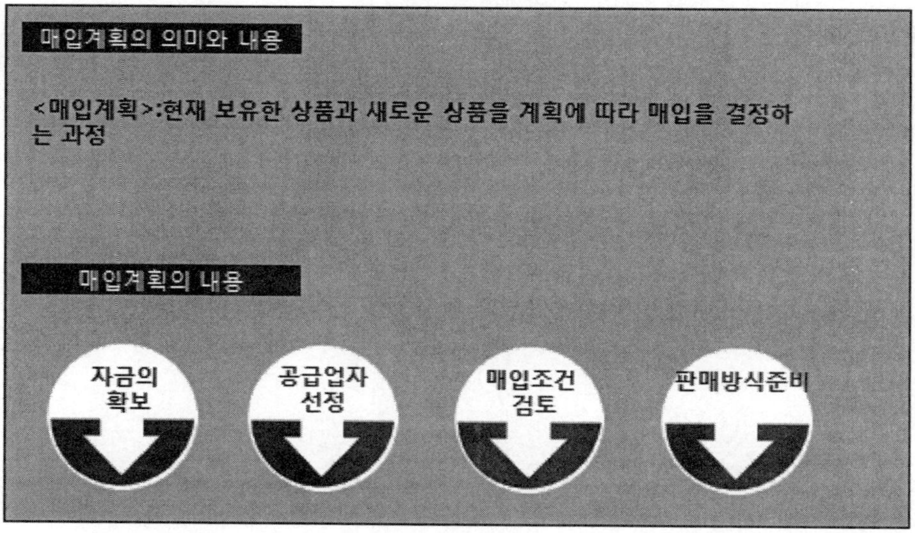

2. 제1과제는 저가격의 추구

일반적으로 소매업이나 음식서비스업의 90%는 판매가는 적정하지 않는가 ? 그러나 나머지 10%의 기업은 염가(廉價), 싼 매가는 매우 중요한 품목구성의 원칙으로 고려된다. 이것은 상업 본연의 경영원칙이다.

체인스토어 운영에 있어서도 중요한 상품정책의 근간이며, 당연한 현상이다. 보다 싼 판매가를 실현하기 위해서 더욱 싸게 매입해야 한다는 마음을 가지는 그 자체가 정상적인 노력의 방향이다.

그러므로 싸게 매입하려고 하는 것은 이를 위한 조건을 만들어야 한다는 의미도 된다. 그 조건을 만들기 위해서는 여러 가지 수단이 있으며, 그 하나하나는 대단한 노력과 방법이 필요하다.

그러나 유통업계의 유능한 바이어들이 하는 말은 실제 현장에서 싸게 매입하는 것은 상대가 양보하든지, 가격을 깎든지 하는 것 등 결과적으로 일방적 요구 형식으로 진행하는 것이 많이 있다.

만약 해외업체와 거래를 시작한다면 이러한 거래방식은 비상식적인 것이라고 비난을 받게 된다. 체인스토어 경영방식을 지향하는 기업의 매입방법에서는 바이잉 팀을 편성하여 외국 기업에 보내 상품구매 상담을 할 때 언어소통이 원활해야 한다. 설혹 통역이 있다 하더라도 전문적이며, 소매기업에 제일 중요한 목적들을 상담할 수 있어야 한다. 그런데 현실은 그렇지 못한 것을 볼 때 마다 답답한 것을 많이 보게 된다.

상대는 거래조건의 A부분을 B로 변경하면 얼마 정도 상품가격이 인하되는지, C부문을 D로 변경하면 값을 얼마나 싸게 해주겠는가 하는 조건을 내세운다. 가치를 기대하고 최후까지 가격인하를 위하여 집념을 가지고 끈질긴 상담을 해야 한다. 추가 서비스에 대한 요청을 하고 상담을 종료하였을 때는 최저가격이 되어야 한다. 그러나 일방적으로 큰 소리만 치면서 되풀이하여 요구하기만 하면 되는 것으로 생각하는 미숙함을 드러내서도 안 된다. 가격협상을 위한 전문가적 기술이 있어야 한다.

3. 제2과제는 매입방침

기업에서 조직이란 시스템(분업조직)속에서 업무를 추진하는 것이다. 그러나 매입방법은 이익과 매출을 증대하는 방법이며, 이를 위한 행동을 어떻게 하는가를 연구해야 한다. 매입방법은 최선을 다하여 잘 매입하는 것이 잘 팔 수 있다는 간단한 원리를 실현하는 것으로 매우 어려운 과제이다.

북미와 유럽의 체인스토어 기업은 상품매입을 조직분업 프로세스에 의해 진행한다. 조직의 각 부서에서 담당하는 직무는 다음과 같다.

(1) CEO : 기업의 경영방침 결정

① 업종(주력상품)부문
② 업태유형 = Format(판매의 형태)
③ 플러스 포인트(중심가격)
④ 입지와 상권, 객층, 취급상품의 용도(상품의 기능)의 기본
⑤ 매장의 표준면적
⑥ 투자액과 기본설비
⑦ 유동자산(운전자금)과 재고
⑧ 자본의 수익성
⑨ 기업의 이미지
⑩ 구매부서(creative line)와 점포운영부(operation line)의 인원(능력의 질과 양)과 각자의 직무, 권한의 관계 등

(2) 머천다이징 매니저 : 상품매입과 판매 방식 결정

최고경영자의 경영전략 중 상품전략을 기반으로 상품대책과 판매방법의 기본, 상품정책을 결정하는 것이 상품책임자로서의 머천다이싱 매니저(Merchan- dising Manager)이다.

과거와 달리 현재 우리나라의 머천다이징 매니저도 상품정책을 결정하는 것이 비일비재하며, 전문가로 육성하는 기업이 증가하고 있다.

단순히 오래 근무한 사람이라고 하여 그 직위에 임명하지 않고 머천다이저 중에서도 문제해결과 적응력을 겸비한 인재를 임명한다. 하지만 이러한 인재를 보유

한 기업도 ㉠ 미숙한 바이어의 훈련 역할 ㉡ 사내조정 역할 정도로 활용하고 있는 것이 우리나라의 현실적인 실정이다. 머천다이징 매니저는 최고경영층의 경영 방침에 따라 상품에 관한 총괄계획 책임과 역할을 수행한다.

기업의 상품담당 부장내지 본부장은 머천다이징 매니저 역할을 한다.

머천다이징 매니저(Merchadising Manager)의 본래 직무는 상품의 정책을 결정하고 최고경영자가 지시한 영업방침에 따라서 그것을 구체화하는 것이다.

구체적으로는 머천다이저 매니저 자신이 기안하여 결정하고 구매부서 곧 크리에이티브 라인(creative line)에 속한 사람들을 상품관리 계획안에서 관리하고 수치적 결과에 대한 책임을져야 한다. 북미와 유럽의 경우에는 회사와 계약을 하여 그 보수와 직위를 결정한다.

만약에 결과가 좋지 않으면 상품정책이 나빴으므로 강등이나 감봉을 한다. 이러한 희생을 각오하고 경쟁에서 이기기 위한 상품정책을 고려, 결정, 실행, 추진한다.

▮ 표 9-1 ▮ 머천다이징 매니저가 결정할 상품정책

① 품종에 대한 매가 상한의 결정
② 가격라인의 종류와 비교와의 결정(적어도 좋다)
③ 여러 가지의 매가에 그 수량의 기준결정과 기타 사항 확인
①, ②, ③에서 자사의 상품구성 그래프의 결정
④ 자사의 상품성격을 정하는 품질과 기능의 기준 결정과 준수 및 감독

사/례/연/구

가격정책과 전략 – 9의 비밀

20,000원도 채 안되는 가격 19,900원에 모십니다!! 우리는 이런 말을 접할 때 코웃음을 친다. 실제로 홈쇼핑 채널을 보면 자주 나오는 말이다. "고작 100원 할인해주면서 뭘 대단하다고.." 하지만 이 숫자 9가 가진 힘은 실로 놀랍다. 미국의 한 식료품점 치즈코너에서 2시간마다 상품의 가격을 9단위로 끝나는 가격으로 바꾼 뒤 소비자들의 행동을 관찰하는 실험이 있었다. 그리고 그 결과는 지나가던 고객이 치즈의 가격이 9단위로 바뀌어 있을 때 51.2%가 치즈를 구매하였고 일반적으로 0으로 끝나는 가격일 때 44.1%의 고객만이 치즈를 구매하였다.

왜 우리는 알면서도 9로 끝나는 가격을 더 싸게 인식하는 것일까?

일반적으로 소비자는 가격의 끝이 9단위일 때 가격에 대한 정보를 제대로 분석하지 못하고 왜곡된 인식을 하게 된다. 예를 들자면 200,000원 짜리 코트와 199,000원 짜리 코트를 비교할 때 우리는 순간적으로 299,000원과 199,000으로 인식하는 기억의 오류가 발생하게 된다. 소비자는 가격을 볼 때 일반적으로 앞자리에 비중을 두게 되어 뒷자리는 장기적으로 기억을 하지 못하기 때문이다. 또한 가격책정은 기본적으로 홀수로 책정한다. 예를 들자면 예전에 아이스크림이 한 개에 500원인 시기가 있었다. 그리고 그다음 인상시 700원이 되었고 또 그다음엔 1000원으로 인상되었다. 소비자들은 기본적으로 홀수가 더 저렴한 가격이라고 인식하는 습성이 있기 때문이다. 이를 '홀수가격이론(Odd Price Theory)라고 한다.

제2절 ▌거래방법의 원칙

1. 거래조건의 중요성

거래조건은 원가를 좌우하는 근본적인 요소이다. 거래를 위하여 공급자와 구매자 간의 조건 중에서 제일 중요한 것은 가격의 원가구조의 내용이다. 거래가격은 원래 여러 가지 거래조건을 설정하여 총합적으로 결론을 내린다. 처음에 원가를 물어보고 그 다음 그 원가가 적절하다고 생각되면 거래절차를 협의하게 된다.

바이어와 공급자 간에 거래를 시작하기 위하여 협의를 시작하면 Vendor 혹은 공급자에게 공급원가를 확인하게 된다. 거래의 제반 조건의 일부분은 거래의 변경이 가능한 조건을 협의하며, 즉 가격의 변동 시에 통보하는 방법이다.

거래조건은 다음과 같이 항목을 협의할 수 있다.

1) 품목당 거래량

① 회사 전체의 1회당 거래량(생산단위 Lot)
② 연간 거래량
③ 연간 증가율
④ 납품단위(물류센터에 배송하는 경우와 각 점포별 공급하는 경우와 구분할 수 있다)

2) 전체 거래금액

① 1회당 거래금액
② 월간 거래금액
③ 계절별 또는 연간 거래금액
④ 연간 증가율

3) 지불방법

① 당좌수표 또는 약속어음
② 청산 거래일 또는 청산 지불일
③ 위탁판매의 특수조건

4) 운반방법

① 운송비 또는 포장비 부담

② 운반거리

③ 운반빈도

④ 납품시간 준수 지정

⑤ 하역

⑥ 포장단위(파렛트 또는 박스)

⑦ 운반 품질관리(운반 차종)

⑧ 하역 시 사용기구의 종류와 양

⑨ 운송편의 종류

⑩ 운송 컨테이너의 취급

5) 납기(원가와 관계 없음)

6) 회사의 리베이트 지불 조건

7) 반품의 조건

8) 판촉 서비스

이상은 원가계산의 기본적인 사항이며, 이것을 바탕으로 거래원가를 결정하게 되는 것이다. 거래협의 시에 이러한 조건을 상세하게 협의해야 하는 중요한 내용이다. 최적의 거래조건으로 각 요인의 내용을 결정하여 거래가격을 합의하고 거래결정을 해야 한다.

납품단위는 회사전체에서 가능한 구매물량을 감안하여 거래량을 정해야 하며, 전체 회사의 물량을 합하여 거래량을 정할 수 있다. 이때 운송은 본부의 물류센터로 입고시키는 것일 수 있다. 또는 점포단위 거래량을 정하여 점포로 배송할 수 있다. 발주는 본사가 전 점포 물량을 일괄하여 할 수 있고 배송은 분산하여 점포나 지역 물류센터로 배송할 수 있다.

지불방법은 사전에 협의를 잘해야 한다. 상품을 인도한 후에 일정 일자가 지난 후 당좌수표 또는 약속어음으로 결제한다. 입고와 결제 사이의 기간은 매우 중요한 것이다. 상품의 판매회전율에 따라 상품인도와 동시에 현금을 지급할 수 있으며, 상품을 인수한 후에 은행도 15일자, 30일자, 35일자 60일자 당좌수표 또는 약속어음을 지불할 수 있다. 결제방법은 다양한 방식이 있을 수 있다.

지불에 대하여 결제할 때 마다 일일이 수표나 어음으로 지불하지 않고 공급자의 은행 구좌에 입금할 수 있다. 이러한 지불방법도 거래를 시작할 때 바이어가 협의하여 결정할 수 있다. 지불방법에서 상품이 판매되는 회전율에 따라 지불하는 것은 매우 이상적인 것이다.

2. 판촉 서비스와 반품과 검품

Vendor의 기능 중에 분담할 수 있는 역할이 있다. 일반적으로 판촉 서비스를 하는 것이다. Vendor의 판매촉진 서비스의 종류는 다음과 같다.

1) 공급자가 원하는 방법으로 판촉하는 것

① 경품, 초대, 동종 상품의 무료할증 등을 통한 롯트 특매

② 고객에게 경품 제공

③ 소매점에게 경품 제공

④ 특별 진열기구 제공

⑤ 매장 현장 매출 조사

⑥ 매장 현장 상품보충작업 대행

⑦ 매장 현장 진열과 정리정돈 작업 대행

2) 내용에 따라 가부를 상호 결정하는 방법

① 판촉요원 파견

② POP 광고

3) 소매업체의 요청에 따라 공급자가 지원하는 판촉하는 방법

① 특판세일 협력 출하, 반품조건

② 지역한정 집중 매스컴 광고

③ 브랜드를 명확하게 하는 광고는 가능하면 매장에서 실시하고 광고비를 분담하며, 중점진열 장려금 지불, 브랜드 점포 광고비 지불

④ 소매점의 광고 소재와 사진, 일러스트레이션 원가 부담

⑤ 계획판매 실시 후 회사에 리베이트 지급 등

1)은 공급자인 Vendor가 고객에게 판촉하는 행사로 소매점을 이용하여 실행하는 것이다. 이때 특별히 상품을 경품으로 제공하여 고객이 그 상품을 구매하는 경우에 일정한 경품 특별행사에 참여하는 것이다. 특판세일 기간 동안 판매된 롯트에 대하여 소매업체에게 장려금이나 할증(덤으로 주는 상품)을 줄 수 있다. 소매점은 특별판촉 행사에 매장에서 특판세일 상품의 진열정리를 특별히 하는 작업을 해야 한다. 또는 Vendor가 특별판촉 진열기구를 제공할 수 있다.

2)는 소매점과 협의하여 특별 판촉요원을 지원 파견하는 것이다. 시식, 특별 진열, POP(Point of purchase)를 하는 상품에 대하여 광고를 제작하여 매장에 붙이고 상품을 설명하거나 제시하기도 한다.

3)은 소매업체가 Vendor에게 요청하는 판촉방법이다. 이는 소매점의 어떤 특별한 행사일을 기념하는 판촉을 소매점과 Vendor가 협력하여 실행하는 판촉행사이다. 이때 소매점에서 실시하는 특별판촉에 필요한 광고와 판촉을 지원한다. 소매점에도 그 실적에 대한 리베이트 또는 장려금을 지급할 수 있다.

● 법인에 대한 리베이트 계약의 조건

① 리베이트는 Vendor들이 거래기업에게 거래금액의 일정액을 환급하는 것이며, 판촉 서비스로 거래계약서에 명시한다.

② 리베이트 지불 조건은 명확하게 지불 결정에 대한 권리와 의무를 구분하여 설명한다.

③ 리베이트 조건은 쌍방에 이익이 되어야 한다. 예정되는 총이익률을 증가시키는 부분에 대하여 지불한다.

④ 점포 측이 계획에 대한 실행 목표가 달성되지 않았을 때 리베이트 금액이 변할 수 있다. 즉, 목표액을 정하여 준다.

⑤ Vendor는 리베이트를 계획이 실행된 후에 지불한다. 지불기간은 행사가 종료 후 익월에 지불한다. 또는 연간 실적을 계산하여 지불한다.

이와 같이 쌍방이 협의하여 결정할 수 있다.

리베이트에는 세 가지 유형이 있다.

첫째, 리베이트는 음성적으로 지불하는 것이다. 다른 거래처에는 모르게 한다.

둘째, 일정 구매총액의 5% 또는 10%를 디스카운트하여 송장에 표시하여 지불한다.

셋째, 프리미엄은 할증이라고 하는 것이다. 일정량 이상을 구입하면 5% 또는 10%를 추가로 지급한다.

◎ 반품의 조건

① 조건의 확정: Vendor는 반품의 조건이나 규정을 정한다.

② 전표처리: 전표처리의 단계에서 반품에 대한 처리 방법을 정한다.

③ 보관장소의 격리: 반품할 상품은 유효한 상품과 혼재해서는 안 된다.

④ 배상제도: 반품한 로스를 커버하는 처리 방법이나 규정을 정한다.

⑤ 원인의 추궁책임자: 4)의 발생 원인을 규명하고 재발을 방지한다.

⑥ 대책의 입안책임자: 5)의 사후 대책에 대한 확인을 한다.

⑦ 실시책임자

제3절 ▮ 거래계약

1. 거래계약서와 명세서

(1) 기본 거래계약서

Vendor와 매입과 조달거래 개시를 하는데 있어서 필히 성문화한 거래계약서를 작성해야 하며, 서명하고 거래를 해야 한다. 소매점이나 소매업 체인은 연간 매출액이 매우 많고 이는 일정 마진을 제하고 대부분 Vendor와 기타 공급자를 통하여 매입한 것을 재판매하는 사업을 하는 것이다. 가령 음식서비스업을 하는 사업자들도 음식에 필요한 식자재를 구입하고 요리를 하여 판매하는 것이다.

그러므로 소매업이든 음식서비스업이든 상품 거래를 성공적으로 하는 것이 기업의 미래에 성공과 실패가 달려 있는 매우 중요한 업무 중의 하나이다. 따라서 소매업에서 거래계약서를 작성하는 것은 바이어의 매우 중요한 임무이며 책임이다.

우리는 거래 시 말로서만 하다가 문제가 생기면 서로 책임을 회피하는 것을 자주 볼 수 있다. 거래하면서 상품공급 또는 결제상 문제가 발생한다면 어떻게 해야 하는지를 서로 확실하게 계약 조항에 명시한다면 문제를 해결하는데 별 문제가 없을 것이다.

왜냐하면 계약서의 약속대로 문제를 해결하면 되기 때문이다. 만약 성문화된 계약서가 없다면 서로 의견의 차이가 날 것이며, 서로 자기가 잘했고 상대편에게 잘못에 대한 책임을 전가할 수 있다.

거래계약서에는 기본적으로 명시해야 할 조항들이 들어가야 한다. 거래계약서에 주요 7개 조항을 명시해야 하며, 내용은 다음과 같은 것이다.

1) 서문

거래 당사자와 거래 내용이 명시되어야 한다. 서문이라 할 수 있다. 거래 회사의 이름과 계약의 대표자와 주소, 사업 내용 등이 명시되어야 한다.

2) 계약기간

계약기간을 명시한다. 대개 계약기간은 1년에서 5년으로 하는 것이 통례이다.

3) 공급량 납기보장

공급량, 납품기간, 공급량의 보장들을 명시해야 한다. 소매업체에서 발주하는 물량에 대한 일회 발주 단위량, 발주에서 납품기간(Lead time), 공급 물량의 확보와 공급 보장 등에 대한 약속이 명시되어야 한다.

4) 지불과 납품조건

지불과 반품의 조건으로 발주전량 거래에 대한 엄수를 명시한다. 상품을 공급하고 거래처에서 인수한 후에 현금, 수표, 어음 등의 결제 방법을 정하고 이에 추가하여 어음의 날짜와 만약 외상매입이라면 몇 일 간을 외상으로 할 것인가? 또는 불량 상품의 반품조건, 발주전량 공급 보장 등에 대하여 명시한다.

5) 계약 당사자의 책임

계약 당사자인 공급자와 구매자 간의 임무, 역할과 책임에 대한 사항, 담당자의 개인적인 역할과 책임 등에 대한 요구와 기대를 명시해야 한다.

6) 분쟁 해결방법

모든 영업상의 거래는 항상 사고와 실수가 발생할 수 있기 때문에 계약 당사자 간의 조정과 분쟁이나 실수에 대한 해결방법, 원인규명, 긴급조치와 영속적인 제도 개선 및 해결책과 손해배상에 대하여 명문화한다.

7) 손해배상

계약 당사자 간의 실수나 사고의 손해배상에 대한 사항들을 해결하는 방법의 명시이다. 손해배상은 실수나 사고의 원인을 제공한 측에서 책임을 부담한다는 사항을 명시한다.

(2) 문제의 의미와 해결

거래계약은 상호 신뢰 위에 서로 믿음과 실행을 기준으로 할 수 있어야 한다. 아무리 좋은 계약서를 작성했더라도 이를 성실하게 준수하지 않으면 이는 별 도움이 되지 않을 것이다. 현대는 계약사회라 할 수 있다. 즉, 서로 계약을 성실하게 지키고 준수하는 실천이 따라야 한다. 서로 다른 경영정책과 경영자세를 확실하게 알아야 한다. 양자는 최선을 다하여 공정하게 실행해야 하고 실천하는 관습이 되어야 한다. 계약을 성실하게 이행하기 위하여 다음과 같이 세 가지 조치가 필요하다.

첫째는 긴급처리와 영속적인 처리에 대한 구분이다. 업무가 진행되면서 처리하는 과정 중에서 여러 가지 문제가 야기될 수 있을 것이다. 그 때 상호 적극적인 협조와 협력으로 업무의 장해를 제거하거나 처리하는 조치를 신속하고 정확하게 할 수 있는 운영시스템이 되어야 한다.

또한 업무 진행 과정에서 순조롭지 못한 흐름이나 시스템 상에서 개선할 필요가 생길 것이다. 이런 경우 양측이 합심하여 개선하는 시스템 구축을 해야 할 것이다. Vendor인 공급자와 소매업자 간에 온라인 발주에서 물류의 흐름을 통합 시스템으로 동시에 운영할 수 있는 개선이 필요하다. 이는 이미 미국의 유통업계는 많은 시스템을 개발하여 운영하고 있다. 즉 ECR, On-line Order system, Category Management, Effective Replenishment System 등이 있다.

둘째는 가격, 수량, 납기, 반품 등에 대한 조정과 수정 등의 품질기준과 검사방법에 대한 조건변경 필요시에 수정 가능한 조항들을 명시해야 한다. 지속적인 상품을 공급하는 과정에서 가격의 변동, 수량의 변경, 납기의 변동, 상품의 반품 처리 등을 조정하거나 수정할 때 처리 규정이나 방법의 통일을 협력하여 해결한다. 품질기준에 대한 수준, 검사방법의 합의 기준 등을 상호 합의하여 업무를 처리하게 한다.

이상의 업무를 진행과정에서 여러 가지 비효율적인 요인들을 상호 협력하여 부드럽게 업무가 흐르도록 시스템화해야 한다.

마지막으로 쌍방은 업무를 실행하면서 도덕적 의무를 준수해야 한다는 내용을 명기해야 한다. 사업은 상호 선의의 관리를 하면서 계약을 이행하도록 하는 기본적인 정신이 기초하고 있어야 한다.

2. 명세서 발주

명세서 발주(Specification Order)는 다음과 같은 항목에 의하여 생산, 가공 지도서를 공급자에게 제공하여 소매업이 원하거나 필요한 상품을 발주하도록 하는 것이다.

거래계약서의 내용은 다음과 같은 항목을 명시해야 한다.

① 재료
② 가공지
③ 가공기구
④ 가공담당자
⑤ 가공순서
⑥ 품질기준(검사방법)
⑦ 원가(Cost)
⑧ 출하단위와 하역
⑨ 기한
⑩ 수량 등의 항목은 원가에 큰 영향을 주는 것이다.

예를 들면 ①의 재료는 원가에서 주요한 요인이다. ⑤ 가공순서는 생산과정에서 원가와 경비를 증가시킬 수 있고 또는 절감할 수 있을 것이다. 명세서 발주에서 원가에 영향을 줄 수 있는 항목을 중점적으로 고려해야 한다.

③ 가공기구의 종류는 생산능력을 좌우하는 것이며 ④ 가공담당자는 개인적인 능력을 의미한다. 5년 이상 숙련자에 해당되며, 이는 시간당 임금의 계산과 생산원가에 주요한 요소가 된다.

발주명세서에 의한 주문은 위와 같이 생산원가를 절감하고 품질은 적정하도록 상품이 생산되어야 하는 것이다.

①에서 ③은 메이커 명이나 상품번호를 지정하는 장소이며, 다른 성능상의 표현이 되는 것이다.

② 가공지는 공장의 종류를 고유명사로 지정해야 한다. ⑥은 가공을 하는 필요한 품질의 효율적인 가공수준, 품질기준과 오차허용 한계 기준 등의 정도를 정하고 검사방법을 표시해야 한다.

상품가공 생산지가 중국, 동남아 지역 등으로 이전하면서 생산 가공원가를 매우 저렴하게 하기 위하여 명세서 발주는 매우 중요할 뿐 아니라 주의해야 해야 한다. ①의 재료는 소재 및 원재료를 정하는 것이며 가령 울, 견사, 소가죽, 합성섬유 등과 같이 정할 수 있다. 바이어의 상품에 대한 품질과 재료 등의 지식과 Vendor 및 생산지역에 대한 임금이나 기술 등에 대한 지식이 중요한 것이다.

명세서 발주의 조건으로 상품을 생산하고 원가인하를 추구하는 거래를 트레이드 오프(Trade-Off)라고 한다. 명세서 발주의 실행 방향은 다음과 같이 직접적인 연구를 해야 할 정도로 주요한 요인이다.

첫째, 총이익률을 높인다.

특별히 Vendor에게 거래계약서를 통하여 발주하는 것은 기업의 총이익률을 높이기 위한 것이다. 이는 상품가공에서 물류, 소매에 이르기까지 원가를 절감하기 위한 목적이 명확한 것이다.

둘째, 저원가이다.

명세서 발주는 Vendor로 하여금 가공원가, 물류비, 인건비, 광고비 등을 절감하여 원가를 낮추기 위한 것이다. 내셔널 브랜드의 높은 가격에 비하여 원가와 매가(판매가)를 낮추어서 고객에게 공급할 수 있다는 의미를 내포하고 있다.

셋째, 저소매가격 등을 연구하여 매입을 잘하는 것이다.

매입을 잘한 상품은 매출이 잘 될 것이다. 왜냐하면 가격을 싸게 판매할 수 있기 때문이다. 장사가 잘되는 소매점은 곧 바이어가 상품을 잘 매입하기 때문이며, 체인스토어의 이익률을 높이는 것은 바이어의 역할과 책임인 것이다.

명세서 발주에서 중요한 사항은 다음과 같은 요인을 확인해야 한다.

첫째, 거래 교섭과정에서 특별한 설비가 필요할 경우의 해결 방법이다.

기존 설비의 변경이 필요하다면 이는 경영정책에 관한 것으로 최고경영자의 결정이 중요하다.

둘째, 명세서 발주의 내용은 다른 경쟁자에 대한 보안이 중요하다.

이러한 위험을 방지하기 위하여 Vendor에게 보증금을 받는 방식도 있다. 비밀보장을 위한 일련의 보증방식이 필요하다.

셋째, 시작과 시험용 테스트에 대한 비용이다.

소량의 발주로 테스트에 대한 원가를 어떻게 할 것인가 하는 것이다.

통상 Vendor가 시험용으로 몇 개 단위로 생산하고 있는가 하는 것을 알아야 한다. 제품개발에 대한 시간이 소요되며, 개발에 대한 협의를 해야 할 것이다.

넷째, 재래식 상품을 변경하는 근거를 명확히 하는 것이다.

명세서 발주는 이미 상품개발과 구성을 연구하여 최적의 상품개발과 개선을 실행할 수 있는 명확한 근거를 명시해야 한다.

다섯째, 공정수와 가공순서의 축소 또는 확대와 전환이다.

가공공정 및 단계와 가공진행 순서를 축소하고 확대하며, 공정의 전환을 통하여 원가를 대폭적으로 절감하기 위한 것이다.

여섯째, 산지공장의 전환 또는 변경으로 원가를 절감한다.

Vendor는 체인의 명세서 발주에 의하여 상품을 가공해야 한다. 이러한 역할에는 기존 산지공장의 생산시스템을 현재보다 가공공정이나 상품수집 과정의 순서와 방식을 개선하며, 이러한 획기적인 전환을 통하여 상품원가를 대폭적으로 절감하는 목적이 전제되어 실행하게 되는 것이다.

일곱째, 운반, 보관방법의 전환 또는 변경으로 원가를 절감한다.

또한 명세서 발주는 한 번 발주 단위량을 사전에 협의 및 합의한 후에 상품의 운송비와 보관비의 축소 등을 통하여 더욱 효과적으로 원가를 절감한다. 이러한 목적에는 상품공급 운영과 가공 및 운송과 보관 등의 모든 과정에서 원가 개념에 집중적으로 초점을 맞추어 경영한다는 의미가 있다.

제4절 ▌벤더의 결정

1. 벤더의 종류

Vendor라는 의미는 영어의 Vender or Vendor라고 한다. 이는 학자 간 의견의 차이가 있다. Vendor는 도매라는 본래의 의미를 나타내고 있다. 그러나 좀 더 상세히 설명한다면 소매업이나 음식서비스업의 Vendor는 재료 및 상품을 매입하여 공급하는 의미에서 도매업(Wholesaler)이라는 범위가 광범위하게 적용되면서 현재는 생산자와 상품정보업, 거래중개업 등의 기능이 첨가되어 갔다.

또한 프랜차이즈 체인이나 볼런터리 체인의 본부에 상품, 재료, 소모품, 설비 등을 판매하고 있으며, 이를 구입하는 본부의 가맹점에서는 Vendor라는 의미가 있다. 한편 Vendor의 또 다른 의미에는 자동판매기를 나타내는 Vendor가 있다. 이것은 Vending Machine의 약어이다.

오늘날 소매업 또는 유통업의 기능이 다양해지면서 소매업과 생산자의 중간에서 필요한 기능이 요구되는 것이 있다. 즉, 상품정보, 물류배송, 창고보관, 결제와 금융 등이 요구되면서 이러한 기능을 어느 측에서 해야 할 필요성이 있게 되었다.

소매와 유통은 미국에서 첨단적으로 발달되고 이에 상응하여 미국의 Vendor는 매우 다양하게 활동하고 있다. 미국은 광대한 지역의 소매업 또는 음식서비스업에서 현장과 생산자 간에 많은 역할과 기능이 요구되는 Vendor의 필요성으로 매우 다양한 Vendor의 종류가 있다.

최근에는 이를 서비스 머천다이저(Service Merchandiser)라는 말로 사용되고 있다. 예를 들면 랙 자버(Rack Jobber)라는 것은 대형종합 셀프서비스 매장의 일부분에서 머천다이징에 따라 포괄적 위탁 판매를 하고 있다.

Rack이라는 의미는 진열대라는 것이다. 상품구성에서 판매결정과 가격 표시작업, 상품발주와 보충, 상품관리를 소매점포 측은 일체하지 않고 모두 외부기업에게 의뢰하는 경우이다. 이러한 것을 랙 자버(Rack Jobber)가 대행하고 있다. 즉, 랙 자버는 도매업의 역할도 하고 동시에 점포를 운영하는 소매업도 하는 기능을 가지고 있다.

광고, 판촉과 진열 및 정리와 재고소유권은 양자 서로 협의하여 어느 쪽이 좋은지를 공동으로 정한다. 작업은 랙 자버 측이 주 1회에서 2-3회 또는 매일 지역별로 정리한다. 비 셀프서비스 점은 종업원이 매일 상주한다. 미국의 체인스토어는 슈퍼마켓에서 비식품, 의약품, 봉제도구와 재료, 자동차 소모품 등을 디스카운트스토어는 보석, 액세서리, 신발, 모자, 카메라, 시계 등의 매장을 담당하는 것이 많다. 이 같은 이유는 총이익률이 높은 것, 상품회전율이 낮은 것과 매장에서 취급하는 기술이나 관리방식이 다른 전문업체의 영역에 속한다.

Vendor의 종류는 다음과 같다.

① Supplier

② Distributor

③ Jobber

④ Broker

⑤ Residential Buyer

⑥ Converter = 상품기획하여 판매하는 공급업자

⑦ Manufacture = 공장, 제조업체

⑧ Sales Co. = 메이커 계열의 판매회사

⑨ Rack Jobber

⑩ VC and FC

우리나라에서는 Vendor의 의미가 중계업자 내지는 유통업자라는 의미로 동일하게 사용되고 있다.

2. 세 종류의 벤더

체인스토어가 주로 이용하는 Vendor의 종류가 있다.

첫째는 Residential Buyer이다. 이는 산지 혹은 집산지에 사무실을 두고 정보를 수집하며, 계약을 한 유통업자에게 상품정보와 정기적 또는 임시 주문에 의하여 거래하고 집하방법을 소개한다.

이런 경우 상품이나 재고는 두지 않고 상품 정보만을 주는 비즈니스이다. 보통 대형체인의 머천다이저를 40년 정도 근무한 사람들이 은퇴하여 하는 경우가 많다. 이들은 뉴욕 번화가의 의류와 관련된 분야에 많이 볼 수 있다. 레지덴셜 바이어는 필히 생산지 혹은 생산지를 직접 연결하는 도매지역에 있다.

예를 들면 도자기, 의류, 수산물이 대표적이며, 농산물과 특산물 등도 있다. 이들의 수입원은 기본적으로 사전계약에 의하여 회원제로 회비를 받는다. 특히 대량거래의 경우 일정 이율의 소개료가 붙는다. 주로 한정된 정보제공업이 특징이다. 하나의 상품정보 루트라 할 수 있다.

둘째는 브로커이다. 이는 하나의 중개인으로 미국의 대형체인들에게는 레지덴셜 바이어와 병행하여 중요한 거래처이다. 의뢰인에 의하여 매입하는 업무를 임시로 수행하는 독립상인이다.

수입원은 수수료 등이며, 수수료상인(Commission Merchant)인 것이다. 거래가격과 거래량, 거래방법 등은 의뢰인 체인 측의 바이어나 머천다이저가 지시하는 대로 상품을 매입하고 이동, 보증한다. 수수료는 체인이 결정한다. 체인이나 푸드서비스업의 경우 신선식품을 생산자로부터 매입하여 주는 것이 브로커인 것이다.

셋째는 자버(Jobber)이다. 이는 중소가공업자와 운반, 보관업자 등과 체인스토어의 머천다이저나 바이어에 의하여 상품의 흐름을 구성하는 거래방법이다. 상품정보업은 아니고 관련업자 소개업이다. 상품의 흐름을 구성하는 Producer업이다.

자버에는 몇 가지 유형이 있다. 그 중에 데스크 자버(Desk Jobber)는 원래 책상과 전화 한대로 영업을 하는 것이다. 오토바이이 외에 창고와 점포는 물론 연락용 승용차와 트럭도 없다. 제품을 특별하게 개발하는 것이다. 핫(Hot)한 상품을 추가 생산하게 하는 특별한 상품개발업이라 할 수 있다. 체인스토어와 메이커 및 산지와 직접 거래하는 것이다.

이는 상품집하에 의하여 체인스토어가 레지덴셜 바이어, 브로커와 자버를 이용할 수밖에 없는 특별한 거래인 것이다. 물론 원료, 재료, 소모품 등을 영세가공업자에게 집단적으로 알선하는 일도 한다. 1주일에 1만 벌 이상의 의류 혹은 계절이 지났거나 시장에서 사라진 식품이나 상품을 전국에서 2주 간 집하하여 거래하는 것이다.

머천다이저나 바이어의 능력은 이러한 3가지 유형의 Vendor를 알고 있어야 하며, 필요시에 즉시 이용할 수 있는 것이다. 즉, 미국 체인스토어의 전문바이어는 평소에 안면을 유지하고 유사시에 이용할 수 있는 능력이 있어야 한다.

3. 유통업자와 공급업자

미국의 유통업자는 집하와 운송기능을 강화한 대량도매업자이다. 금융, 일부 직접가공, 기타 가공의뢰(하청 가공), 보관, 저장(재료, 가공품과 제품) 운송 등 도매 이외의 기능을 하며, 일반적으로 단순 도매업과 구별한다. 미국의 디스트리뷰터는 그 중에서 특히 운송능력을 중시하는 새로운 상업의 형태라고 할 수 있다. 그래서 집하루트, 보유시설, 배송센터, 배송방법의 능률적 시스템, 저원가의 운송방법 등의 5가지 특별한 기술과 시설을 보유하는 것이 조건이다. 청과물의 특수 상황에 의한 산지 집하업자는 수확, 패킹, 냉장 냉동, 운반, 일련의 작업을 계획적으로 통제, 관리하는데 이들을 일명 Packer라고 한다.

산지의 집하업자는 일정한 분야의 Specialist라고 할 수 있다. 각 지역이나 점포에 배송상품(소모품도 포함)과 배분량, 점포 도착일시 등을 결정하는 것이다.

공급업자는 광의로서 도매업자이다. 지속적인 공급계약을 하는 대량 도매업자라고 할 수 있다. 실제로 메이커와 직접 거래하는 그의 전속 판매회사의 경우에는 대량으로 계속 공급하는 업자도 있다. 해당 업종의 제품이나 재료, 소모품, 비품, 설비에 이르기까지 범위가 매우 넓다. 중요한 역할은 매입 및 구매액 중의 절반을 이들 그룹이 공급한다.

4. 벤더의 결정

Vendor의 결정 원칙은 다음과 같다.

(1) 제1원칙

다른 업종의 Vendor를 조합하여 이용한다. A라는 품종은 X사와 거래하고 B라는 품종은 Y사와 거래하는 방법이다. 어떤 품종이나 상품라인도 Vendor 별로 조합하는 것이 필요하다.

(2) 제2원칙

품종에 대한 주력 거래회사를 2-3개사로 줄인다. ABC를 분석하여 A부문은 강력한 2-3개사가 납품한다. 주력 회사에 거래의 10% 이상을 하고 그 다음은 30% 이상과 최고는 매출액의 70% 이상을 거래한다. 연간 대량판매체제로 대량매입이 가능하며, 결국은 Vendor의 총판매물량의 70%를 장악한다면 대폭적으로 매입원가를 절감할 수 있을 것이다. 거래처를 집중적으로 제한하여 해당 거래처의 물량비율을 높이는 것이다. 상품분야는 상품, 재료, 설비, 소모품 등을 포함하여 생각하는 것이다.

전체 지출의 1% 경비를 절감하는 문제가 쉬운 것이 아니다. 따라서 경비의 절약과 원가의 1-2%를 절감하는 노력이 매우 중요한 것이다.

(3) 제3원칙

가격대(Price zone)가 다른 거래선을 선택한다. 이것은 품종단위로 Vendor를 결정하는 방식이다.

예를 들면 어떤 Vendor는 주력상품의 영역이 다른 회사를 선택하는 것이다. 전문용어로 설명하면 Price line은 가격선이라고 하며, 이는 단품 개별가격을 말한다. 즉, 스웨터가 3,900원이라고 하면 바로 판매가인 3,900원이 가격선이다. 경쟁력이란 것은 고객들은 단순히 경쟁업체와 가격선을 비교하게 된다. 그러나 가격대(Price zone)는 즉, 가격의 범위인 것이다.

소매점 간의 경쟁에서 전체 취급하는 상품의 가격이 최저가 300원에서 최고가 30,000원대의 상품이 주를 이룬다면 가격대는 300원에서 30,000원대의 범위의 상품을 판매하는 점포로 고객들은 인식하게 된다. 또 다른 점포는 500원에서 50,000원대의 범위의 상품을 판매하는 점포는 고객들은 점포 간의 비교로 후자의 점포는 가격이 비싸다고 인식한다는 것이다.

체인스토어의 경우 상품 가격대의 주력 상품구성을 의미하며, 이는 고객들의 가격에 대한 인식에 큰 영향을 주게 되는 것이다. 즉, 체인스토어는 필요 없는 고가 상품을 저가상품과 함께 상품구성 하는 것은 머천다이징 원칙이 아니라는 것이다.

(4) 제4원칙

단일품목의 대량거래가 가능한 Vendor를 선택한다. 단일품목 대량거래는 한계점이 있다. 왜냐하면 점포수가 몇 개 안되면 판매액도 한정될 것이다. 또한 매입량도 한계가 있을 것이다. 그러나 체인스토어의 경우 점포수가 100개, 500개 또는 1,000개라고 가정하면 그 판매액은 대단할 것이다.

자연히 매입량도 대량구매가 될 것이다. 곧 구매력(Buying Power)이 형성될 것이다. 그렇다면 어느 Vendor가 그의 생산량에서 70-80%를 한 체인에 공급할 수 있다면 그 회사는 단일 공급처가 확보되었으므로 많은 거래처에 공급하는 것보다 원가와 경비가 많이 절감될 것이다.

이러한 이유 때문에 체인스토어 전개의 주요 목적이 있는 것이다. 체인스토어를 다수의 점포로 확장을 하며 국내뿐 아니라 글로벌로 확장한다. 해외 소매시장까지 확장하여 시장점유율(market share)을 확대하면 Vendor의 입장에서는 국내시장뿐 아니라 해외시장까지 뻗어갈 수 있는 시장개척의 이점이 있게 된다.

물론 Vendor의 생산능력이 뒷받침될 수 있는 회사를 결정해야 할 것이다. 단일품목 대량거래의 중요점은 Vendor의 공급능력이 있어야 한다. 체인스토어가 전국적으로 확장되어 있다면 지역별 Vendor를 지정할 수 있다.

예를 들면 월마트는 미국 전역에 점포가 확대되어 있으므로 미국을 5개 지역으로 분류하여 Vendor를 선정·공급하게 한다. 소매업체는 체인스토어를 전개하여 새로운 상권을 개척하고 확장하는 것은 바로 이러한 이유 중의 하나일 수 있다. 만약 소매업체의 구매력이 확대되어 갈수록 Vendor의 공급능력도 이에 맞게 증가되어야 하지만 현실은 그렇지 않을 수도 있다. 이러한 경우에는 대규모 소매업이나 해당 소매점의 글로벌 확장과 함께 매출액도 거대할 것이다. 따라서 Vendor와 단일거래는 곤란하게 될 것이며, Vendor를 교체해야 할 문제도 생길 수 있다. 결국 Vendor의 선택에서도 연간 생산량, 생산계획, 미래 확장계획 등 상세한 사업계획이 검토되어야 하며, 대규모 공급능력이 있는 회사를 선택해야 할 것이다.

5. 벤더와의 관계

구매부서의 Vendor에 대한 지도 감독이 중요하며, 정기적으로 내용을 검토하고 분석하며 반성해야 한다. 거래선의 중요한 관계 조건은 다음 10가지의 행동원칙이 중요하다.

① 거래처의 최고경영자와 정기적으로 개별 접촉한다.

② 지불조건을 명확하게 준수한다. 지불조건의 준수는 상호 수주량의 준수와 과주문량에 대한 정산을 정확하게 이행한다.

③ 거래선을 자주 방문한다.

④ 개인적인 리베이트, 초대, 공여를 절대적으로 금지한다.

⑤ ④의 위반자를 엄벌한다.

⑥ 반품조건을 명확하게 한다. 거래계약서에 명시된 조건에 한하여 반품이 가능하다. 부당한 반품에 대한 압력은 서로의 신뢰도를 떨어지게 한다.

⑦ 회사의 업적과 미래 사업계획을 상대사에 통보한다. 매출액과 점포수, 새로운 경영시스템, 경영효율 등과 새로운 점포면적, 상권에 대하여 통보한다. 또한 Vendor의 성과 차이의 비교에 대한 것을 통보하고 Vendor의 실적이나 경영개선에 대한 감사를 한다.

⑧ Vendor와 협력회의 편성과 운영을 한다. 회의소집, 장소, 일자, 내용을 통보받아야 한다. 이는 상호 신뢰와 협력의 운영이 되어야 한다. 연간 납품실적에 대한 표창, 감사장, 사업경영 업적발표, 신년 사업계획에 대한 협력을 요청한다. Vendor와의 문제점 해결방식을 협의한다.

경합되는 업체와 거래할 경우 Vendor 간의 시위와 견제에 대한 조정과 해결 방안을 모색한다. 또한 신년 거래에 지속적인 협조를 부탁하고 협조 노력에 대한 과제도 제시한다. 유명 경영컨설턴트의 초대 강의를 실시하고 세미나를 개최한다. 거래선 협력회의 조직구성에 대한 정관을 작성한다. 임원의 수와 임무, 임기, 역할과 협조 내용 등을 명시한다.

⑨ Vendor에 대한 주식배분은 원칙적으로 피해야 한다. 이유는 경영정책에 도움이 되지 않고 오히려 간섭에 빌미를 주는 여지가 생긴다.

⑩ Vendor는 주기적으로 변경한다. 대형체인의 경우 연간 30%는 실적을 분석하여 교체한다.

Vendor와의 거래방법의 원칙은 다음과 같이 거래조건을 정할 수 있다.

① 품목당 거래량(수량)을 정한다.
  ㉠ 회사 전체의 1회당 생산단위 롯트
  ㉡ 연간 거래량
  ㉢ 연간 증가율
  ㉣ 납품단위(물류센터와 각 점포 공급과 구별한다)
② 전체의 거래액(금액)
  ㉠ 1회당
  ㉡ 월간
  ㉢ 계절별, 연간
  ㉣ 연간 증가율
③ 지불방법
  ㉠ 약속어음 또는 당좌수표
  ㉡ 정산 결제일과 정산 지불일자
  ㉢ 판매분 결제(위탁판매의 경우 특수조건)
④ 운송방법
  ㉠ 운송비와 포장비의 부담자
  ㉡ 운송거리(연간 운송거리)
  ㉢ 운송빈도
  ㉣ 납품시간대의 지정(매입원가와 무관)
  ㉤ 하역

ⓑ 포장단위
ⓢ 운반 시 품질관리의 정도(사용차종)
ⓞ 하역 시간, 일의 종류와 양
ⓙ 운송편의 종류
ⓒ 작업기능의 보조기구
⑤ 납기(비용과 관계 없음)
⑥ 회사의 리베이트 지불조건
⑦ 반품의 정당성
⑧ 판촉 서비스

사/례/연/구

벤더의 우리말?

최근 국립국어원에서 '벤더'의 우리말 뜻을 '중간유통업자로'바꾸었다.
사람들은 Vendor라는 말이 중간유통회사보다는 판매나 공급회사의 의미라고 알고 있어 국립국어원에 문의를 하였는데 그에 따른 담당자의 답변은 다음과 같았다.

"벤더(Vendor)'의 쓰임을 두루 고려하여, 포괄적인 개념인, 상품 따위가 생산지에서 소비자, 수요자에게 도달하기까지 여러 단계에서 교환되고 분배되는 활동'을 뜻하는 '유통'의 개념과 관련지어 순화어를 정한 것으로 보입니다. 그런데 다음에 제시한 순화어 정보(국어원 누리집, 찾기 마당, 순화어)를 참고할 때, '벤더'의 일반적인 뜻인 '판매인', '판매업자'를 쓸 수 있을 것입니다. 순화의 치지를 헤아리시어, 낯선 외국어를 쓰기보다는 쉽고 익숙한 우리말을 맥락에 알맞게 쓰시면 되리라 생각합니다."

실제 현장에서도 벤더라는 말을 무분별히 사용하는데 위의 답변과 같이 쓰임에 따라 올바른 한국어를 사용하여 서로 간에 생길 수 있는 사소한 오해를 줄여보자.

참조1 http://blog.naver.com/kdk1022/60102936144
출처2: 네이버 우리말 바로쓰기=국립국어원, (주) 낱말
http://krdic.naver.com/rescript_detail.nhn?seq=1225

memo

신규출점 머천다이징 전략

◎ **개 요**

① 체인스토어의 신규출점의 4가지 유형 즉, 위치정책 신규출점, 판매정책 신규출점, 인사정책 신규출점, 상품정책 신규출점의 머천다이징 전략을 설명한다.
② 체인스토어는 신규출점 후보지 선정 시 사전 후보지 선정과 수요적합 그리고 수요창출에 대한 결정 개념을 설명한다.
③ 체인스토어는 개점 전후에 후보지에 대한 머천다이징의 상품구성을 위한 사전조사, 실태조사 방법과 개점 후에 상품구성과 품목구성의 적합성을 조사·분석하는 것을 설명한다.

◎ **목 표**

① 체인스토어 머천다이징 정책과 실행을 위하여 신규출점의 4가지 유형별 학습목표를 명확하게 이해하고 연구한다.
② 체인스토어 신규출점 시에 후보지 선정에 대한 수요적합과 수요창출의 가능성에 대하여 분석·연구한다.
③ 체인스토어 출점 전후에 사전 머천다이징 조사, 실태조사방법, 개점 후에 상품구성과 품목구성의 매출에 미치는 영향을 분석하는 학습목표를 연구한다.

제1절 ▌신규출점의 4가지 유형

1. 위치정책의 신규출점

(1) 전체상권

체인스토어의 생명은 신중하고 적극적으로 부단하게 체인스토어 전개를 확대하는 것이며, 이에 대한 신규출점은 기업이 보유한 전체상권(Total Trading Area)을 확대하는 것이다. 지역적인 점유를 통하여 기업의 사회적 지명도를 확장하고 상품의 전 매장 소비량을 높여서 대량 유통망을 확대하는 것이다.

또한 인재양성의 새로운 기회를 만든다. 체인스토어 전개는 입지정책, 판매정책, 상품정책, 인사정책의 4가지 차원에서 문제를 해결해야 한다. 소매업은 점포에 고객을 유인해야 판매가 성립되므로 "식물적 영업"이라 할 수 있다.

왜냐하면 점포위치가 고정되어 있기 때문이다. 그래서 점포가 위치하고 있는 주위에 고유의 상권-영업 범위에서 항상 고객을 유인해야만 하는 영역의 한계를 가지고 있다.

또한 상권의 범위는 항상 변화와 신축성이 있다. 일정한 시점에서 기업의 변화와 상권의 밀도, 구매력 수준과 일반적인 소비구매행동 및 해당 상권의 경영상황 등 영업규모와 질에 대하여 영향을 주고 있다.

결국 소매업 머천다이징은 상권 조정의 마케팅이라고 할 수 있으며, 신규출점은 새로운 상권을 설정한다는 의미도 있다. 소매업체가 상권을 확대하는 방법은 기본적으로 3가지가 있다.

첫째, 상품과 품목구성, 점내환경, 서비스 등의 품질을 통하여 고객을 유치한다. 매력적인 결과로 더욱 고객충성도를 높이는 점포가 되어야 한다. 점포에 근린 주민이 오는 것과 먼 거리에서 오는 것은 그만큼 상권이 확대되어 있다는 의미이다.

둘째, 점포확장이다. 더욱 더 점포의 넓이를 확장하고 지명도와 신용도를 높여 상권을 확대하는 방법이다. 기존 점포에 추가 투자가 이루어지며, 한 점포의 대형화에는 설비투자가 필요한 만큼 상권은 확대되어야 한다.

셋째, 여러 지역에 점포를 개설하여 다점화를 통한 상권을 확장하는 것이다. 이것은 기업의 총체적인 상권확대 방법이지만 설비투자의 문제가 있다. 또한 신규상권을 창출하는 "상권 분산화"를 통하여 가능하다. 다점포화 즉, 다점포로 분산하여 상권을 만드는 것이다.

다점포화, 체인스토어는 대량매입, 대량판매를 위해 머천다이징의 문제를 해결한다. 구매력을 대량으로 하여 구입원가를 절감하기 위한 것이다. 체인스토어는 입지기업이며, 또한 소매는 입지산업이라고 한다.

다점화, 체인스토어화는 식물적 영업에서 식물성의 타파를 위한 것이다. 식물성에서 더욱 시장이 풍부한 곳으로 상권을 확장하는 것은 영업권이 광범위하게 확대되는 것이다. 기업의 판매력을 확장함으로써 구매력을 통하여 원가를 절감하고 판매가격을 경쟁자보다 유리하게 내리기 위한 방식이다.

〈그림 10-1〉 시장선택

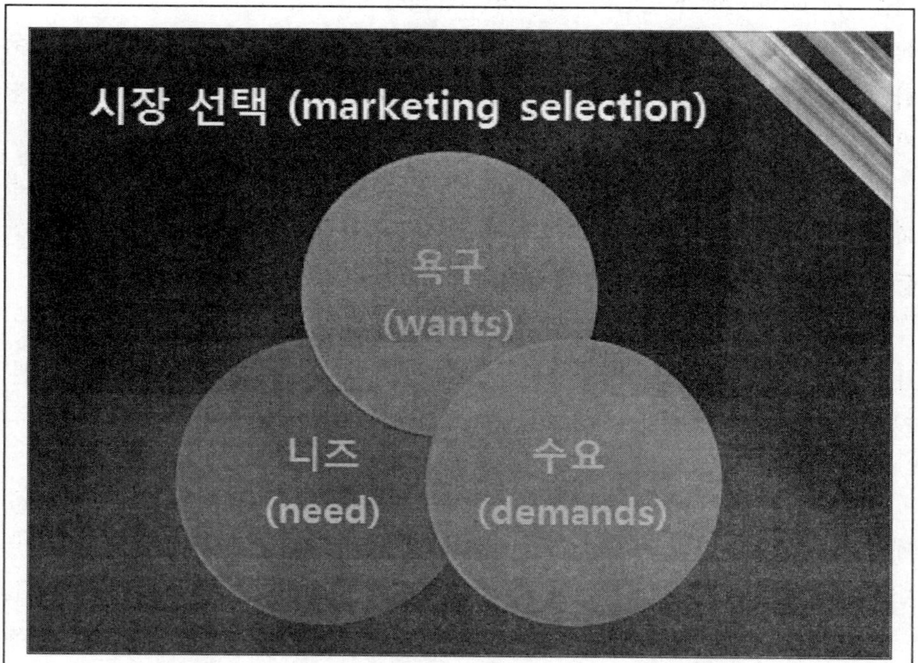

(2) 전체상권과 상권

1) 전체상권(Total Trading Area)

전체상권은 점포가 입지한 장소에서 일정 거리 반경까지 영업이 가능한 영역의 거리 범위를 말한다. 즉, 상권의 인구, 세대수, 세대내 가족수, 가족구성, 소득, 직업, 학력 등 구매할 수 있는 능력을 파악해야 한다. 상권은 변화하고 있다. 새로운 아파트가 건설되고 기관들이 들어오면 구매에 영향을 줄 수 있는 상황들이 발생하고 또한 수시로 변하고 있다.

〈그림 10-2〉 상권과 물리시설

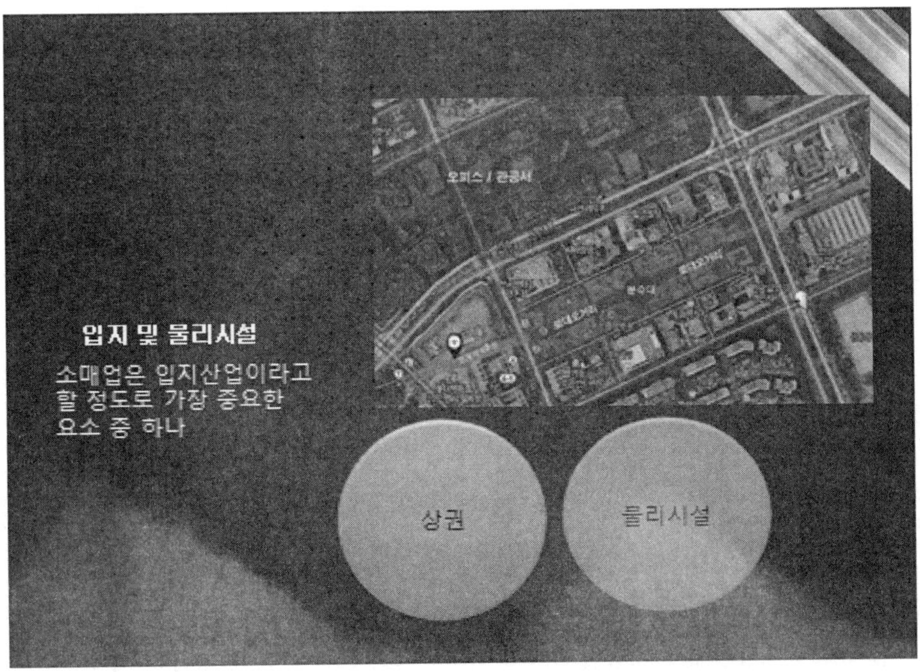

2) 상권(Trading area)

상권은 출점지역을 정하여 체인스토어를 전개하는 것이다. 이런 경우 상권은 서로 연결되고 인접하여 전개되어야 한다. 이때 형성되는 일정 수의 로컬체인을 형성하는 것이다.

로컬체인은 상황에 따라 다르지만 통상 11개점 이상을 출점한 지역을 말한다. 바로 이러한 로컬체인을 형성한 지역을 상권이라 한다. 체인이 형성된 지역이라고 할 수 있다.

3) 지배상권(Dominant area)

지배상권은 한 체인이 로컬체인을 형성하여 집중적으로 점포수 확대와 상권을 장악하고 타 체인점이나 타 점포가 힘을 쓸 수 없는 강력한 영업력을 구사할 수 있는 지역을 말한다.

체인경영의 매우 중요한 출점전략이며, 영업전략인 것이다. 마치 적지를 점령하여 통치하는 것과 같은 개념이다.

2. 판매정책의 신규출점

(1) 다점포 증설

판매정책은 점포 증설을 통하여 기업은 일정지역, 지방, 국가 전체를 광역적으로 확장하여 가는 것이다. 결국은 1개 점포의 한정적인 지역에서 광범위하게 확장하여 많은 사람들이 인지하도록 기업의 가능성을 확대하는 것이다.

점포수의 확대는 점포외관, 레이아웃, 점내외 분위기, 진열방식, 상품구성, 종업원 유니폼 등을 전부 동일하게 전 점포의 이미지를 통일하고 강화하며 인지율을 높이는 것이다.

(2) 체인스토어

체인스토어 경영은 본질적으로 판매촉진력을 발휘하는 것이다. 신규출점은 기업자체의 총체적인 판매력을 높이는 것이다.

단품으로 대량판매가 가능한 품목을 공급한다. 만약 품절이 생기면 판매기회를 잃게 된다. 판매원은 고객 서비스를 친절하게 하여 고객이 점포에 방문하는 기회를 증가시켜야 한다.

3. 상품정책의 신규출점

(1) 매입집중, 판매분산의 원칙

체인스토어는 매입집중의 원칙과 판매의 분산원칙을 가능하게 해야 한다. 매스머천다이징은 집중적 매입체계를 실행하고 판매를 분산하여 더욱 넓은 지역을 확대, 확장하여 대량으로 판매영역을 극대화하는 것이다.

이렇게 함으로써 신장된 대량구매력을 통해서 구매원가를 대폭 절감할 수 있다.

(2) 단품 대량판매

단품으로 대량판매해야 한다. 단품으로 대량매입을 하는 경우 판매의 분산원칙을 전제로 하여 기대치를 높이는 것이다. 고객이 원하는 상품구성과 품목구성을 집중적으로 연구해야 한다.

그러므로 고객이 많은 단품을 구매하도록 하여 구매원가를 절감한다. 더욱이 원가를 절감함으로써 보다 저렴한 가격으로 고객에게 서비스를 할 수 있다는 원리인 것이다.

즉, 강력한 판매력과 구매력이 형성되며, 고객이 원하는 가격라인으로 제공할 수 있게 된다. 품질과 디자인도 고객의 라이프스타일에 적합한 상품을 제공해야 한다. 스토어 브랜드를 개발하여 고객에게 저가격으로 공급하고 정확한 머천다이징 시스템으로 수량관리를 통한 단품으로 대량판매되는 품목을 개발한다.

4. 체인스토어 신규출점 시 고려요인

(1) 체인스토어 경험

경험은 사람을 만들며, 체인스토어는 경험을 통하여 법칙을 적용할 수 있다.

체인스토어 운영은 점포관리와 매장운영, 판매관리, 작업관리와 인원관리 등을 매장에서 직접 경험을 통하여 그 실상을 파악하고 자기의 지식으로 만들어야 한다.

체인스토어 운영은 경험도 중요하지만 그 경험을 체계화하는 것이 더 중요하다. 이런 의미에서 매장 내 인원관리와 작업관리는 매우 중요한 실무인 것이다.

(2) 점장 양성

점장(Store manager)은 점포운영, 직원관리, 작업관리와 점포 상품관리, 판매관리 등 경험을 통하여 훈련되고 양성된다. 특히, 매장에서 고객관리는 매우 중요한 것이다. 아무리 셀프서비스 시스템으로 운영한다 하더라도 여전히 고객관리와 서비스가 필요한 것이다.

왜냐하면 매장에서 고객에게 상품위치를 안내하는 것 또는 상품에 대해 설명할 때 등 고객의 의문과 질문에 정확한 대답이나 대응을 하는 것은 여전히 매장 내의 고객 서비스인 것이다. 점포의 규모에 따라서 더욱 광범위한 경험을 할 수 있다.

백화점은 통상 나이가 많아야 부장이 될 수 있다(외국의 경우 40-50세). 미국의 노드스트롬 백화점의 점장은 최소 20년 근무 경력을 가져야 임명되기도 한다. 또한 점포운영과 바이어, 고객 서비스 분야에서 성공적인 경력이 있어야 한다.

반면 체인스토어의 점장은 젊어야 한다(예: 20-30세). 체인스토어는 젊은이에게 경영자적 자질과 역할을 경험하게 하고 능력 개발의 기회를 주게 된다. 한편 월마트 점장의 경력은 많아야 하지만 그 경력은 단순히 월마트 내에서 뿐만 아니라 타 체인점에서 근무한 경력도 인정한다.

제2절 ▌신규출점의 후보지 선정

1. 신규출점 후보지 선정

(1) 후보지 선정 3가지 패턴

체인스토어 본부의 머천다이저와 바이어는 점포개발을 통하여 신규점포로 출점 계획을 수립한다. 출점계획 수립 후 출점지역의 상권과 머천다이징을 위한 시장조사를 실시해야 한다. 머천다이징 조사 결과에 의하여 상품구성에 대한 자료로 참조한다. 신규출점의 후보지 선정에는 3가지 패턴이 있다.

1) 제1패턴 : 지역엄선형

기업의 경영체질에 적합하도록 지역을 확장할 수 있다. 처음부터 체인본부는 점포개발 담당의 지역조사에 의하여 후보지를 조사한다. 담당자는 조사결과의 자료를 본부의 전문 점포 개발담당자와 책임위원회를 거쳐서 후보입지에 출점을 결정한다. 체인본부는 영업전략의 독자적인 상품정책, 점포환경과 점포운영, 판매방식 등에 대한 결정을 한다.

이러한 조사 데이터를 가지고 해당 시장의 고객을 대응할 수 있다는 확신하에 체인화에 적합한 상품구성과 품목구성, 점포 레이아웃을 결정한다. 이러한 과정을 출점지역 선정의 패턴이라고도 한다.

2) 제2패턴 : 지역순응형

지역을 한정한다. 지역수요 특성에 적합하도록 기업이 상품이나 점포 내 환경과 판매감각을 개선하여 지역상권에 적응할 수 있는 영업전략을 수립한다. 이는 지역에 순응 가능한 대비책과 영업팀의 교육훈련을 철저히 하는 출점 패턴인 것이다.

3) 제3패턴 : 혼합형

지역엄선형과 지역순응형의 혼합형이라고 할 수 있고 중간적인 위치이며, 조화시키는 혼합적인 형태이다.

(2) 출점 후보지 선정 10대 요소

출점 후보지를 선정하는 10대 고려 요소는 다음과 같다.

① 대상 지역의 총상권(GTA)의 인구, 성장률, 소득수준, 구매행태, 소비성향 등
② 지역발전의 상황(산업도시화, 지역개발, 주거지정비 등)
③ 인접 타도시의 상업적인 경쟁력
④ 지역 내 동업자 간의 경쟁상황
⑤ 후보지점에 속한 지역집단(상점가, 점포집적지, 지하도, 쇼핑센터 등)의 집합력, 집단화한 입지조건(GTA내)
⑥ 후보지점의 지역적 입지조건
⑦ 지대와 임대료, 계획형 성격의 집단점포(쇼핑센터)의 입점 보증금, 공동부담

금 등의 수준

⑧ 그 해당 지역의 노동력 조달상황, 급여수준, 일반적 근로의식 등

⑨ 상품의 물적유통 조건(용이성, 비용성, 지역적 상황 등)

⑩ 체인의 총체적인 다점화정책의 지리적 선상에서 분석

2. 출점에 대한 수요 적합성와 수요창출

(1) 출점수요 적합성

자기 회사에 적합한 지역을 선택하여 체인스토어 경영을 하는 것은 본질적인 과제이다. 특히, 자사에 적합한 지역은 해당 지역의 인구 증가율 산업화, 주변의 구매력이 강한 지역을 의미하는 것이다.

후보입지의 조건에 대한 임대료, 보증금 등이 자사에 유리한 지역을 의미하는 것이다. 출점조건이 좋다는 것은 자사의 경영체질과 기본적인 영업정책에 적합하다는 것을 의미한다.

출점계획에 적합한 지역의 조건이 필요한 것이다. 자사에 적합한 지역은 향후 2-3년 후에 발전할 수 있는 가능성을 전제로 하는 것이다. 현재의 지역수요에 순응하고 적합하며, 그 이후에도 수요가 서서히 증가할 수 있는 지역이어야 한다.

또한 5년, 10년 후에 어떤 적합한 특성이 있는지를 전망하는 것이다. 체인스토어 경영에서 명확한 것은 본부 방침에 적합하고 적당한 수요가 있는 지역에 출점해야 한다는 것이다.

(2) 수요창출

신규출점에 있어서는 다음과 같이 고려해야 한다.

① 체인스토어의 통합 이미지를 배경으로 구체적인 고객대응 특히, 상품에서는 지역수요에 적합한 것을 우선해야 한다.

② 개점 후 수요에 합당하게 고객을 계몽적, 창조적으로 유도하여 해당 지역에 점포를 개설한 것에 의의를 만드는 것이다.

③ 2-3년 후에는 체인 전체의 체질과 이미지가 고객에게 인식되어야 한다.

평가를 받는 점포를 만드는 것과 고객을 유치하며, 시장창조와 개발을 완수하는

것이다. 이상이 신규출점한 해당 점포는 매장운영에서 상품, 가격수준, 진열의 감각, 점포 내 분위기 등이 전반적으로 개설준비 기간 중에 지역 수요조사의 내용과 합치하는 고객을 유치한다.

즉, 고객에게 친절한 점포를 만드는 것이다. 지역 내 경쟁점보다 한층 앞서가는 품목구성, 상품품질, 점포감각의 세련미를 보여야 한다. 지역수요와 점포대응의 위치를 100% 적합하도록 운영하는 것이다.

개점 이후 점포의 상품정책, 판매정책(설비정책 등)은 수차례 수요를 유도할 수 있는 부분을 도입하여야 한다. 개점 3년 후 지역수요의 위치에서 소득이 증가되고 생활의 혁신이 진행된다면 점차적으로 발전하게 된다.

기업이 수요에 대응하는 위치는 이에 적합하게 진전되어야 한다. 즉, 기업은 수요에 적극적으로 대응하여야 할 필요가 있으며, 또한 지속적으로 성장해야 한다.

상권 내 고객의 수요창출에 대한 연구와 대응책이 중요하며, 이에 대한 연구와 아이디어를 도출하여 지속적인 머천다이징 활동과 개발을 해야할 것이다. 즉, 일정 비율의 성장을 하는 것이 중요하게 요구된다.

제3절 ▌개점 전후 머천다이징 조사

1. 사전 머천다이징 조사

(1) 수요적합 상품계획

수요에 적합한 상품계획에 대하여 출점 전에 머천다이징 정보를 분석하여 사전에 적극적으로 대비할 필요가 있다.

머천다이징 정보는 특별히 개점 전에 지역수요의 규모와 특성을 탐색하여 정보를 수집하고 이에 대한 시장조사와 분석이 합치하는 것이어야 한다. 머천다이징 정보는 소비를 중심으로 한 전반적인 정보와 개념적으로 보다 한정된 시장조사의 결과를 제공하여야 한다.

〈그림 10-3〉 시장조사

(2) 머천다이징의 10가지 정보

머천다이징 정보의 10가지는 다음과 같다.

① 상품계열구성(Merchandise Line Mix)에 대한 정보
② 상품계열에 대한 상품품목구성(Merchandise Items Mix)에 대한 정보
③ 품목구성 가격중심의 정보
④ 상품품목구성으로서 기간상품 그룹의 상품경향에 대한 정보
⑤ 동일한 품목구성에 대한 보완상품 그룹의 상품경향에 대한 정보
⑥ 동일한 품목구성에 대한 취급상품 그룹의 상품경향에 대한 정보
⑦ 로스리더는 어떤 상품을 어느 정도의 가격률을 적용할 것인가 하는 정보
⑧ 상품계열별 상품회전율은 어느 정도로 할 것인가 하는 정보
⑨ 상품계열별 상품마진율은 어느 정도로 할 것인가 하는 정보
⑩ 제조업 브랜드, 도매업자 브랜드, 자사 브랜드(소매업 브랜드) 제조업과 도매의 합동 브랜드 등의 구성에 대한 정보

2. 실태조사 방법

(1) 정보수집

이상의 정보를 수집하는 것은 쉬운 일이 아니며, 이러한 정보를 수집하는 방법은 공공기관, 상공회의소, 금융기관 등의 실태조사의 결과를 수집할 수 있다. 또한 개점준비 기간 중에 기업이 전문조사기관에 의뢰하여 지역주민(고객) 대상의 샘플 조사 방법도 있을 것이다.

(2) 관찰조사

대표적인 고객 가정의 생활패턴 관찰을 통하여 조사할 수 있다. 개점준비 기간 중에 기존 소매점의 머천다이징 상황에 대하여 관찰조사(점두조사, 상품조사, 가격조사 등)를 할 수 있다.

해당 지역의 납품업체(제조자, 도매업체)에서 의견청취 조사도 가능할 것이다. 개점기간의 판매실험(Test Marketing) 결과, 고객 모니터 조사 결과와 개점 시 몇 일 동안의 개점 붐을 통한 점두와 점내에서 고객을 조사하는 것이 가능할 것이다.

(3) 개점 후 분석

개점 후에 지속적인 판매분석을 통하여 재고관리의 결과를 분석할 수 있다. 또한 고객의견, 판매원 의견과 거래선의 의견 등을 통하여 분석이 가능할 것이며, 신규출점 머천다이징 계획을 수립하여 실행해야 할 것이다. 이렇게 개점 후에도 계속적으로 비교분석할 필요가 있다.

3. 개점 후의 상품구성과 품목설정

(1) 신규출점의 실패원인

신규출점에 대한 상품계열구성 계획이나 상품품목구성 계획의 중요성은 아무리 강조해도 과언이 아니다. 신규출점의 실패 원인은 지역선택을 할 경우 2가지 구성 계획의 부주의로 생길 수 있다.

① 대규모 점포의 새로운 지역출점의 경우 상품계열구성은 지역의 시장규모에 의하여 결정하게 된다.
대개의 경우 총합화한 상품계열구성 등으로 기존의 대형점화로 결정하는 것이 대부분이다. 그러나 단순히 총합화로는 시장을 재패할 수 없는 것이다. 점포규모가 거대할 경우 상품계열에 대한 품목구성 내용이 빈약할 수 있고 진열면적도 제한되어 있을 것이다.

② 상품품목구성의 확대는 전문화라고 할 수 있다.
결국은 단순한 총합화, 전문화를 통한 출점으로 차별화가 희생이 될 수 있을 것이다. 우리나라의 대형마트나 백화점은 대개 이러한 경향을 나타내고 있다. 영업형태나 상품구성의 차별화보다는 시설, 매장규모, 판매촉진 면에서 고객을 유치하려고 하는 것이 기본조건으로 되어 있다.

(2) 상품 차별화 부족

미국의 소매업태를 연구분석해 보면 각 소매점은 상품구성의 차별화를 명확하게 하고 있다. 물론 영업방식은 머천다이징에 의하여 역시 차별화하고 있다.

예를 들면 카테고리 킬러의 머천다이징 정책을 보면 상품의 전문화와 차별화 그리고 이에 대한 상품계열화를 통한 상품품목구성이 명확하게 차별화되어 있는 것을 볼 수 있다.

미국 슈퍼센터의 경우 어떻게 보면 총합화 지향인 것으로 보일 수 있으나 상품구성을 잘 분석해 보면 그러한 총합화에서 상품계열(Merchandise line)의 분명한 구매부문(Category)과 상품품목구성(Items)에서 차별화되어 있는 것을 볼 수 있다.

미국의 슈퍼센터는 동종의 경쟁자가 명확하게 되어 있는 것보다 기존의 디스카운트 스토어와 식품 중심의 슈퍼마켓을 종합적으로 라인로빙하고 있는 것을 볼 수 있다.

(3) 차별화 운영

그러면서 상품품목의 확대로 인하여 각종 카테고리 킬러 점포들과 상품구성의 경쟁과 경합을 하고 있는 것이다.

슈퍼센터는 업태의 복합화를 통하여 기존의 디스카운트 스토어와 지역의 로컬 체인과 리저널체인인 슈퍼스토어들과 부분별 경합을 하고 있다. 동일 부문과 품목의 경합은 가격의 차이, 대포장, 번들을 통한 가격인하 등을 통해서 가격경쟁을 가능하도록 머천다이징 정책을 유지하고 있다.

특히, 카테고리 킬러와의 경쟁도 부문 간의 품목의 가격이나 품질이 유리한 것을 개발하여 우위적 입장에서 상품구성을 하고 그렇지 않은 경우에는 과감하게 배제시키고 있다.

한편 백화점의 경우 철저히 패션의류를 중심으로 차별화하고 있다. 기존의 디스카운트 스토어, 슈퍼센터, 카테고리 킬러, 전문점 등이 백화점의 경쟁대상 업태들이다. 이런 상황에서 백화점은 철저히 하드(hard)한 상품은 제거하거나 피하고 소프트한 의류, 신발, 화장품 등의 구매부문과 품목구성을 세분화, 차별화, 전문화 전략으로 운영한다. 특히, 가격은 그 품질과 디자인, 패션 등으로 역시 차별화하여 운영한다.

그러므로 개점 후 바이어와 머천다이저는 본격적인 경쟁에서 살아남기 위하여 필사적인 노력과 연구분석을 하여 유리한 상품개발, 소싱, 가격전략, 상품구성, 품목구성, 품질개선, 디자인·패션, 업그레이드 등의 집중적인 노력과 도전이 중요하고 필요한 것이다.

〈그림 10-4〉 소매업조사의 의미

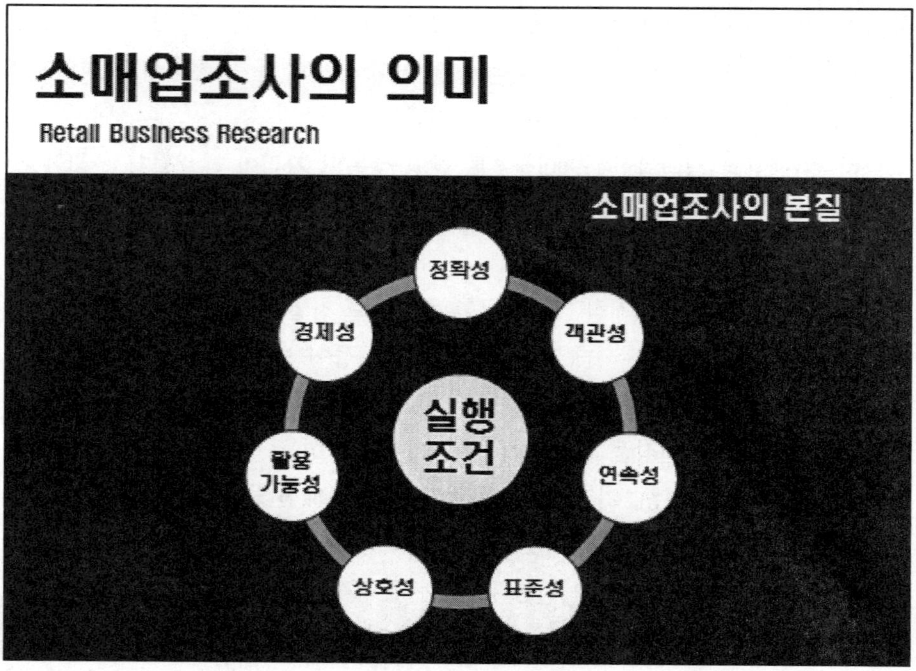

사/례/연/구

눈꽃빙수열풍의 주인공 설빙–

여름철 대한민국을 뜨겁게 달궜던 눈꽃빙수의 주인공 '설빙'은 부산 남포동에서 시작하여 대한민국 전역에 수백 개의 점포를 운영 중에 있다. 2013년 4월에 첫 출점한 설빙은 출점 1년 만에 100호점을 넘기더니 석 달 뒤인 7월 300호점을 넘겼고 그해 연말까지 500호점의 계약을 모두 마친 상태였다. 이와 비슷한 케이스로 대한민국 카페문화의 선두주자인 카페베네를 예로 들 수 있는데 3년 만에 800개의 매장을 오픈한 카페베네의 기록을 일찌감치 뛰어넘은 기록이다.

대한민국 국민 모두가 사랑하는 디저트인 팥빙수. 설빙은 남들과 차별화된 상품정책을 앞세웠다. 기존의 얼음을 갈아 만든 팥빙수가 아닌 우유와 연유를 분사해 눈처럼 얼리는 눈꽃빙수로 당시 대한민국을 눈꽃빙수의 열풍을 일으켰다. 이는 소비자들의 폭발적인 반응을 불러일으켰고 '미투' 브랜드인 '호미빙' '설국' '콩꼬물' '설원빙' 등이 우후죽순 생겨나며 출혈경쟁을 일으켰으나 설빙은 한국 소비자포럼에서 선정하는 '2014 올해의 브랜드 대상에서 "올해의 디저트카페" 등을 수상하며 3관왕의 타이틀을 거머쥐며 독보적인 빙수브랜드 1위를 굳건히 지키고 있다.

설빙의 신규 출점 머천다이징 전략은 다음과 같다.

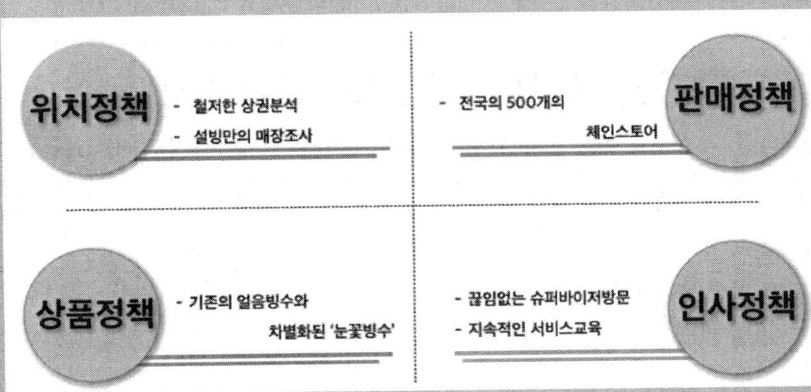

일각에서는 설빙의 급진적일 출점을 바라보며 너무 섣불리 대량점을 확대하는 것이 아니냐는 의견이 있지만 위에 표처럼 체계적인 준비 즉, 신규출점의 4가지 유형(위치정책, 판매정책, 상품정책, 인사정책)에 따른 준비 후 출점을 하는 방식을 취하고 있어 튼튼한 내실을 갖춘 기업이라는 것을 알 수 있다.

사/례/연/구

스타벅스의 출점전략

흔히 사람들이 말하길, "스타벅스가 위치한곳이 그 지역 최고의 상권이다."

이 말이 틀리진 않다. 번화가 어딜가든 스타벅스가 있으며, 그곳은 항상 그 시내의 중심지였다.

서울엔 전국 1,710개의 일반 상장회사 중 757개의 본사가 있다. 즉 44%가 서울에 밀집되어있다는 말인데, 757개의 상장기업 중 255개의 스타벅스의 밀집도가 일치한다는 사실. 이는 스타벅스의 아서 루빈펠트가 북미시장에 적용하였던 '고학력 사무전문직'을 겨냥한 출점전략이 대한민국에서도 통하고 있다는 사실을 말해주고 있다.

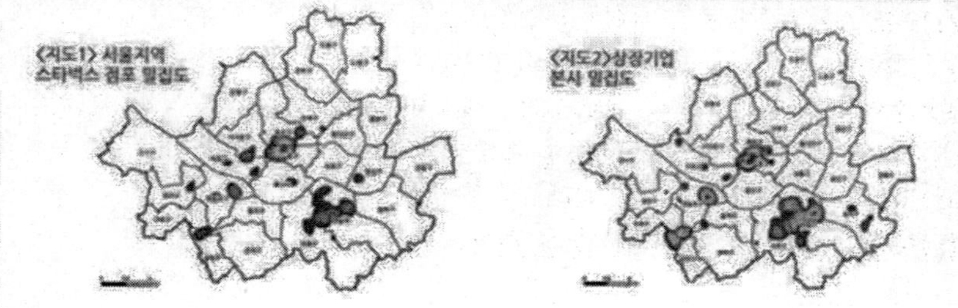

스타벅스의 출점전략은 겉멋든 홍보용 개념이 아니라 실천적 경영의 산물이다.
스타벅스의 표적시장은 도시의 전문직 지식근로자이며 20~45세의 고소득 개인들이다.

루빈펠트(스타벅스 COO)가 가장 주목한 것은 '4년제 대학교 졸업자'다. 루빈펠트가 파악한 미국의 대학교 졸업자는 새로운 문화에 개방적이고 새로운 식당이나 커피점을 사람들에게 소개하기 좋아하며 소득 수준도 상대적으로 높은 편이었다. 북미지역의 140대 주요 메트로폴리탄 지역중에서 단순히 소득수준과 인구수만 고려하면 샌프란시스코 지역의 순위는 29위에 해당한다. 하지만 여기에 '교육수준'이라는 변수를 반영하면 이 지역은 잠재순위 1위로 부상한다.

스타벅스가 선택한 핵심시장

전국의 1710개의 상장회사 중에 서울에만 757개의 본사가 있다. 44%가 서울에 모여 있다. 이미 독자들은 <지도 1>과 <지도 2>를 번갈아 살펴 보고 있을 것이다. 757개의 상장기업의 분포와 255개 스타벅스의 밀집도가 놀랍도록 일치한다. 일부 지역에서 아주 미세한 차이가 있으나 핵심지역에서 공간패턴은 벗어남 없이 유사한 흐름을 보여준다. 루빈펠트가 북미시장에서 적용한 '고학력 사무전문직'을 겨냥한 출점전략이 태평양 건너 한국의 수도 서도 그대로 유지되고 있는 것이다.

"스타벅스 서울 매장 지도, 상장사 본사 지도와 똑같은 이유"
DBR 133호 - 송규봉 GIS United 대표

STARBUCKS

제11장 효율적 상품개발

개 요

① 효율적인 상품·제품 개발과 브랜드 만들기, 제품개발 기술과 영국의 유명한 체인 Tesco의 PB 상품개발 사례를 설명하여 체인스토어 머천다이징에 중요한 자체브랜드 개발에 대해 학습한다.
② 체인스토어의 머천다이징 개발은 제품개발과 브랜드 만들기이며, 체인스토어 상품개발인 브랜드 개발, 제품개발의 종류를 학습한다.
③ 체인스토어 머천다이징 개발은 제품개발 기술, 제품개발의 조건과 순서를 학습한다. 사례연구로 영국의 유명한 체인스토어 Tesco의 자체상품 개발에 대해 학습한다.

목 표

① 체인스토어의 효율적인 상품·제품개발에 대한 학습 목표를 명확하게 이해하고 학습한다.
② 체인스토어 경영의 머천다이징의 제품개발은 자체 브랜드 개발을 의미한다. PB와 SB 개발의 차이를 이해하고 개발의 종류를 학습목표로 한다.
③ 사례연구로 영국의 체인스토어인 Tesco의 자체브랜드 상품개발 사례를 학습목표로 한다.

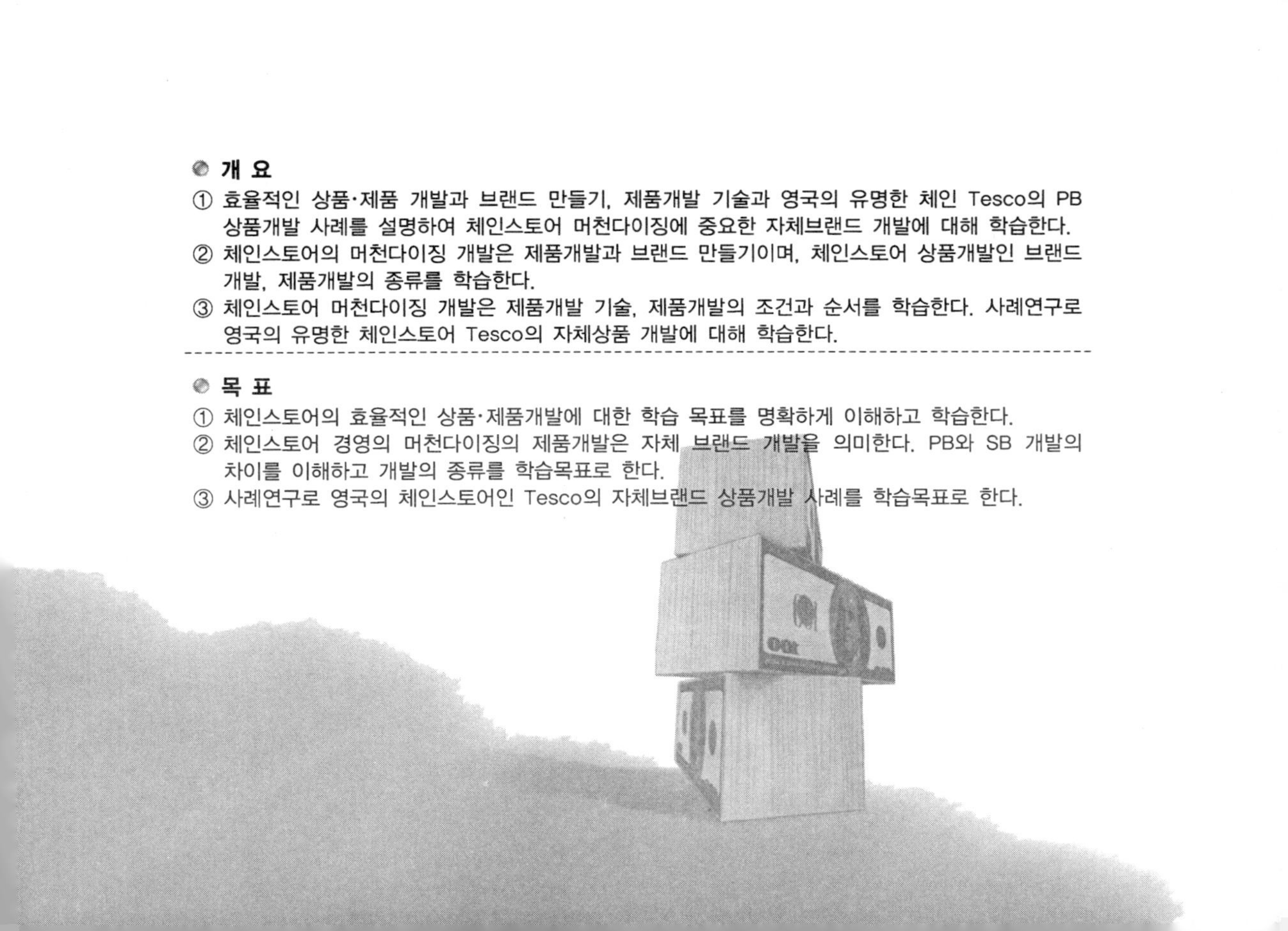

제1절 ▌제품개발과 브랜드 만들기

1. 체인스토어의 상품개발

(1) 상품개발의 의미

체인스토어의 원칙은 표준점포를 개발하여 다점포 운영을 통하여 규모의 이익을 창출하고자 하는 것이다. 체인스토어는 시스템을 구축하여 효과적인 다점포 운영을 하기 위해 원가를 절감하고 이익을 창출하는 것이다. 체인스토어는 단순하게 메이커가 만든 것을 받아서 판매하는 것으로 충분한 이익을 낼 수 없다.

이익을 내기 위해서는 자체 브랜드를 개발하여 원가를 절감하는 것이다. 머천다이징 원칙은 단품을 대량으로 판매하여 구입원가와 물류비용을 절감하는 것이다.

체인스토어의 머천다이징 개발은 대중품과 실용품으로 항상 고객이 사용하는 것이다.

미국의 체인스토어는 오랜 기간 동안 상품개발과 품목구성에 주력하였다. 각 체인점이 취급하는 상품의 개성화는 상품개발을 위한 원리를 알아내고, 이는 전문화에 대한 연구로 연결되며, 체인스토어 시스템을 만드는 것으로 전환하게 된다.

여기서 3가지의 원칙을 잊어서는 안 된다. 첫째, 제품개발이다. 둘째, 코스 컨트롤을 통한 관리기법(Management technique)이다. 셋째, 제품개발 원칙은 명세서(Specification order)에 의하여 머천다이저가 만드는 가공명세서로서 납기, 수량, 소재, 가공방법, 원가계산, 품질기준을 지정한다.

사용하는 기계와 기구, 종업원, 기기의 보관과 레이아웃 등 상세히 지정하는 경우가 많다. 제조사는 명세서에 의한 상품을 제작하여 품질관리와 원가절감 및 납기 등을 엄수한다.

이러한 방향은 마케팅이 아닌 새로운 가공기술과 원가절감의 방향으로써 가공명세서에 따르는 메이커는 자본지배 관계가 아닌 계약관계이다. 그러나 가공명세서에서 발생하는 위험은 발주자가 부담해야 한다.

본격적인 제품개발의 제품사양에 대해서는 기업의 독자적 판단에 의해서 이루어진다. 그러나 이것은 경험이 중요하며, 기능적으로 선별되어야 한다. 처음부터 상세한 내용 지시를 하여 전혀 판매되지 않을 제품개발은 불필요한 것이다.

결국 기초적인 제품개발 과정이 중요하고 기본적인 제품개발의 기술을 축적해야 한다. 이러한 기술은 점포에서 실험을 통해 축적이 가능해진다. 고객의 소비생활에 대한 이해가 중요한 것이다. 말하자면 상품은 보이는 것, 사용하는 것, 먹는 것, 맛을 아는 등의 이해가 필요하다. 미국의 선진 체인스토어는 품목구성을 확실하게 하고 직접 사용해보고. 먹어보고, 시험하고 가격의 비교를 통하여 개발된다.

(2) 상품개발의 착각

상품개발에 대해 착각하기 쉬운 것이 있다. 즉, 소비의 다양화를 위해서 업태·업종의 다양화, 개성화를 지향한다는 취지로 고액상품을 무리하게 개발하는 것이다. 이는 대면매장을 확대해야 된다는 의미이며, 이에 따르는 고객응대 비용과 함께 재고비용이 증대된다. 결국은 수익성이 악화되기 쉬운 것이다. Everybody/Everyday 상품이 되지 않고 일상 생활에도 도움이 안 되어 재고부담이 증가하게 된다. 자연히 고가품이 되며, 마진은 높지만 회전이 늦어서 결과적으로 이익이 나지 않는다. 물론 백화점이나 고급패션 전문점은 이와 반대로 고가, 고급패션과 브랜드를 개발하여 고소득층에게 초점을 맞추어 영업을 하는 것이다. 차별화, 개성화하여 고소득 고객을 목표고객으로 집중해서 영업활동을 하는 것이다. [표 11-1]은 체인 머천다이징 상품개발에 있어서 잘못 생각하거나 착각하기 쉬운 내용을 제시하는 것이다.

[표 11-1]은 고객 가정생활의 여유와 윤택함에 초점을 맞추어 고품격 패션감 및 고가품과 라이프스타일에 적합한 상품을 개발하는 것이다.

체인의 머천다이징 개발 의도와 정반대의 입장을 가지고 상품을 개발하는 경우가 있다. 이는 체인스토어의 머천다이징 원칙과 대립되는 것이다. 체인의 머천다이징 개발에서 착각하기 쉬운 것을 주의해야 한다.

▌표 11-1▐ 착각하기 쉬운 것

잘못된 인식	• 소비의 다양화 - 업태·업종의 다양화, 개성화, 특정용도, 특정취미 - 보다 고액으로, 보다 저용도로 - 무리하게 판매 - 판촉비증대, 대면매장 확대, 응대비용(cost)의 증대, 재고 급증-수익악화 • 소비의 성숙-품종수요-일정한 구매→개성화로 변함
진공지대로 진출	• Everybody/Everyday goods ― 풍부하게, 빈약하게 생활 ― 진공마켓에 대응 - assortment 재고 압축 ― 생활제안 - open display, model display, 전시, 실연고객의 가정생활 여유, 윤택 상품이 아닌 고가⇒① 용도별(TPO별) ② Everyday goods ③ Coordination ④ Fashionable ⑤ Popular price • wants의 충족→집하체제만들기→결품률 축소→needs의 개발→<생활제안>

2. 제품개발의 종류

(1) SB(Store Brand)와 PB(Private Brand) 만들기의 목표

체인스토어 기업의 브랜드 개발은 [표 11-2]와 같이 연구해야 한다. 체인의 자체 브랜드를 개발하여 제조사에게 의뢰하는 것을 PB라고 한다. 즉, 체인스토어가 개발한 상품을 의뢰한 명세서대로 제조사가 제조한 것이다. 또한 로컬 브랜드 메이커에게 체인 브랜드를 붙이거나 이미 메이커가 개발한 상품에 체인 브랜드를 붙이는 상품이 스토어 브랜드이다. 한편 업계 공동으로 개발하는 것은 하우스 브랜드라고 한다.

체인스토어의 브랜드는 [표 11-2]의 현황을 참조하면서 브랜드개발의 의미를 연구할 수 있다. 브랜드 개발의 목적별 분류와 내용별 분류를 참조하기 바란다.

〈그림 11-1〉 제조업자 상표와 유통업자 상표

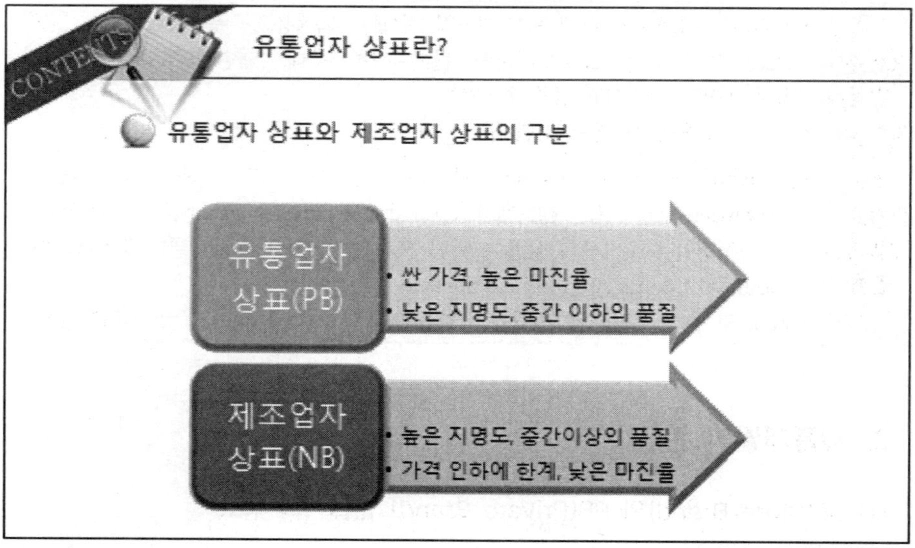

〈그림 11-2〉 유통업자 상표의 종류

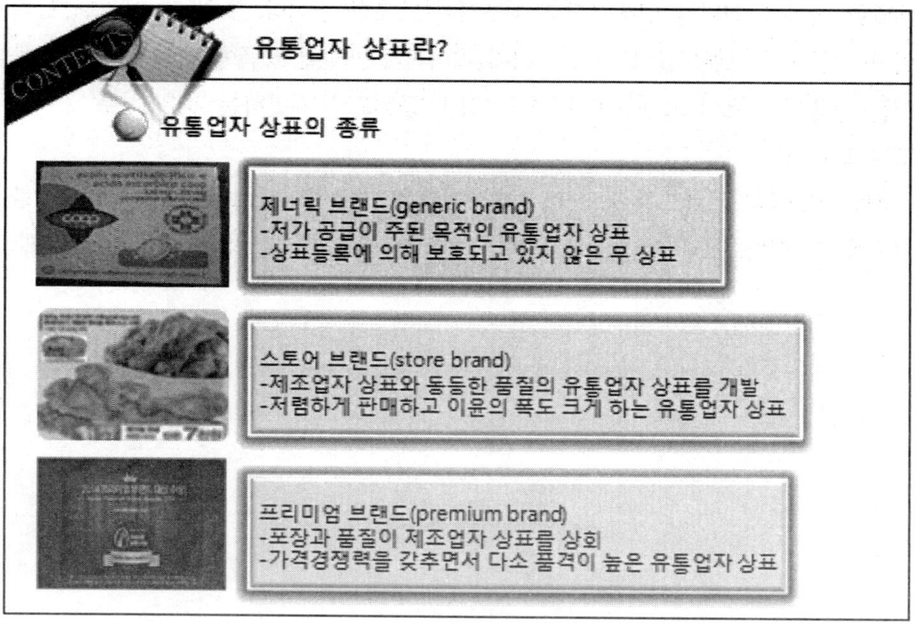

▌표 11-2▐ 체인스토어 상품개발 브랜드의 종류

구분	브랜드	내용
목적별 분류	P.B = Private Brand	N.B에 없는 품종에서 개발한 상품
	S.B = Store Brand	N.B에 있는 품종에서 개발한 상품
	H.B = House Brand	각 사가 공동으로 개발한 상품
	Controlled Brand	A급 메이커에서 제조한 S.B.
내용별 분류	Quality Brand	품질을 특히 중시한 상품, 기존 N.B보다 고급일 경우 개발
	Price Brand	저렴한 가격을 중시한 상품
	Competitive Brand	타사와 가격에서 승부할 수 있는 상품, 가장 저가 상품
	Generic Brand	competitive brand의 일종, 부가, 첨가물, 가공도를 생략하여 순수하게 하나의 용도만 추구하는 상품

(2) 브랜드 개발의 목표

브랜드 개발의 목표는 상품 브랜드 개발을 통하여 메이커의 브랜드보다 원가를 대폭적으로 절감하는 것이다. 매가는 메이커의 내셔널 브랜드 보다 1/2의 가격으로 개발되어야 한다. 또한 로컬 브랜드의 1/4 가격이어야 한다. 또한 총이익률도 30%에서 50%로 증대하여야 하는 것이 원칙이다.

그러면서 동질하게 계속 무한공급이 가능해야 한다. 브랜드를 개발하기 위하여 선결조건이 있다. 고객들이 체인스토어를 신뢰하는 소매점 브랜드의 신뢰성이 중요하다. 체인의 상품구성비에서 소매점 브랜드는 진열량의 40%,매출액의 30%와 총이익률은 50%에 이르도록 고객의 인기를 얻어야 한다.

체인스토어가 고객의 신뢰도가 높아야 하듯이 소매점 브랜드의 인지도가 높아야 하는 전제가 있어야 브랜드 개발에 성공할 수 있다. 즉, 고객이 체인을 신뢰하고 품질이 보장되어야 한다. 선진국의 사례를 보면 상품구성의 50%가 외국 산지의 글로벌 소싱으로 수입하여 품목구성을 한 것을 볼 수 있다. 자국에서 이미 고생산원가로 인하여 공급이 곤란한 것이다.

우리나라도 어떤 상품은 중국과 동남아 등 외국에서 공급되고 있는 실정이다. 이는 주로 비식품 또는 의류, 생활잡화인 경우가 많으며, 특히, 식품부문에서는 중국산이 쇄도하고 있다는 것은 매우 우려되지만 그 가격면에서 국산에 비하여 매우 저렴하기 때문에 더욱 염려가 되는 부분이다.

▌표 11-3 ▌ SB와 PB 만들기의 목표

① 매가 → 업계 경우 × 1/2 ~ × 1/4
② 총이익률 → 30% ~ 50%
③ 동질, 계속, 무한공급
④ 구성비(제1품목): 진열량 40%, 매출액 30%, 총이익률 50%
⑤ 외국산지 구성 50%
⑥ 1인 머천다이저는 5 ~ 10품목, 1인 바이어의 담당 범위는 50 ~ 200품목, 매장 10평 미만, 메이커와 식당은 1 ~ 2품목, 바이어는 품종단위
⑦ 5개 필요한 혁신: 점포수, 바코드, 단위, 품질, 가격

중국산이 범람하여 더욱 우려되는 부분은 식품의 품질과 비식품 생활잡화의 납성분이나 불량식품 및 화학 첨가물의 문제가 심각한 것이다. 심지어 중국산 값싼 농산물이 물밀듯이 수입되고 있는 것은 국민 건강과 생활에 위협이 아닐 수 없다.

제2절 ▌ 제품개발 기술

1. 제품개발기술의 발전

(1) 메이커 브랜드와 스토어 브랜드

[표 11-4]는 제품개발에 있어서 메이커 브랜드와 스토어 브랜드가 있다. 본 장에서는 스토어 브랜드의 상품 매가의 특성과 상품의 장점과 단점 또한 체인스토어 지향 기업의 태도와 방향에 대한 일람표이다.

이런 경우 중요한 것은 ① ~ ⑥에 나타난 기술의 발전단계인 것이다. 표에서 ①을 체험하지 않으면 ②를 하지 않고 ③으로 이동하여 ④ ⑤ ⑥으로 발전하고 하

는 것이다. 기간으로는 최저 6년이 걸리는 이러한 순서와 단계는 기술발전과 제품 개발에 필요한 것이다.

한편 상품품종과 상품라인은 다른 것이다. 즉, 품종은 상품의 종류이며 상품라인은 각 품목의 낱개를 말하는 것이다. 이러한 품목낱개가 하나의 가격을 나타내는 것이다.

또한 상품라인은 품목구성을 하는 것이며, 그 가격선(price line)을 결정하는 것이다. 어떤 가격선을 집중적으로 구성할 것인지는 품목구성에 매우 중요한 것이다.

상품구성은 부문과 품종에서 시작하여 부문구성을 하는 것이 원칙이다. 상품 브랜드 개발 초기 단계는 시험용 브랜드를 만든다. 즉, 포장을 바꾸고 용량을 바꾸는 수준에서 상품을 개발하여 3%에서 10% 정도로 매가를 책정하여 고객에게 시험판매를 하는 수준인 것이다.

(2) 브랜드 개발의 수준

체인스토어의 머천다이저와 바이어들이 처음 브랜드 개발하는 수준에서 훈련이 되면서 ③에서 ④ ⑤단계로 수준을 향상시키게 되는 것이다. 처음부터 판매량이나 상품개발 기술이 미숙한 상태에서 브랜드 상품을 개발하는 것은 기술적으로 무리인 것이다.

그리고 브랜드 개발에서 중요한 것은 단위 품목당 판매량이 문제인 것이다. 즉, 한 두 개의 점포로는 브랜드를 개발할 수 없는 것이다. 앞에서 설명한 것과 같이 체인스토어는 규모의 이익(scale merit)을 추구하는 것이다.

일정한 규모의 이익이 나올 수 있게 하기 위하여 표준화된 점포를 집중적으로 로컬체인에서 리저널체인으로 또한 내셔널체인으로 개발하는 것이다.

브랜드 개발도 이에 병행하여 이루어지는 것이다. 물론 유능한 인재인 머천다이저와 바이어가 양성되어야 체인스토어의 장점인 브랜드 개발의 효과가 극대화 되는 것이다.

▌표 11-4▐ 제품·상품개발기술의 발전단계

본질	대분류	중분류	소분류	매가	장점	단점	태도방향
만드는 입장	Maker Brand	International Brand	Prestige Designer	초고가	잘 알고 있다	Coordinate 없음	취급하지 않음
						구형 입고	
		National Brand		고가	광고력	가격상승 다목적성질	대량매입으로 큰 할인
		Local Brand		저가격	가치가 있다	균질성과 대량, 계속성에 불안	실험의 필요
판매하는 입장	시험용 Store brand의 경우	패키지변경①		3 ~ 10% 싸게	제조하여 계획판매하는 시험용	단위당 할인이 안됨 일시적 호감을 얻는다	단기간에 실시한다
		판매단위(용량)의 변경②					
사용하는 입장	Store brand	Generic Brand③	폐품 이용형	20-40% 싸게	명세서의 발주점	재료가 곧 고갈	머천다이징 활동의 교두보
			순수 본질형	15-30% 싸게	집하시스템 구축 출발점	원가인상 가능성	
		Trade off	백화점과 용도동일형④	10-30% 싸게	머천다이징의 훈련	백화점보다 저질	머천다이저의 훈련용
			외국체인 브랜드 수입형	5-10% 싸게	수요조사로써의 목적	경험을 하는 것	단기
			백화점과 용도변경형⑤	30-50% 싸게	본격적인 머천다이징	용도의 설명 필요	
	Private brand	외국체인 상품수입형		비교가격 없음 (외국체인 상품)	계획판매 훈련과조사 목적	이익이 없음	생활제안용 (위험이 있음)
		Needs 개척형⑥			체인스토어의 머천다이징	Life test 고려	

2. 제품개발의 조건

(1) 제품개발에서 피해야 할 15가지 검토사항

제품개발에서 다음의 15가지 사항은 피해야 한다.

① 담당자가 합의 없이 독단적으로 한다.
② 연구개발 예산이 없다.
③ 연구기간이 없다.
④ 정보입수 루개척을 신중히 인식하지 못한다.
⑤ 정보해석의 잘못으로 책임을 다른 사람에게 전가한다.
⑥ 위험성이 있는 상품을 선정한다.
⑦ 개발 도중에 Vendor를 이용한다.
⑧ Life test 또는 시험판매 계획을 하지 않았다.
⑨ 단 1개 회사를 생산자로 정하여 처음부터 대량생산체제를 갖춘다.
⑩ Vendor에게 재료 입고가 되지 않았다.
⑪ 단기(10일~30일)의 효율적 생산집하체제를 편성하지 못했다
⑫ 테스크 포스에 포괄 위임이 되지 않았다
⑬ 처음부터 Popular brand를 고려하지 않았다.
⑭ 대중적인 실용품의 시대를 고려하지 않았다.
⑮ 선진 소매업을 벤치마킹하지 않았다.

3. 제품개발의 순서

(1) 생존의 무기

체인스토어 경영전략은 제품·상품개발이 경쟁에서 살아남기 위한 유일한 무기인 것이다.

전쟁에 총알이 있어야 싸움에서 적을 죽일 수 있는 것과 같이 체인스토어가 자사상품 브랜드를 개발하여 품질, 가격, 디자인을 고객들에게 인정을 받고 또한 인기를 얻어서 PB가 많이 판매되는 체인은 가격도 다운할 수 있고 총판매마진도 높

일 수 있기 때문에 경영에 유익하게 기여할 뿐 아니라, 기업 이익이 창출될 수 있게 된다.

(2) 제품개발의 순서

제품개발의 순서는 다음과 같다.

① Vendor의 종류를 조사한다.
② 생산여력이 있는 생산자를 발견하고 집하능력이 있는 Vendor를 접촉하는 것이 중요하다.
③ 정보입수 루트를 확립한다.
④ 제품개발에 배려해야 할 것은 제품개발 기획담당자에게 개발원칙이 있어야 한다.
⑤ Life test가 필요하다.
⑥ 진행 중이라도 명세서의 일부 변경, 수정, 시험제작이 중요하다.
⑦ 만약 처음 샘플 상품이 나오면 한 점포에서 시험판매를 하는 것이 중요하며, 개발담당은 고객의 의견을 들어야 한다.
⑧ 시험판매가 성공하면 다시 3개점에서 추가판매하고, 1개 상권에서 5개에서 15개 점포에서 시험판매를 실시한다.
⑨ 시험판매 시에 선전과 진열, POP광고, 점원의 실행 및 고객대응 화법을 표준화하는 것이 필요하다.
⑩ 제3자 매장에 소구하며, 실행하는 것이 원칙이다.
⑪ PB와 비교하기 위한 NB 품목을 취급하며, 매가도 함께 품목 비교가 되도록 한다.
⑫ 전 직원들이 기대하는 수준의 제품개발이 되도록 독려해야 하며, 고객의 인기를 얻도록 장려한다.

▌표 11-5▐ 제품개발과 매장의 연결이 부족한 상황

① 품절이 빈번하다. 이때 매장은 무엇을 할까? 고객응대는 어떻게 할까?
② 재고량 감소에 대해 매장에서의 조치-타인에게 잘못했다고 할 것인가?
③ POP 광고의 배색, 부착 방법과 위치가 아이디어이며, 주의할 것
④ 관심의 특징을 광고에 반영하지만 매장 POP에는 무시하는 것
⑤ 접객용어에 특색이 들어 있지 않다.
⑥ 점원이 관심이 없으며, 특히 시간제 점원은 더 무관심하다.
⑦ 코디네이터의 개발 제품은 진열에 반영하지 않음
⑧ Life test가 없어서 현장에서 자신도 없다.
⑨ SB와 PB의 특매대 판매는 의도하는 대로 명백하지 않다.
⑩ 사용하는 고객의 입장에서 고려한 논리가 없다.
⑪ 열심히 고객에게 인지시키려고 하는 노력도 계획도 없다.
⑫ 점포 측도 노력하지 않고 자신도 없다.

▌표 11-6▐ 체인스토어 업태의 품목구성의 특색

목 적	Need의 충족—생활제안 • 가능하면 만들라
매장면적과 관계	• 고객이 원하는 범위와 작업의 적절한 범위 내에서 • 기본적인 basic item을 구성 • 적정규모형
구성분류	사용하는 입장에서
용 도	• 용도를 정확하게 • 한 가지 용도로 complete store type
가 격	Price range에 적합하게
추진용이	① 2-3품목을 발견할 수 있다 ② 3-4품목을 즐겁게 비교할 수 있다.
품 질	• TPO(용도에 한정한 특질, 필요한 품질) • 균형 있는 거래
집 하	• 자사의 머천다이징 활동 • 수량보충과 계속과 확대 가능하게

제3절 ▌사례연구: Tesco PB 개발사례

1. Tesco 개요

(1) Tesco 연혁

영국 최대 유통기업인 Tesco는 1919년에 탄생했다. Sir Jack Cohen이 런던의 이스트 엔드에 마켓에서 소매점에서 식품을 판매하면서 시작되었다. Tesco의 이름은 TES(from TE Stockell, a tea supplier Jack Cohen used)와 CO는 Cohen에서 따온 것이다.

회사는 1960년에 셀프-서비스 모델과 창업자가 "싼 것을 더 싸게 판매"라는 모토에 따라서 돈의 가치를 주는 소매업자로 명성을 얻어 설립했다.

그러나 1970년대에 Tesco는 경쟁사로 인하여 지속적으로 시장점유율을 잃었고 특히, Sainsbury's 기업에게 시장점유율을 많이 잠식당했다. 1995년에 Tesco는 세인스버리 회사와 경쟁에서 이겼고 결국 영국 식품소매 시장의 선도기업이 되었다.

이는 1977년 이래 시장전략을 개선하는 노력을 지속한 덕분이라고 한다. 2014년 영국에서 Tesco의 시장점율은 21%로 회사 종업원은 약 35만명, 전 영국 내에 점포가 약 2,100개이며, 소매점은 4가지 형태의 점포업태로 운영한다.

(2) 소매업태 현황

그 업태 현황은 다음 [표 11-7]을 참조하기 바란다.

현재는 영국 외에 EU와 아시아의 12개 시장에서 운영하고 있다. 국제 운영에 100,000명 이상이 고용되어 일을 하고 있으며, 판매액은 7,600 mil. GBP (Great Britain Pound), 이익은 370mil. GBP이다.

Tesco 성장전략의 주요 특징은 영국을 중심으로 비식품강화 50%, 국제화, 소매업 서비스 강화 등 세 가지 전략을 집중하고 있다. [표 11-8]를 참조하기 바란다.

▌표 11-7▐ 영국내 Tesco의 점포업태 현황

업태	규모(sqft)	품목수	입 지	목표
Express	3,000	2,500	Busy city center/petrol station	Impulse
Metro	7,000-15,000	10,000	High streets/large city center Shopping areas	Top-up
Super store	20,000-50,000	30,000	City suburbs	One-stop Weekly shop
Extra	60,000	50,000	City suburbs	Destination Shopping

※ 소스: adapted from Coriolis 2004(Strategic Retail Management by Joachim, 2007)

▌표 11-8▐ 테스코 성장전략의 주요 특징

본 사	다국적
• 시장 선도전략 • 혼합 마케팅 전략 • 시장 경쟁력 • 클럽카드	• 12개 시장 • 최소 5개국에서 선도전략 구사 • 혼합 마케팅전략 • 현지국 상품

TESCO는 공급업체와 상생경영을 펼쳐 영국 내에서 최근 가장 존경받는 기업으로 꼽히고 있다. 공급업체로부터 97%의 신뢰를 받고 있다고 한다.

2. 자체기획상품 개발 사례

(1) 기본적 방법

TESCO가 공급업체와 상생하는 가장 기본적인 방법은 자체기획상품(PB) 프로그램이다. 특히 식품군에서 타 유통업체의 PB상품보다 월등히 앞서나가고 있다는 평가다. TESCO의 생산자 표시제도는 협력업체와 상생하는 길이다. PB상품의 뒷면에 상품의 영양성분은 물론이고 생산자의 사진과 제품이 어떻게 생산되었는지, 생산이력이 자세히 표시되어 있다.

(2) 생산자의 신뢰도

TESCO 관계자는 "생산자를 소개하면 상품에 대한 신뢰도를 높일 수 있고 생산자 또한 TESCO에 납품을 했다는 기록이 남아 자신의 상품품질을 인정받을 수 있다"고 했다. 지난 1993년 유럽 유통업계 최초로 도입된 TESCO의 PB 상품은 매장에 진열되어 있다.

(3) PB 품목수

4만여 상품 중 PB품목의 수가 무려 2만5000개 이상이다. 매출비중도 전체 매출의 50%가 넘는다. 회사의 중심축을 이루는 PB상품은 일부 해외소싱을 제외하면 대부분 자국의 중소상인이나 영세업자들이 생산하는 상품으로 채워진다. TESCO는 영국 내 제품 수급을 통해 질 좋은 상품을 선정하고 자사 이름으로 판매하여 브랜드력이 약한 영세 생산업자들의 시장개척 판로가 되고 있다.

대형유통업체와 중소생산업체 간 공존의 기초를 다지고 있는 셈이다. 2007년 1474개의 공급업체가 참여한 설문조사에서 94%의 업체가 테스코를 신뢰하고 있다고 답했다. 그 밖에도 협력업체들과 상품모양, 포장, 신제품 개발 등을 위한 '테크니컬 운영자 미팅'을 정기적으로 실시한다. 그러면서 이들 상품공급자들과 여러 가지 문제를 회의를 개최하여 해결을 한다.

이를 통해 테스코가 필요한 물품을 공급업자가 생산할 수 있게끔 기술지원을 한다. 식품을 생산하는 농촌에 대한 지원도 아끼지 않고 있다. 재배농민들을 위한 교육을 하며, 로컬 소싱을 위한 지역박람회도 정기적으로 실시한다.

3. 공급업체와 상생경영

(1) 공급업체 지원

이와 함께 TESCO에 공급을 하는 영국 농부들에게 상품개발 지원, 공동마케팅 활동 등을 실시하여 생산자들의 매출증대에도 힘쓰고 있다. 테스코 그룹 루시 부회장은 "공급업체가 탄탄하면 결국 유통업체에 득이 돌아 온다"며 "공급업체에 대한 지원은 가장 안정적인 투자"라고 강조했다.

영국 최대 유통기업인 TESCO는 대형할인점에서부터 동네 편의점까지 운영하는 1등 유통업체이다. TESCO가 공급업체와 상생하는 가장 기본적인 방법은 자체기획상품(PB) 프로그램이다. 특히 식품군에서 타 유통업체의 PB상품보다 월등히 앞서나가고 있다는 평가이다.

(2) 생산자 표시제도

TESCO의 생산자 표시제도는 협력업체와 상생하는 길이다. PB상품의 뒷면에 상품의 영양성분(nutrition)은 물론이고 생산자의 사진과 제품이 어떻게 생산되었는지, 생산이력이 자세히 표시돼 있다.

영양성분은 생물이 생명현상을 유지하기 위해 외부로부터 물질을 섭취하는 것이다. 섭취되는 물질을 사람과 동물에서는 영양소라 하고 식물에서는 양분이라 하여 구별한다.

사람은 태어나면서부터 발육·성장·죽음에 이르기까지 건강유지, 생활활동, 운동, 임신 등 생명의 영위에 필요한 물질을 음식물로 섭취한다. 이처럼 건강을 유지·증진하기 위하여 영양 공급을 받아 섭취해야 한다.

memo

제12장

상품 프로세스와 계획

개 요

① 머천다이징 프로세스에 대한 개요를 이해한다.
② 머천다이징 프로세스의 실제를 연구하고 실행에 참조한다. 또는 현업에 적용할 수 있도록 비교 분석하고 이를 토대로 참고하여 응용한다.
③ OTB 시스템을 이해한다. 현재 우리나라 소매업계에서는 적용하지 않고 있으나 현업에 적용할 수 있는 방법을 이해하고 응용한다.
④ 상품계획에 대하여 연구한다. 소매업의 관리는 일반적으로 계절기준에 대한 buying, 머천다이징, 상품의 여러 타입의 물류와 판매관리를 포함한다. 계획기능은 이러한 활동을 효과적으로 실천과 관리하는 것이다.

목 표

① 소매 머천다이징에 포함된 주요 프로세스를 이해한다.
② 머천다이징 프로세스 간에 상호작용을 이해하다.
③ OTB(Open to Buy)이해하고 우리 기업도 도입을 연구한다.
④ 상품계획에 대한 확실한 이해와 진행을 연구한다.

제1절 ❙ 머천다이징 프로세스

1. 머천다이징 프로세스 개념

(1) 머천다이징 프로세스

머천다이징은 상품의 주요한 타입을 위한 사업 프로세스가 필요하다. 자동차 머천다이저는 발주를 받은 자동차의 스타일, 컬러와 사이즈의 수를 결정하며, 재고는 몇 대를 보유해야 하는지, 가격 프로모션을 언제 해야 하는지 등을 결정한다.

식품 머천다이저는 상품구성을 어떻게 하고 가격을 연중 몇 번이나 변경하며, 신선식품, 캔류, 냉동식품과 가공식품에 대한 면적을 어느 정도 할당해야 하는가를 결정한다.

섬유업체와 의류업 머천다이저는 상품변화의 성질에 대한 강력한 영향을 행사하는 특별한 역할을 한다. 머천다이징은 섬유와 의류 사업의 모든 부문을 통합하는 것이다. 섬유 생산라인에 대한 계획, 개발, 실행을 해야 한다. 버튼, 지퍼와 실과 같은 개발라인은 완제품을 판매하기 위한 머천다이징을 해야 한다.

대개의 의류제조자들은 소매 바이어가 선택한 도매시장에서 발주를 받아서 라인의 계획, 개발, 실행을 한다. 동시에 소매 바이어는 소매 고객들에게 판매하기 위하여 상품라인을 결정한다. 수직적 통합제도에 의하여 근래 많은 의류회사들은 도매와 소매업체 양측에 머천다이징 활동을 한다.

이러한 기업들은 새로운 기술을 도입하기 위하여 머천다이징 프로세스를 적용한다. 이때 머천다이징 프로세스의 실행은 바코드와 디지털 카메라와 같은 주변장비를 이용한다. 또한 작은 컴퓨터는 램(RAM)과 풀 컬러(Full color)로 운영된다.

머천다이저는 이때 테크놀로지 지원 머천다이징 프로세스 형식을 설치하여 운용한다.

〈그림 12-1〉 머천다이징 과정

(2) 머천다이징 프로세스 6단계

1) 제1단계: 계절 전 계획

머천다이징은 각 점포가 고객이 구입하기를 원하는 품목의 정확한 수량을 유지하기 위하여 상품 Vendor와 회사 재고관리를 한다. 다음 <그림 12-1>은 과정의 주요 요인을 간단히 요약하여 설명한 것이다.

고객이 구입하기를 원하는 것은 계절 전 세부계획에 필요한 것을 결정하기 위한 것이다. 이 계획은 연역적 트렌드(historical trend)와 미래에 대한 예측에 기반을 가지고 만드는 것이다. 계획과정은 머천다이저가 각 점포에 재고에 대한 초도할당을 하기 위하여 필요하다. 머천다이저는 점포가 달성할 수 있는 적절히 필요한 재고와 계획한 판매목표를 초과 달성할 수 있는 것을 확인한다.

2) 제2단계: 계절 중 머천다이징

지난 계절 동안 머천다이저는 판매 트렌드에 대한 반응 및 스타일과 각 점포의 실행을 항상 검토한다. 이 계획은 구매부서나 점포에 판매예측을 계절 중간에 수정하기 위하여 필요하다. 즉, 판매계획, 재고수준과 보충을 개선한다. 계절 중에 머천다이저는 재고수준이 줄어드는 것을 파악하여 상품을 점포에 보충하기 위한 책임이 있다.

3) 제3단계: 실행검토

모든 재고는 초도 할당을 계절 초에 하지 않아도 된다. 계획은 계절초기에 판매예측에 의존하기보다 계절 중에 실제 판매 트렌드에 반응을 분석하여 머천다이저가 작성하는 것이다. 계절 말에 머천다이저는 판매달성과 재고보유의 상태를 보고 보충 결정을 검토하는 것이다.

4) 제4단계: 판매수정과 재고수령

판매가 진행되는 동안 매출의 증가 또는 축소 등의 변화가 있을 경우, 판매목표의 수정이 필요하다. 판매의 수정에 따라 재고수준과 수요예측이 변한다.

5) 제5단계: 보충

상품보충은 이러한 수정에 따른 변화와 재고수준의 지속적인 유지로 품절이 일어나지 않도록 주의한다. 아직도 심지어 대형매장에서도 많은 품목들의 품절이 발생하여 고객이 매장에서 그 상품을 구입코자 하는 순간에 판매 기회손실을 일으키는 사례가 종종 있다.

이는 바이어와 물류센터 책임자, 점장, 전산실 등의 주요 간부들은 책임을 지고 이러한 사건이 재발되지 않도록 각별히 주의를 기울여야 한다. 특히, 바이어는 계획에 의한 머천다이징 프로세스를 체크하여 어디에 문제가 있으며, 어디에서 사건·사고가 발생하고 있는 지 그 원인을 규명하여 근본적으로 시정할 책임이 있다. 보충은 항상 지속적으로 이루어져야 한다.

6) 제6단계: 계절 후 요약

계절 후에 요약은 그동안 얻은 정보를 분석하고 검토하여 차기 계절을 위한 실제 계획을 세우는데 있어 머천다이저에게 도움을 주는 것이다. 이러한 머천다이징 프로세스는 지속적으로 반복되고 상황에 따라 수정하고 조정하면서 반복적으로 프로세스를 진행하는 것이다.

〈그림 12-2〉 머천다이징의 과정

제13장

글로벌 소싱

개 요

① 오늘날 현대 소매업은 글로벌화하지 않으면 안 된다. 글로벌 소싱의 개념을 명확하게 이해할 필요가 있다.

② 머천다이징 활동이나 상품공급 지역의 물색은 글로벌 소싱을 통하지 않으면 저가 상품을 구할 수 없게 되었다. 시대적인 경쟁 상황에서 글로벌 소싱의 개념을 정립하는 것은 매우 중요하다.

③ 글로벌 머천다이징은 글로벌 소싱 프로세스와 글로벌 소싱의 결정이라는 머천다이징 활동에 중요한 과제이며, 그 자체의 과제를 계획·실행과 결정을 하는 것은 매우 중요하다.

목 표

① 글로벌 소싱의 역사와 상황적 개념에 대한 이해를 먼저 해야 하는 것이 본 학습의 첫째 목표이다.

② 글로벌 소싱의 프로세스를 명확하게 파악하고 직접 글로벌 소싱을 이행할 때, 적용해야 하는 사전 이해와 지식이 중요하고 필요한 것이다.

③ 글로벌 소싱을 수행할 때 세계 각 지역의 자유무역협정 지역 블록킹에 대하여 파악해야 하며, 그 규정 또한 중요하고 WTO, 지역 간, 국가 간 FTA 협정을 파악하여 우리와 유리한 지역을 물색하고 소싱하는 것도 매우 중요한 과제이며, 학습목표인 것이다.

제1절 ▎글로벌화의 개요

1. 머천다이징의 글로벌화의 의미

(1) 세계화 : 시장과 자금

머천다이징 결정(Merchandising decisions)은 상품을 구입하기 위하여 얼마를, 언제뿐 아니라 어디에서 구입하는 것인가 하는 것을 포함한다.

어떤 정해진 시간에 Limited and Liz Claiborne과 같은 주요 의류 회사는 40개국 이상에서 재료, 생산 및 완성된 제품을 소싱한다. 소싱(Sourcing)은 정해진 시간과 구조 안에서 배송하면서 특별한 품질과 서비스 수준에 가장 효율적인 원가의 재료, 생산과 완성된 상품에 적합한 Vendor를 결정해야 한다.

소싱은 국내에서 해외상품을 수입하는 것을 의미한다. 전 세계에서 가장 거대한 시장은 미국 시장이며, 세계 200개 이상의 국가가 섬유와 의류를 미국에 수출한다. 근래에 한국의 경제규모가 성장하면서 한국 시장에도 많은 해외상품 특히 중국, 일본과 미국 등 제3국의 상품이 수입되고 있다.

또한 세계 경제는 더욱 더 개방화와 자유화 지향으로 변화하고 있다. 한국은 세계 10대 경제대국으로 발전하였고 수출주도 국가로서 외환보유고가 2018년 12월 말 현재 4036억9000만 달러이고 시장의 글로벌화는 가속화 되고 있다.

〈그림 13-1〉 글로벌 소싱이 돈이다

한편 한국에서의 상품생산은 원가가 더욱 상승하고 있으므로 가격경쟁에서 뒤지며 해외 제3국의 저임금과 저원가 가공상품이 수입되고 있다. 특히, 중국의 농산물을 비롯하여 공산품과 의류 등 다양한 상품이 저가격으로 홍수처럼 수입이 증가하고 있다.

한미 FTA는 미국과 한국의 무역자유화 협상으로 체결되었으며, 현재 시행 되고 있다. 한국 상품이 미국 시장에 더욱 쉽게 진출하게 되었고 이에 따라 미국 상품도 우리나라에 쉽게 들어올 수 있게 되었다. 특히 우리의 자동차, 가전(TV, 전자제품) IT, 섬유, 조선 등을 미국 시장에 수출할 수 있고 반대로 미국의 육류, 제약, 농산물, 서비스 업종 등이 한국에 수입되고 있다. 현재까지의 결과는 양국의 경제 발전에 크게 기여하고 있다

EU FTA 또한 미국 시장과 버금가는 거대한 유럽공동 시장에 한국 상품이 진출하고 EU의 지적소유권과 패션상품 및 농산물이 교역되고 있다. 미래에 유럽이 통합된다면 이는 미국 이상의 거대한 시장이 될 것이다.

중국과의 FTA에서 중국은 한국의 농산물을 포함한 상품 개방률을 90%로 하였다. 한국과 중국은 연간 교류인구가 1000만명이 넘는 우리나라의 최대교역국이다. 한중 FTA 체결 후 제조업 분야에서 많은 무역흑자가 발생하고 있는 반면 농수축산 분야에서는 다소의 피해가 발생하고 있다.

(2) Global 시대 이후

2095년에 원산지 증명의 라벨이 붙은 태양계의 다른 외계국에서 상품을 수입할 수 있다는 상상도 가능성이 있다. Made in America와 Made in Korea 와 같이 유성 지구의 제조(Made on the Planet Earth)라고 제3 위성과 구별하는 것도 상상할 수 있다고 예측하는 학자도 있다.

글로벌화(Globalization)는 태양계화(Solarization)와 단순히 비교하는 것이다. 말하자면 글로벌(Global)은 전 세계와의 관계를 포함하는 것을 의미한다.

글로벌은 전 세계를 조직하거나 설정하는 것이다. 사업하는 관점에서 글로벌화는 시장으로서 생산을 위한 소싱과 상품 수입으로서 세계의 다양한 입지에 관점을 연관한 것이다. 글로벌 기업들은 다양한 세계의 지역에서 생산과 물류를 동시에 조정하기 위하여 발전된 통신과 운송기술을 이용하고 있다.

글로벌 기업의 능력은 정치적 국가의 힘을 능가하거나 지배하고 있다. 어떤 글로벌 기업은 전 국가보다 자본과 경제력에서 더욱 강력한 지배를 하고 있다. 성공적인 글로벌 경쟁자들은 정부 관료의 힘에 대한 특징보다 더욱 더 커뮤니케이션에 특징이 있다. 명령의 수직적 통제와 구조는 국경을 넘어서 수평적 협동적 관계에 의하여 교체되고 있다.

(3) 중국, 인도의 세계 가공센터화

현재 중국이 전 세계의 거대한 가공공급 지역이 되어 엄청난 경제 발전을 하였으며, 미국의 입장에서는 저가격 상품을 공급 받게 되어 가격파괴를 하는 계기가 되었다. 중국의 성장은 새로운 세계경제 질서에 변화가 일어났다는 것이다.

최근에는 인도가 새로운 가공공급 센터로 급부상하고 있다. 인도 역시 첨단 IT 산업을 발전시켜서 세계 IT산업의 센터가 되고 있다. 또한 기타 제3세계 지역(남미, 카리브해안지역, 동남아지역, 동구권 등)들의 생산체제 발전으로 이들 가공공급 센터들이 글로벌 공급지역 역할에 속속 참여하고 있다.

이제 한국은 저가 상품가공 센터의 역할에서 오히려 소비시장으로 변하여 글로벌 소싱을 당하는 것이 아니라 반대로 글로벌 소싱을 해야 하는 형편으로 변한 것이다.

글로벌 소싱은 완제품만 해당하는 것이 아니라 자원과 재료, 원료, 소재, 석유, 에너지 등의 생산의 기초자원 소싱도 글로벌 소싱의 일환인 것이다. 그러나 여기서 설명하는 글로벌 소싱은 소비제품의 상품 소싱을 주로 논하고 있는 것이다.

제2절 ┃ 글로벌 소싱

1. 다양한 수입국

(1) 저임금 지역

미국에서 판매되고 있는 의류의 절반 이상이 수입품이다. 이들 의류의 약 절반은 미국 기업에 의하여 생산되고 나머지는 전 세계의 많은 기업에서 수입한다. 오늘날 기업들은 상호 연결된 세계에서 거래가 증가되고 있다. 글로벌 경쟁자들은 많은 나라들에서 동시에 수입되고 시장에 진입한 제조자가 생산하고 개발하여 운영하고 있다. 이렇게 해서 그들은 자신들이 재료, 입지와 공급업체에서 기술을 소싱한다.

더욱이 커뮤니케이션은 컴퓨터와 스마트폰을 활용한 이메일 및 SNS로 연결하고 있다. 특히, 현재의 신입직원은 모두 컴퓨터 세대 그룹에 의하여 채워지고 있으며, 전자정보화 시대를 위한 코스로 정해지고 있다.

역사적으로 기업들은 재료와 상품의 가능한 소스를 확인하기 위하여 개인적인 접촉과 공급자와 무역협회의 인쇄 안내책자의 네트워크를 이용했다. 적절한 소스를 결정한다는 것은 이러한 가능성을 시험하는 차원에서 관련 생산 사이트 등에 전화 혹은 접속하는 것을 의미한다.

마스트 인더스트리(Mast Industries, The Limited INC.의 방계회사)와 제이시페니(JC Penny)를 포함한 어떤 기업은 그들의 전자소싱 시스템을 개발하여 경쟁능력의 예리한 칼날과도 같은 활동을 하고 있다.

원가계산표와 물류형식으로 설명한 명세서는 전자식으로 소통하여 전자소싱 정보를 이용했다. 합리적인 가격으로 인하여 마이크로 컴퓨터 능력이 급성장하면서 전자소싱이 실제로 이루어졌다. 많은 수의 온라인 소싱 데이터베이스가 개발되었다.

섬유와 의류기술 회사(Textile and Clothing Technology Corporation)인 내셔널 소싱 데이터베이스가 개발되었다. 목표는 단일전자 접촉으로 다양한 소싱 데이터베이스로 접근하도록 제공하는 것이다.

소싱 네트워크의 개발은 상품개발의 종합적 방향이 이루어지도록 하는 자료와 생산 소싱을 하는 것이다. 예를 들면 여러 다른 나라의 새로운 섬유를 개발한 기업들은 상품개발 진행절차로써 인터넷에 의하여 접촉한다. 자료발주를 하고 배송일자를 협의하는 것도 인터넷으로 한다. 상품의 소싱은 공장 레이아웃과 생산통계와 공급능력의 가능성에 대한 전자 디스플레이를 포함한다.

대개 미국에 기반을 둔 기업에 의한 소싱 활동은 미국에서 수입하는 것이다.

미국에 수입되는 섬유와 의류의 대부분은 미국 의류제조업자와 소매업체에 의하여 소싱을 한다. 제3국으로부터 수입되는 미국의 의류는 그 금액에서 엄청난 것이다. Global sourcing은 미국의 의류제조업체와 거대 소매업체(Wal- Mart, K-mart, Sears, Target, Nordstrom, Macy's, Kohl's, etc.)가 주도하고 있다.

(2) 남미의 빈곤과 노동력

1993년 이래 수많은 개발도상국에서 미국이 수입한 의류와 섬유는 엄청난 규모이다. 이들 국가들은 다음과 같다.

① 북중미지역: 멕시코와 캐나다
② 중남미지역: 아이티, 온두라스, 엘살바도르, 과테말라, 도미니카 공화국, 코스타리카, 자메이카
③ 캐리비안 연안국가(Caribbean Basin Initiative = CBI)
④ 유럽지역: 이탈리아
⑤ 아프리카지역: 이집트
⑥ 동남(중동)아시아 지역: 스리랑카, 아랍에미리트 연합, 방글라데시, 인도, 파키스탄, 터기
⑦ 남동아시아지역: 인도네시아, 태국, 마카오, 필리핀, 말레이시아, 싱가포르
⑧ 동북아시아지역: 중국, 일본, 대만, 홍콩, 한국 등에서 수입을 하고 있다.

2. 수입국의 다변화

'80년대 들어서면서 한국 의류의 미국 수출은 줄어들고 중국의 의류 수출은 증가하여 미국 시장점유율을 많이 잠식당했다. 특히, 신발도 한때 한국의 수출 주력 품목이었으나 모든 신발산업이 중국으로 이전되었고 이에 따라 중국의 신발산업이 급속하게 성장하였다.

멕시코는 NAFTA이후 미국에 대한 수출이 3배로 증가하였다. 멕시코의 다양한 상품이 미국으로 수출되었고 란제리에서부터 남성 정장, 진 등이 소싱되었다.

캐나다의 미국 수출도 급속한 증가와 남성과 여성 상의와 품질이 좋은 스포츠웨어와 야외 의류를 포함하여 더욱 업그레이드된 시장으로 확장되었다. 캐나다와 미국은 80%의 시장을 상호개방 했으며, 어떤 캐나다 기업은 미국 시장의 시장점유율이 안정되어 성공적으로 기업을 운영한다.

3. 글로벌 소싱 혁신

(1) 국경을 넘어 글로벌로

기업은 매년 급속한 시장의 주도적 기업 위치를 유지하기 위하여 도전을 하지 않으면 안 된다. 고객이 요구하는 최고의 상품과 품질을 공급하기 위하여 현재의 상품 공급시스템으로는 불가능하다. 새로운 기술의 상품, 효과적 인 운영에 혁신을 해야 하며, 이는 국경을 넘어서는 글로벌 소싱이 필요하다.

기업이 글로벌 소싱을 하기 위하여 운영비 절감과 효과적인 생산성과 이익을 창출해야 하며, 공급이 적기에 시장의 상황에 적응하도록 해야 하는 것이다. 이러한 상품의 제조원가는 매우 높다.

더욱이 기업은 글로벌 서비스를 효과적으로 통합하는 것을 확실하게 해야 한다. 기업은 상품개발에 지속적 혁신으로부터 국경을 넘어 글로벌 고객관계와 문화의 차이를 극복해야 한다. 기업이 글로벌 소싱 모델을 적용하기 전에 전문인력의 육성과 확보가 우선적으로 필요하다. 이러한 접근은 경비의 문제도 있으나 과연 이것이 효과적이고 안전한 수준인지에 대한 의문인 것이다. 글로벌 소싱을 위하여 적절한 파트너가 필요하며, 지속적인 전략적 파트너가 있어야 한다.

고객이 기대하는 기술적 능력의 표준화가 매우 높은 수준으로 유지되어야 한다. 기업은 처음에 기능의 작은 부분을 글로벌 소싱하는 것부터 결정해야 한다. 한국도 개별기업만으로 글로벌 소싱을 효과적으로 할 수 없다. 소매와 제조업체가 협업화하여 QR, ECR, SCM 등의 System을 도입하여 소매 데이터를 공유하며, 글로벌 소싱과 생산공급 시스템을 통합운영하는 협업시스템으로 협력체제가 하루속히 이루어져야 한다.

(2) 아웃소싱의 근본적 변화

- 신뢰할 수 있는 지를 확인한다.
- 공급능력이 있는 지를 확인한다.
- 상품개발과 지원능력이 있어야 한다.

① 기술적 요인: 상품개발 능력은 여러 가지 기술적 요인인 상품 엔지니어링 (Product engineering)이 필요하다. 발주관리, 고객지원, 계약관리와 기타

서비스 운영을 계약해야 한다.

② **가치제공 요인**: 상품 엔지니어링 서비스는 원가요인 적용 방식으로 신속하게 디자인에 의한 최고의 상품 성장을 지원하는 것이다. 상품의 토탈원가(TCP = Total Cost of Product)는 약 45% 이상 절감하는 것이다.

BPO(Business Process Outsourcing) 고객관리 기능의 중요 부분이다. 거래비는 40% 감소되고 거래건수는 20% 증가한다. 운영기술의 종합은 신속한 변화 실천의 능력이 있어야 한다. 프로세스 개선과 기술이 기업 내에 전반적인 효율과 개선을 가져오게 하기 위해서는 지식경영에 우선적인 능력이 있어야 한다.

전반적인 운영관리 인프라 설정에 의한 원가의 절감뿐 아니라 혁신과 장기적 전략활동에 초점을 두고 기업 경쟁력을 개선해야 한다.

글로벌 경제 자체와 같이 아웃소싱은 근본적인 변화가 실천되어야 한다. 운영비용과 관련된 내부재원 마련을 위한 전술적 기구를 검토하여 기업 변화를 융통성 있게 적용하는 전략적 활동, 경쟁적 위협, 품질개선과 신시장 침투에 즉각적인 대응을 해야 한다.

1) 단시일에 아웃소싱은 글로벌 소싱으로 발전

기술의 시장개척 능력, 고도의 기술 능력으로 저원가의 전 세계 작업팀에 의한 지원, 서비스의 종합적 결합, 기업 모델과 경제적 개혁에 의한 정립이 중요하다. 이러한 변화의 장점으로 새로운 예측에 깊은 이해뿐 아니라 글로벌 소싱은 기업의 단기목적과 전략목표에 대한 지원이 요구된다.

2) 소싱의 모듈: 소싱 시장의 변화를 실행

글로벌 수송모델은 물류 적용력과 사업 프로세스 라이프스타일 활동과 재원의 능력을 개발해야 한다. 모듈 글로벌 소싱 모델(MGS = Modular Global Sourcing)을 도입하고 개혁해야 한다. 결정구조와 계획활동의 결합은 공고한 전략소싱 결정과 사업 프로세스 투자의 고도화를 촉진시킨다.

글로벌 소싱은 적절한 원가로 적절한 장소에서 가능성을 확인하는 세계 전 지역과 자원에 확장하는 것이며, 글로벌 공급자를 물색하고 지속적인 공급 서비스 체제를 창출하는 것이다. 소싱 운영지원과 요구되는 공급 결과를 확인하는 최고의 협력업체 소싱의 지속적인 개발, 서비스 수준과 관계 가치의 측성, 데이터 보호와 안전계획과 관리를 유지하는 것이다. 글로벌 경제가 변화와 성장으로 소싱의 변화는 완전할 수 없다.

글로벌화는 매우 어려운 문제점이 있으며, 이를 해결하는 특별한 변화가 중요하다. 즉, 기업은 업무의 복잡성, 원가효과 방법에 대한 집중 관리를 결정하는 것이다. 최신 기술과 사업 프로세스에 통합, 최고 수준의 인프라를 창조하는 기업 모델의 전환이 요구되는 것이다.

① 사업의 도전

이미 진부화된 산업 중의 기존 산업은 현대 IT 정보화 시대의 매우 진보적 산업만으로 변화하지 않으면 살아남을 수 없을 것이다.

정부의 법률은 매출관리와 사업의 보수적 접근은 전부 규제가 되는 것이다. 대규모 기업의 기술 솔루션을 만드는 것은 도전에 있다. 쇄신을 위하여 기업은 정보화 인재 그룹에게 정보화 사업의 원가절감 또는 한정된 시간 스케줄에 조정의 여지를 제공하는 한편 최소한의 제한적인 통제만 해야 할 것이다. 고객은 더욱 발전지향적 모델로 접근하는 운영을 원하고 있다. 이는 더욱 더 효과적, 효율적 방식으로 원가절감과 정보화, IT 전개를 글로벌 소싱 수단으로 추구해야 한다.

그러나 글로벌 소싱 경험과 해외 소싱 Vendor와의 효과적 협상을 위한 기업 조직의 부족은 과감한 전진을 더욱 지연시킬 것이다.

② 문화 적응

해외 소싱의 첫째는 경험이 있어야 하며, 고객이 이에 대한 의심을 하는 것은 자연스러운 현상이다.

기업은 고객의 모든 의문을 명확하게 해소하는 것에 더욱 힘써야 할 것이다(went that “extra mile” in clearing all the doubts). 예측 능력을 보이는 것 외에, 글로벌 공급 모델(The Global Delivery Model)의 부분으로써 이익 성숙과 프로젝트 관리에 대한 기업은 공급국가 간에 교량 역할과 문화적 간격에 대한 특별프로그램이 만들어져야 한다. 가공공급 국가의 문화와 생활 방식에 대한 팀의 교육과 훈련을 도와주어야 하며, 상호 이해와 존중을 바탕으로 개선되도록 지원해야 한다.

③ 단계적 솔루션

고객의 필요와 기존 구조의 평가 후 기업은 이에 대한 목표에 적합하도록 새로운 개혁 시스템을 만들어 기존 프로세스를 자동화시켜야 한다. 예를 들면 추적 측정과 분석 시스템(The Track Measurement and Analysis System)은 추적관리와 개선을 위하여 커스터마이즈(customize)된 솔루션을 만들어야 한다. 이는 궤도 탈선을 방지하는데 유용할 것이다.

수많은 작업그룹과 인적 재원에 대한 관리능력이 개발되어야 한다. 기업의 인력개발 팀은 실시간으로 인력을 업데이트 하고 이에 대한 메커니컬 인력계획시스템을 개발하여 종합적으로 인력관리를 해야 한다.

④ 배송업무 가치

모든 계획은 즉시 배송, 예산 승낙, 정확한 예측과 품질관리와 같은 여러 가지 품질매체의 수준을 높이는 것이다. 흥미로운 것은 최고 문화적 적응력(Best Cultural Fit)을 위한 보상이다. 결과적으로 기업은 더욱 전략적 사업 주도를 위한 자원을 활용하는 능력이 있어야 한다.

3) 글로벌 소싱으로 커뮤니케이션 서비스의 변화

급속한 정보통신 산업의 성장은 새로운 도전을 위한 많은 기회를 만들었다. 다가오는 서비스의 광범위한 지원에 대하여 강한 인프라 이외에 공급자들은 고객관계관리에 초점을 맞추는 것이 필요하다.

기업은 R&D 투자를 확대해야 하고 중요한 프로그램 임무, 네트워크 운영과 엔지니어링, 관리, 시험 등에 대한 서비스가 지원되어야 한다. 기업은 사업전략과 장기적 목표와 사업 진행의 도전을 정립해야 한다. 최고의 해외 Vendor를 선정하는 것도 중요하다.

글로벌 소싱의 강화는 어떻게 어디에서 소싱할 것인가 뿐 아니라 왜 무엇을 소싱하며, 누구에게서 할 것인가 하는 것이 더욱 중요하다.

제3절 ❙ 소싱 프로세스와 글로벌 소싱 결정

1. 소싱 프로세스

(1) 소싱의 중요성

두 형태의 회사가 의류 소싱 관계에서 주요 역할을 한다. 즉, 제조 혹은 소매업체인 소싱회사와 국내 혹은 세계의 어디에 위치한 계약회사이다. 소싱회사는 무엇을, 언제, 어디에 상품이 필요하다고 결정하며, 계약회사는 상품을 공급한다. 즉, Vendor와 같은 역할을 한다. 만약 상품을 외국에서 소싱을 한다면 소싱회사와 예상계약회사 간에 중간 역할을 하는 에이전트가 있는 것이 통례이다.

에이전트는 계약회사 국가의 회사이며, 이들은 회사, 상품, 생산능력(Production capacities)과 품질수준(quality levels)에 대하여 잘 알고 있다. 에이전트는 상품공급의 원가에 통상 5%를 서비스 수수료로 받는다. 보통 소싱회사는 안정된 기반의 회사로써 그들의 임무를 수행하기 위하여 지사 또는 부설사무소를 설치하고 있다.

〈그림 13-2〉 소싱의 의미

소싱은 두 가지 기본 양식이 있다. 하나는 풀 패키지 소싱(Full Package Sourcing-FPS)과 다른 하나는 자르고, 만들고 손질하는 소싱(Cut, Make, Trim (CMT) Sourcing)이다.

(2) FPS: Full package sourcing

FPS는 계약자가 옷을 만드는 것에 대한 모든 시스템을 제공한다는 의미이다. 계약자는 재료구입, 샘플개발, 옷 만들기 등 소싱회사에 가장 좋은 품질의 상품을 공급해야한다. FPS는 소싱회사의 소유이다.

FPS는 적당한 기술과 지역에서 좋은 품질이 가능한 재료에 의하여 가공한다. 만약 재료를 해외에서 소싱했다면 재료에 대한 수입비용은 원가에 포함한다.

예를 들면 FPS 계약사가 홍콩에 기반이 있다면 상품개발을 하는 동안 재료 소싱과 패턴 메이킹은 홍콩에서 하고 옷의 가공조립은 인건비가 싼 중국이나 인도네시아에 하청을 준다. 한편 소싱회사는 상품명세서, 품질기준, 상품구색, 수량과 수송일자를 포함하여 세부적으로 발주한다. 소싱회사는 취소불능 L/C(an irrevocable letter of credit)에 의한 발주 관여를 하며, 완성된 상품에 대하여 하자가 없이 만족하게 되면 소싱회사의 계약은행이 자동적으로 결제를 한다. 생산과 쿼터는 6개월 전에 필요하다. 미국 백화점은 FPS를 홍콩, 한국과 태국의 계약회사와 거래한다.

(3) CMT: Cut, Make, Trim

CMT 소싱은 소싱회사가 상품개발을 책임지는 반면 계약자는 모든 패턴과 샘플을 완전하게 만들어야 한다. 즉, 디자인과 상품명세서의 개발 및 재료 소싱을 포함한다. 한편 계약자의 주작업은 봉제(sewing)이다. 소싱회사에 의하여 재료를 구입하고 공급할 때 옷 부분을 커팅하거나 하지 않거나 할 수 있다.

섬유는 계약자의 것이 아니지만 어떤 국가에서는 계약자의 원가에 포함한다. 2등급 의류는 구매계약에 의하여 1등급과 함께 수송한다. CMT는 의류생산이 설정되어 있는 캐리비안 베이신과 그 외 나라들이 보통이다. 807/쳅터 9802의 생산에 대한 CMT는 부가가치에 대한 평가로 관세를 허용하는 모든 것을 조립하기 때문에 적절한 것이다.

운송비는 출항지와 입항지에 의하여 다양하다. 기타 다양한 비용은 소싱회사에 의하여 이루어지며 브로커비, 내륙 운송비, 은행비용과 보험이 포함된다. 이것은 상품원가의 18%를 차지한다.

〈그림 13-3〉 소싱의 의미와 글로벌 소싱전략

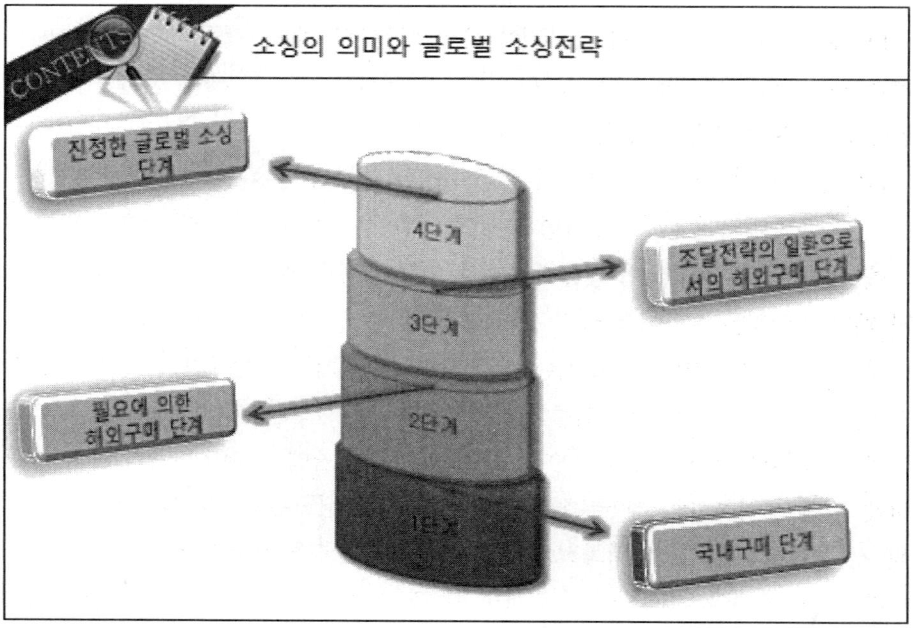

2. 글로벌 소싱 결정

(1) 가공국가의 결정

소싱은 소싱기업과 계약자의 각자 다른 요청으로 여러 가지 단계로 진행된다. 상품개발과 Vendor와 계약을 협의하는 조건을 연구한다. 소싱 진행의 계약은 상품설명, 국제교역 규정, 수송시스템 등에 관한 것을 계약한다. 계약 시 용어에 대한 오해가 없어야 한다. 소싱회사는 특별한 스타일 및 상품그룹의 적당한 양을 공급받기 위하여 일반적으로 한 국가 이상의 계약자가 필요하다.

① 첫째, 특정 국가의 소싱회사는 어떤 타입의 상품에 특별한 경향이 있다.

즉, 니트 및 직조, 탑(Top) 및 바텀 웨이트(Bottom Weight) 직물, 예산, 모더레이트, 및 베터 프라이스 레인지와 심플 및 복잡한 조립 방식 등을 말한다. 또한 상품 타입(진, 자켓, 스웨터, 스커트 등)은 소싱을 위한 국가의 가능성에 따라 결정하는 주요 기준이 있다.

② 둘째, 고려사항은 상품의 타입에 관한 것이다. 즉, 베이직 혹은 패션상품인가이다. 스타일과 수량의 유형이 요구되고 리드 타임(lead time)은 상품이 베이직 및 패션이 어떤 것인가에 따라 달라진다. 베이직 상품은 대량이 요구되고 리드 타임은 요인에 따라 이루어진다. 패션상품은 디자인과 구성에 더욱 복잡하고 작은 양과 짧은 리드 타임이 요구된다. 패션상품은 요구하는 양에 따라 큰 변화가 가능하고 이는 의류 구매계약(the garment purchase agreement, GPA)에 명시되어 있다.

직조 유형은 또 다른 결정 요인이다. 소재의 가능성은 국가에 따라 큰 변화가 있다. 어떤 국가는 국내 자재와 상품 그리고 모든 직조가 부족하기 때문에 이것은 확인을 통하여 수입해야 하지만 기타는 우수하게 발전된 직물 산업이어야 한다. 적절하고 가능한 자재는 중요한 원가를 절감하고 시간을 단축할 수 있다.

직물 내용은 중요한 요인이며, 완제품 쿼터 부문의 결정에 의하기 때문이다. 가먼트 완성요구[예: 스톤와싱(stone washing), 브리칭, 가먼트 염색]는 다른 결정기준인 것이다. 고려사항에서 예상 원가는 계획 리스트와 판매가격에 적당한 원가와 가능한 쿼터가 있어야 한다.

(2) 계약자 선정과 생산준비

1) 계약자 선정

① 패키지 개발

② 카운터 샘플

③ Garment Purchase Agreement(s)(GPAs)

④ 신용장

2) 생산 준비

① 기술적 패키지(Technical package)

② 패턴체크증명 Pattern Check Runs(PCR)

3) 생산(Production)

① 예비검사증명 Preliminary Inspection Certificate:

② Bill of Lading

4) 관세(Customs)

① 입항항구 Port of entry

② 스타일 리스트 Style sheet

③ 원산지 증명 Certificates of origin

④ 통관사 브로커 Customs House Brokers

5) 가능한 노동원가와 생산원가

6) 개발 문제

(3) 개발도상국의 노동자 문제

의류산업에 의한 개발도상 국가의 노동자의 고용은 다른 사업보다 높은 가능성이 있으나 이는 유익한 것은 아니다. 이러한 이유는 노동자의 고용은 그 장점보다는 과도한 노동력 즉, 비도덕적인 이용에 대한 비판이며, 이것은 결국 해당 국가의 노동자에 대한 보상없이 다른 나라의 노동자로부터 이익을 만든다는 것이다. 하지만 고용은 기회가 있을 때 가끔 생기는 것이다.

레비 스트라우스(리바이스 청바지)는 비즈니스 윤리를 개선하는 종합적인 노력을 하는 회사이다. 이 회사의 윤리는 비즈니스의 형태의 모든 의사결정과 관계를 포함한다.

국내시장에서 이러한 비즈니스 윤리의 적용은 글로벌 시장이 매우 복잡한 상황을 감안하여 적용하는 것과는 다른 또 하나의 도전인 것이다. 월마트를 포함한 다른 제조자와 소매업체는 노동자의 고용을 보호하는 의향의 정책을 수립했다.

세계의 각 국가는 관세, 법, 가치와 비즈니스 활동에 대한 제도가 유의하게 혼합이 되어 있다. 한 국가의 발전은 다른 국가에게 기준이 되는 실행을 함으로써 무엇을 생각하게 할 것인가?

대개의 국가에는 특별히 아동 노동자의 고용에 대한 법과 규정이 있다. 예를 들면 고용에 대한 최저 연령이 14세로 되어 있다. 그러나 주요한 다른 점은 법에서 강화된 효과, 고용에 대한 문화적 기준과 기대 관계의 효과, 사람이 살아가는 사회 경제적 상황의 효과가 있다. 노동자의 고용은 개발도상국에만 한정된 것이 아니다.

소매섹터의 어떤 부분은 의류제조 공장보다 좀 나은 작업환경이지만 비합리적 시간과 저임금으로 판매원을 고용함으로써 비판받고 있다. 고용 문제의 결정은 경제, 사회 그리고 문화적 환경으로부터 예측할 수 없이 복잡하다.

의류산업은 전 세계의 어떤 미개발국가가 상품개발, 생산, 통신과 수송기술의 혼합 분야에서 가장 발전할 수 있는 산업이다.

저개발국가에서 이루어지는 주요 활동은 의류 조립이다. 봉제는 정식 교육이 필요하지 않은 지속적인 노동집약적 활동이다. 계약이나 라이선싱에 의한 의류산업은 외국 노동자의 수요에 의한 결과이다. 궁극적으로 계약회사 혹은 지역적 위치에 일정 기간 관계하는 것이다. 이러한 시나리오는 글로벌 기업의 경영에 의한 저개발지역 노동자의 고용으로 이루어지는 것이다.

전자산업은 저개발국에서 조립이 가능하다. 그러나 전자조립은 글로벌 기업의 하청기업이 하는 추세이다. 하청회사란 이 지역에 오랫동안 관여한 글로벌 기업이 상황을 고려하여 투자한 회사를 의미한다.

3. 앞으로의 과제

글로벌 소싱의 시작은 미국의 거대한 소비시장에서 가격파괴로 인하여 저가 가공상품의 공급을 위한 국가들을 소싱하기 위하여 초기단계(1950년-1965년)의 독일을 비롯한 유럽지역과 일본 등지에서 공급기지가 되어 경제성장이 급속하게 전쟁 전의 수준 이상으로 발전하였다. 1950년 이전에는 미국이 세계 시장의 공급지역으로써 막강한 미국의 대량생산력과 기술력으로 세계시장을 장악하였다.

그러나 이들 국가들의 공급원가가 높아짐으로써 임금이 상승하여 저임금지역으로 이동하였다. 이로써 미국의 대량생산체제가 무너지기 시작했다.

제2단계(1965년-1980년대 초)는 한국과 대만지역으로 1965년대 이후에 공급지역을 옮겨졌다. 이들 지역 역시 임금이 상승하고 공급원가가 올라갔다. 1970년 후반에서 1980년 초반에 공급지역을 변경하여 저가격 공급지역을 개발하였다. 미국은 거대한 소비시장으로써 여전히 저가공급이 필요하였다. 즉, 가격파괴는 현재도 미국 소비시장에서 경쟁이 되고 있다.

제3단계(1980년대 초-1995년)는 중국으로 저가가공 공급지역이 이동했다. 중국은 이러한 가공공급 지역으로 인하여 거대한 경제대국으로 발전하였다. 중국은 수출실적은 매년 급성장하여 중국경제가 연평균 9%-12%라는 고도성장을 하였다.

이는 중국의 사회주의정책에서 노동의 원가가 전무한 상태에서 시작하여 점진적으로 중국의 저임금 노동자의 임금도 상승하기 시작했다. 중국의 자유무역지대인 해안지대에는 저임금노동자들이 내륙으로부터 해안으로 이동하여 엄청난 저임금으로 노동을 하였다. 이러한 고성장은 해안지역의 인플레이션과 가격상승으로 이어지고 생산자들의 경쟁적 생산과 공급은 임금의 인상으로 이어졌다.

2005년 이후 탈 중국의 현상은 이러한 경제적 사이클과 경제성장과는 관계 없이 경쟁을 할 수 밖에 없는 상황이 된 것이다. 2001년 중국이 WTO에 가입하면서 기술력도 더욱 신장되었고 경제적 기반에 의한 국제경쟁력이 생기기 시작했다. 그리고 거대한 외화보유고는 중국경제 개발에 엄청난 능력으로 이용되고 있다. 중국의 저력은 매우 막강하여 귀추가 주목되고 있는 것이다.

지금은 인도, 동남아, 남미의 저임금 지대로 가공공급 지역이 서서히 이동하고 있다. 미국의 소비시장은 여전히 기술과 시스템을 지원하면서 저임금 지역으로 가공공급 지역을 바꿔서 미국 소비시장의 가격파괴의 상태는 여전히 유지하면서 가장 최저가격의 소비시장으로써 전 세계의 고객들이 미국에서 저가격 쇼핑을 즐기고 있다.

미국의 저가격 소비시장에 공급을 위하여 글로벌 소싱이 확장되었던 것이 이제는 선진국들과 한국을 비롯한 중진국들의 시장에서도 저가공급 지역을 물색하여 국내 저물가를 유지하면서 시장경쟁에서 살아남기 위하여 저가격 공급체제를 유지할 수밖에 없기 때문에 이들 나라들도 글로벌 소싱이 유행처럼 번지고 있는 것이다.

한국도 이에 예외일 수 없으며, 글로벌 소싱을 통하여 저가격 상품을 소싱하여 국내시장에서 경쟁에 살아남기 위한 노력을 하지 않을 수 없는 것이다. 한국은 아직도 고물가 체제로 유지되고 있다. 특히 할인점들이 아직 가격파괴 단계로 가지 못하고 있다. 따라서 한국의 할인점들은 가격파괴 체제를 구축하는 것이 시급한 과제라고 생각한다. 이제 글로벌 소싱은 단지 미국 시장만이 문제가 아니고 이제는 전 세계 중진국 이상들의 문제가 되었다.

결국은 글로벌 소싱은 우리나라도 저가 가공상품을 공급을 받아야 하면서 다른 한편으로 세계 시장에 공급해야 하는 경제적인 활동과 경쟁을 하지 않으면 국가도 살아남을 수 없는 것이다.

우리나라도 글로벌 여타 지역에 능동적이고 적극적으로 소싱을 해야 하는 것이 시장경쟁과 자유시장 경제의 원칙에 부합하는 것이다.

또한 세계 시장으로부터 글로벌 소싱 대상 국가의 입장에서도 경쟁을 해야 할 것이다. 이제는 글로벌 소싱이 미국만의 문제가 아니고 세계적인 상호 공급 문제라는 것을 생각해야 할 것이다. 즉, 이것이 글로벌 소싱의 결론인 것이다.

〈그림 13-4〉 국내 대형할인점의 글로벌 소싱 현황

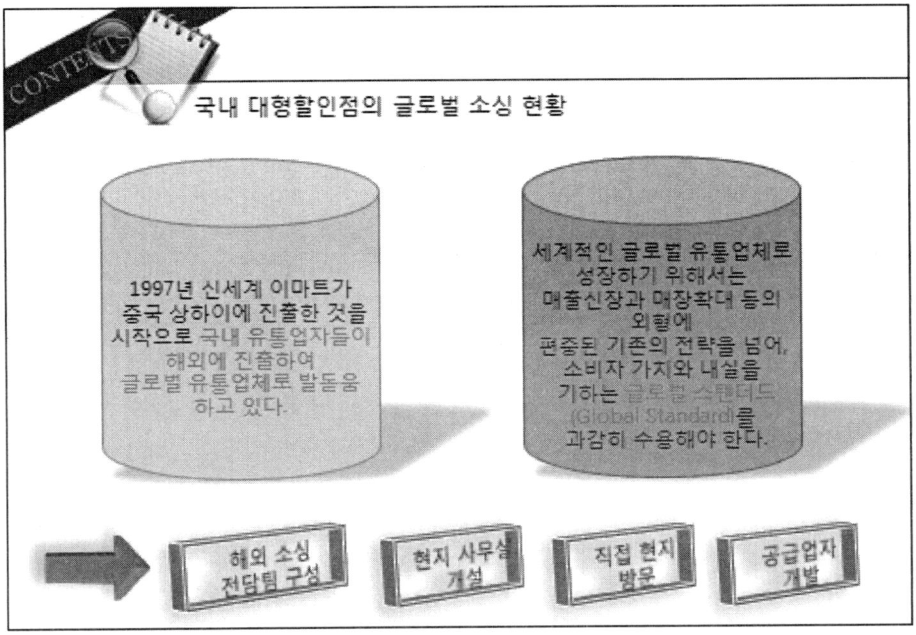

참고문헌

商品構成, 泥美俊一5

仕入と調達, 泥美俊一

ヂャ-ン經營の マ-ヂンタィシンク, 清水 滋

Global Sourcing Logistic, Thomas A. Cook

Retail Product Management: Buying and Merchandising, By Rosemary Varley

Retail Merchandising, Consumer Goods and Services, By Harland E. Samson and Wayne G. Little

Bra Wars, By Laura Demasi

Global Expansion: A Risky Business for Wal-Mart by Bill Bowden, Arkansas Business

Becoming A Wall-Mart or Sam's Club Supplier, by SBA, USA

Food Merchandising, By Gene A. German

Merchandising, By Grace I. Kunz

Retail Merchandise Management, By John W. Wingate

Retail Management, By Barry Berman & Joel R. Evans

Retail Management, Mason J. Barry

Retail Management, By Michael Levy & Barton A. Weitz

❙ Website ❙

AMA(American Marketing Association)

Mertec.com

walmart.com

www.nordstrom.com

www.homedepot.com

www.walmart.com

www.nordstrom.com

www.walmart.com

www.target.com

www.wto.org

www.bedbathandbeyond.com

www.tesco.com

◎ 공저자 약력 ◎

■ 이 광 종

- 미국해병대교관학교수료, 미국해군교관학교 수료
- 경남대학교 상과 졸업(상학사)
- 단국대학교 경영대학원 경영학석사(MBA: 마케팅전공)
- 단국대학교 대학원 경영학과 박사과정 수료(마케팅 전공)
- IMI(국제경영원) 최고경영자 과정 수료
- USC, 경영자 코스 수료
- 새마을슈퍼체인본부
- 한남체인 대표이사
- 새시대 체인 대표이사
- 한국슈퍼체인협회/한국체인스토어협회 상근전무이사
- 한국유통연수원 원장(유통업계 교육 연수/해외연수 주관)
- 아주대학교 경영대학원 유통학과 겸임교수
- 연세대학교 경영대학원 유통최고경영자 과정 강사
- 단국대학교 경영대학원 유통물류학과 객원교수
- 용인대학교 경영대학원 유통경영자 과정 강사

현) 세종대학교 산업대학원 유통산업학과 겸임교수

▌유통해외연수 컨설팅 경력▐

- 미국, 유럽(영국, 프랑스, 독일, 네덜란드, 스위스. 등), 호주, 일본, 캐나다, 중국 유통업 전문연수 시찰과 컨설팅(FMI, IFA, NRF, NASDA, USMEF, CIES-FOOD FORUM, ASMA)

▌주요경력사항▐

- 상공부 유통자문 위원, 산업자원부 유통협의 위원
- 강원도민간유통협의위원, 산업자원부 유통개방위원회 위원
- 농수산부 농산물 도매시장평가위원, 중소기업청 유통 위원
- 외교통상부 대외협상 자문위원(유통부문)
- 수도권집배송단지, 정부와 협의기획, 사업계획, 사업추진/설립(현: 한국물류)
- 주한미대사관 ATO, 한미기업인Meeting Group, Senior Member
- Super Group-4, 수입육 L/C결제서명책임자(미수입육 슈퍼체인 판매분 쿼터관리)
- 고문, KOgrc(Korea global retail center) 설립 운영(2001년 2월-2003)
- LG유통 미국연수 컨설팅 및 지도교육

현) 원장, grcc(global retail culture center) LA, USA: 유통연수/컨설팅 부사장
Coworld INC(C&C Internet Cafe), LA, USA

▌유통전문저서▐

체인스토어 경영전략, 프랜차이즈경영, CVS 경영, 슈마켓경영(1), 지금은 가격파괴시대, 레이버 스케줄링 프로그램, 알기쉬운 유통이야기, 미래의 유통, 유통에 국경이 없다. 점포관리론(상), 21세기 유통업태진전(상) 점포관리론(하) 21세기 유통업태진전(하), 월마트 성공의 비결, 디스카운트스토어의 길, 돈버는 프랜차이즈 바로 알기, 프랜차이즈 제대로 알면 당신도 CEO, 삼성은 왜 노드스트롬을 벤치마킹하는가

- email: amazon21kr@hanmail.net, amazon21kr@yahoo.co.kr
- www.kgrcc.com

■ 박 수 홍

▌학력 및 경력▐

- 동국대학교 경영학박사
- (현) 장안대학교 유통물류학부 프랜차이즈경영과 교수
- (사) 한국유통과학회 부설 한국유통산업연구원 원장
  한국유통과학회 부회장
  국제e-비즈니스학회 상임이사
  한국통상정보학회 이사
- 중소기업청 소상공인시장진흥공단 상인대학 교수
- (전) 대림대학교 경영정보계열 교수 역임
  ㈜ 한신공영 인사팀장 역임
  ㈜ 세이브존I&C 성남점 지점장 역임
  ㈜ 세이브존I&C 중국지사장(중국밍타이그룹합작)역임
  용인시 수지구 주민참여예산위원회위원장 역임
  용인시 기부심사위원회위원 역임

▌저서▐

- 국제무역학의 이해, 국제무역실무론, 물류관리론, 리더십의 이해

■ 권 영 식

▌학력 및 경력▐

- 광운대학교 일반대학원 경영학과 경영학박사
- 유통관리 및 시장조사론

▌연구논문▐

- 젠트리피케이션과 시장활성화, 2016, 한국전통시장학회
- 전통시장 현황 및 경쟁력 향상 방안, 2015, 유통과학연구
- 관리자의 변혁적 리더십과 관계차원이 사업지향성과 부하직원의 업무성과에 미치는 영향, 2015, 유통경영학회지
- 외식프랜차이즈 가맹본부의 마케팅전략과 관계구조가 가맹점의 성과에 미치는 영향, 2015, 유통과학연구
- 전통시장의 서비스품질척도에 관한 요인,2014,유통과학연구
- 외식프랜차이 가맹본부의 관리특성과 불공정거래가 신뢰와 성과에 미치는 영향, 2013, 유통경영학회지
- 유통경로내의 고객관계관리(CRM) -제 관점의 검토, 2012, 유통경영학회지
- 유통경로내의 거래비용에 대한 개념적 고찰, 2012, 유통과학연구
- 화주기업과 3PL업체간의 물류성과요인에 관한 실증적 연구, 2011, 유통경영학회지
- 3PL서비스 품질과 관계품질이 물류성과에 미치는 영향, 2010, 유통학회지

▌저서▐

- AMOS와 구조방정식 모델링 — 기본개념과 실제 —, 근간
- 마케팅시장조사분석, 2007, 기한재
- SPSSWIN을 활용한 관광마케팅 시장조사 분석, 2007, 대경출판사
- 비주얼 베이직 프로그래밍6.0, 1999, 기한재
- 통계분석을 위한 SPSSWIN8.0, 1999, 기한재

■ 김 경 현

| 학력 및 경력 |

- 안양대학교 경영학박사
- (현) 안양대학교 글로벌경영학과 겸임교수
- (현) 부산과학기술대학교 비즈니스경영학과 겸임교수
- (현) 서정대학교 자문교수
- (전) 농산물품질관리사 시험 출제위원

| 연구실적 사항 |

- 국가직무표준 NCS '소비지 상품관리' 교재, 2018
- 지보농협 참기름 마케팅전략 수립, 2017
- 김해 진영단감 브랜드 육성 연구, 2017
- 백운농협 산지유통센터 운영성과 분석, 2016
- 농협 안심축산 유통비용 조사, 2016
- 조언수용자의 성향에 따른 경영컨설팅 품질인지요인이 기업의 변화와 컨설팅 성과에 미치는 영향에 관한 연구, 2015
- 농산물종합유통센터 종합평가, 2012
- 경기도 친환경 무상급식 확대에 따른 식재료 공급체계 구축에 관한 연구, 2011
- 외식 프랜차이즈 본부의 통제와 지원이 가맹점의 재계약의도에 미치는 영향 연구, 2010

소매 머천다이징 – 개정2판

초 판 1쇄 발행 —— 2008년 8월 30일
초 판 2쇄 발행 —— 2010년 3월 10일
개정판 1쇄 발행 —— 2016년 8월 25일
개정판 2쇄 발행 —— 2017년 8월 10일
개정2판 1쇄 발행 —— 2019년 2월 25일
지은이 —— 이 광 종 · 박 수 홍 · 권 영 식 · 김 경 현
펴낸이 —— 전 두 표
펴낸데 —— 도서출판 두남
서울시 강동구 성내로6길 34-16 두남빌딩
신고 : 제25100-1988-9호
TEL : 02) 478-2065~7, 2311
FAX : 02) 478-2068
E-mail : dunam1@unitel.co.kr
http://www.dunam.co.kr

정가 23,000원

ISBN 978-89-6414-833-4 93320